이동원 목사 성경인물 강해설교

이삭, 야곱, 요셉

첫 믿음의 계승자들

이동원 지음

도서출판 나침반社

종합선교 – 나침반 출판사 / 그리스도인들의 성장을 돕습니다.

1110 - 616 서울·광화문 우체국 사서함 1641호 ☎(02)2279-6321~3/주문처(02)2606-6012~4

COMPASS HOUSE PUBLISHERS

A DIVISION OF NACHIMVAN (=COMPASS) MINISTRIES
KWANGHWAMOON P. O. BOX 1641, SEOUL 110-616, KOREA

첫 믿음의 계승자들 -
이삭, 야곱, 요셉

한국 교회의 정신적 빈곤 가운데 하나는
역사의식의 결여라고 지적됩니다.
그리스도인의 역사의식은
믿음의 계승이라는 측면에서도
성찰되어야 할 것입니다.

"과거"에 대한 바른 성찰에서
"현재"의 자신을 발견하며
"미래"의 자아상을 설계할 수 있다면
우리는 개척 제 1세에 대한 감사와 함께
제 2세 이후의 "믿음"을 지켜보아야 합니다.

아브라함의 하나님은
이삭과 야곱의 하나님,
그리고 요셉의 하나님이었기에
그가 또한 나의 하나님되심을 감격하며
이 계승의 미학을 생각하고자 합니다.

이들의 실패에서
나의 실패의 함정을 읽고
이들의 재기에서
나의 재기의 의욕을 읽습니다.
그리하여 마침내 한 믿음의 계승자가 된
역사에로의 투신을 자랑스러워 합니다.

주후 1989년 가을에,

이동원

●목차●

이삭의 생애

야곱의 생애

요셉의 생애

이삭의 생애

우리가 구약성경을 볼 때 거기에서 하나님을 일컬을 때 "아브라함의 하나님 이삭의 하나님 야곱의 하나님"으로 표현되고 있는 부분들을 자주 접할 수 있습니다. 하나님은 아브라함의 하나님이 되실 뿐만 아니라 야곱의 하나님이 되십니다. 그런가 하면 그분은 이삭의 하나님도 되십니다.

이제부터 이삭의 생애 속에 나타난 하나님의 사역을 같이 추적해 보겠습니다.

1. 이삭의 생애가 갖는 특징

아브라함과 이삭과 야곱 중에서 제일 오래 산 사람이 이삭입니다. 창세기에 보면, 아브라함은 175세를 살았고(창 25:7), 야곱은 147세를 살았습니다(창 47:28).

그리고 역시 이들과 함께 4대(四大) 족장 중의 하나로 꼽을 수 있는 요셉은 110세를 살았다고 기록되어 있습니다.

"요셉이 일백십 세에 죽으매 그들이 그의 몸에 향 재료를 넣고 애굽에서 입관하였더라"(창 50:26).

이들에 비해 이삭은 180세까지 살았다고 되어 있습니다.
"이삭의 나이 일백팔십 세라 이삭이 나이 많고 늙어 기운이 진하매 죽어 자기 열조에게로 돌아가니 그 아들 에서와 야곱이 그를 장사하였더라"(창 35:28,29).
즉, 소위 신앙의 처음 족장들 가운데서 **제일 장수한 사람**이 이삭입니다.

그런데 그가 이토록 제일 오래 살았음에도 불구하고 성경에서는 가장 적은 분량이 그를 위해 할애되고 있습니다. 가장 오래 살았다면 이야기도 가장 많아야 할터인데 성경은 그렇게 하지 않습니다. 더구나 순수하게 이삭에 대해서만 기록하고 있는 부분은 창세기 26장 한 장밖에 없습니다. 나머지는 모두 아브라함과의 관련 속에서 기록된 부분입니다. 그만큼 별로 이야기거리가 없는 삶을 살았던 사람이 이삭입니다. 이 말은 다시 말하면 세 사람 중에서 **가장 평범한 삶을 살았던 사람**이 이삭이라는 이야기입니다.

우리는 이삭이 드라마틱한 요소가 없는 평범한 삶을 살았다고 해서 그를 중요하지 않은 인물로 간주해서는 안 됩니다. 어쩌면 커다란 굴곡이 없이 가장 평범하게 인생을 살면서 그 가운데서 하나님을 영화롭게 하고 또 그분의 뜻을 성취하는 생애가 하나님이 보시기에는 훨씬 더 소중하고 의미있는 생애일 수도 있습니다. 하나님은 아브라함의 하나님만 되신 것이 아니고, 또 수많은 생(生)의 굴절과 기복으로 엮어진 삶을 살았던 야곱의 하나님만 되신 것이 아니고, 이 지극히 평범한, 너무나 평범한 삶을 살았던 이삭의 하나님도 되셨다는 사실을 우리는 동시에 주목할 필요가 있습니다. 비록 그의 삶 가운데에 위대한 그리고 특별한 사건이 없었다고 해도 그는 **보통 사람으로서 의미있는 삶을 살았던 신앙의 사람**입니다.

이삭의 아버지는 굉장히 특별한 인물이었습니다. 아브라함을 성경의 기자는 "믿음의 조상"이라고 일컫고 있습니다. 이삭의 아들도 굉장히 특별한 아들이었습니다. 야곱의 생애는 문자 그대로 얼마나 파란만장한 우여곡절로 가득찼습니까? 이 특별한 아버지와 아들 사이에 있었던 전혀 특별하지 않았던 사람이 바로 이삭입니다. 특별한 아버지에게서 태어난 보통 아들 이삭, 그러나 특별한 아들을 두었던 보통 아버지가 또한 이삭이었다는 사실을 우리는 성경을 통해서 알 수 있습니다.

2. 아브라함 · 이삭 · 야곱의 생애가 가르치는 교훈

아브라함과 야곱의 생애와 비교할 때, 특별히 **이삭의 생애 속에 나타난 흥미로운 사건 두 가지**를 저는 이 서두에서 언급할 필요가 있다고 생각합니다.

첫째로, 하나님은 이삭에게 애굽에 가는 것을 허용하지 않으셨습니다.
하나님은 이삭에게 애굽으로 내려갈 것을 허용하지 않으십니다. 이것은 누구의 생애와 다릅니까?
하나님이 애굽에 내려가도록 허용하신 사람이 있습니다. 바로 야곱입니다. 어떤 의미에서는 아브라함도 포함됩니다. 그러나 이삭에게만은 애굽에 내려갈 것을 허용하지 않으십니다. 그런 면에서 이삭은 아브라함과 야곱의 삶과 특이하게 다른 삶을 살았습니다.
애굽 땅에 내려간다는 것은 언제나 별로 기분이 좋지 않은 다음 사건을 예시하여 줌을 우리가 성경을 통해서 알게 됩니다. 물론 애굽에 내려가는 그 자체가 꼭 잘못이라고 정죄할 필요는 없습니다. 하나님은 그것까지 합력하셔서 그분의 뜻을 이루심을 우리는 이미 알고 있습니다. 그러나 한 가지 분명한 것은, 그럼에도 불구하고 애굽에 내려간 사람들은 많은 환난과 역경과 시련을 경험했다는 사실입니다.

하나님은 이삭에게만은 애굽 땅으로 내려가는 것을 허용하지 않으셨습니다. 이 사실에서 우리는 이삭이 그의 아버지 아브라함이나 그의 아들 야곱의 생애와는 다른 삶을 살 수밖에 없는 한 이유를 발견할 수 있습니다.

둘째로, 하나님은 이삭에게 아내를 얻기 위해 고향을 떠나는 것을 허용하지 않으셨습니다.

이삭은 자기의 아내를 자기가 직접 가서 데려오는 것이 아니라, 아버지 아브라함이 종을 보내어 데려오게 됩니다. 이것은 하나님이 이삭 자신이 직접 아내를 얻기 위해 여행을 하는 것을 허용하지 않으셨기 때문입니다.

성경 학자들은 아버지 아브라함과 아들 야곱의 삶과 이삭의 삶의 여정을 비교하면서 달랐던 이 두 가지 측면에서 이삭의 삶에 대한 하나님의 다른 기대를 보통 이렇게 지적합니다.

"하나님이 이삭으로 하여금 애굽에 내려가는 것을, 그리고 아내를 얻기 위해 먼 여행을 하는 것을 허용치 않으신 이유 중의 하나는 아마도 이삭이 인생의 회오리나 폭풍우를 감당할 수 있을 만한 배짱이나 판단력이 결여된 인물이라는 사실을 아셨기 때문일 것이다."

이삭의 삶 속에는 사실 폭풍우가 없었습니다. 거친 비바람의 고난이 없었습니다. 그만큼 평범한 삶을 살았던 사람이 이삭입니다. 아버지 아브라함은 상당한 부자였습니다. 그러니까 우리는 이삭을 "부자집 아들"이라고 말할 수도 있습니다. 이렇게 인생에 대한 고난이나 도전을 경험하지 못한 부자집 아들이 먼 나라로 갈 경우, 거기서 겪는 폭풍우나 비바람이 그의 삶을 어떻게 변화시킬지는 아무도 예상하기 어려운 사실입니다. 하나님은 이삭에게 이러한 고난들을 감내할 만한 그런 생(生)의 자질이 없었다는 사실을 충분히 아셨을지 모릅니다. 그래서 그것은 이삭이 감당할 수 없는 시험이라고 하나님이 판단하셨을 가능성이 있습니다.

이것은 바울 사도가 고린도전서에서 말한 약속을 얼마나 실감있게 되살려 주는 사건입니까?
바울은 이렇게 말했습니다.
"사람이 감당할 시험밖에는 너희에게 당한 것이 없나니 오직 하나님은 미쁘사 너희가 감당치 못할 시험당함을 허락지 아니하시고 시험당할 즈음에 또한 피할 길을 내사 너희로 능히 감당하게 하시느니라"(고전 10:13).
시험을 허락할 수 있는 사람에게는 시험을 허락하십니다. 감당할 수 있는 사람들에게는 하나님이 허락하십니다. 만약 이 폭풍우와 고난이 그 사람의 생을 더욱 다듬을 수 있다면, 그로 하여금 더욱 강인한 사람이 되어 하나님의 뜻을 이루는 도구로 쓰임받을 수 있게 한다면, 그런 가능성과 길을 하나님이 보시고 아셨다면 하나님은 그에게 고통이나 비바람을 허용하실 수도 있습니다. 그러나 여기 이삭의 경우처럼, 그 시험이 사랑하는 자녀가 감당하기에는 너무 어려운 시험일 때 하나님은 그 시험을 차라리 처음부터 예방하십니다.

성경 학자들은 아브라함과 이삭과 야곱의 생애를 비교하면서 또 하나 그들의 생애가 가르쳐 준, 시대를 뛰어넘는 중요한 교훈을 이렇게 설명합니다.

아브라함의 생애 속에서 그가 그의 생애를 걸고 우리에게 가르쳐 준 가장 중요한 교훈이 있다면 그것은 아마도 「선택의 교훈」일 것입니다. 아브라함이 하나님을 모른 채 그 아버지와 더불어 강 저편에 거하면서 우상을 숭배하고 있었을 때, 하나님은 그런 그를 보시고 그를 사용하기로 먼저 작정하시고 불러내셨습니다. 그래서 그로 하여금 큰 민족을 이루게 하시고, 메시야의 민족을, 하나님의 선민(選民)을 이루도록 하셨습니다. 여기서 하나님은 아브라함의 의(義)나 공로와 전혀 상관없이 그를 선택하셨습니다. 하나님의 뜻을 역사 속에 이루시기 위하여 그의 삶 이전부터, 그의 계획이나 공로나 행동과 전혀 상관없이 그를 향한 삶의 계획을 갖고 그를 섭리하시고 이끄셨습니다. 그래서 우리는 하나님의 선택의 위대한 교훈을 이 아브라함의 생애를 통해서 배울 수 있습니다.

이삭이 자기의 전 생애를 통해서 우리에게 가르친 가장 중요한 한 가지 교훈이 있다면 그것은 「주님의 자녀됨의 교훈」일 것입니다. 하나님의 자녀가 된 것이 얼마나 소중한 사건인가를 우리는 이삭의 생애를 통해서 교훈받습니다. 이 문제에 관해서는 앞으로 구체적으로 다루게 될 것이기에 설명을 생략하겠습니다.

야곱이 그의 전 생애를 걸고 우리에게 가르친 가장 중요한 교훈은 「성결의 교훈」입니다. 우리의 삶이 어떻게 성결의 길을 향해 나아갈 수 있겠습니까?
내가 가진, 하나님이 기뻐하실 수 없는 온갖 부패의 요소와 부조리와 찢겨진 삶의 모습에도 불구하고 하나님은 나를 찾아오셔서 나를 사랑하시고 기대하십니다. 그래서 마침내 내 인생의 최후의 날에 하나님이 기뻐하시는 모습으로 변화시켜 주십니다. 이것은 나의 변화의 이야기가 아니라 나를 변화시켜 주시는 하나님의 사랑의 이야기입니다. 이 성결의 교훈이야말로 야곱의 생애를 통해서 우리가 받는 가장 중요한 교훈일 것입니다.

이 세 가지, 선택의 교훈과 자녀됨의 교훈과 성결의 교훈은 결코 무관하지 않습니다. 주께서 우리를 선택하십니다. 주님의 선택과 주권적인 인도하심으로 말미암아 우리는 어느 날 그분의 자녀가 됩니

다. 그리고 그분의 자녀로서 하나님이 기뻐하실 만한 사람으로 마침
내 빚어지고 만들어져 가고야 말 것입니다. 이것이 바로 성결의 길입
니다. 이 위대한 교훈을 우리에게 가르친 세 신앙의 족장들의 생애
속에서 우리는 많은 것을 배울 수 있는 것입니다. 여기서는 특별히
이삭의 삶을 함께 연구해 나가기로 하겠습니다.

1

이삭의 출생

"여호와께서 그 말씀대로 사라를 권고하셨고 여호와께서 그 말씀대로 사라에게 행하셨으므로 사라가 잉태하고 하나님의 말씀하신 기한에 미처 늙은 아브라함에게 아들을 낳으니 아브라함이 그 낳은 아들 곧 사라가 자기에게 낳은 아들을 이름하여 이삭이라 하였고 그 아들 이삭이 난 지 팔 일만에 그가 하나님의 명대로 할례를 행하였더라 아브라함이 그 아들 이삭을 낳을 때에 백 세라 사라가 가로되 하나님이 나로 웃게 하시니 듣는 자가 다 나와 함께 웃으리로다 또 가로되 사라가 자식들을 젖 먹이겠다고 누가 아브라함에게 말하였으리요마는 아브라함 노경에 내가 아들을 낳았도다 하니라"(창 21 : 1〜7).

이삭의 출생을 둘러싸고, 아니 이삭의 출생이라는 한 사건
을 매개체로 하여 성경의 기자인 성령께서 시대를 초월하
여 모든 시대의 그리스도인들에게 가르치는 가장 중요한
교훈이 있다면 그것은 이미 언급한 것처럼 그리스도인의 하나님의
자녀됨의 의미입니다.
이삭은 어떤 자녀로 태어났습니까?

1. 이삭의 출생의 의미

첫째로, 이삭은 약속의 자녀로 태어났습니다.
우리가 이삭에 관해서 말할 수 있는 중요한 사실은 그는 약속의 자녀
로 태어났다는 사실입니다. 먼 훗날 바울 사도는 모든 그리스도인들
을 가리켜서 이렇게 말합니다.
"형제들아 너희는 이삭과 같이 약속의 자녀라"(갈 4:28).
모든 그리스도인들은 약속의 자녀인데, 여기서 그 모델(model)로
서 바울이 이삭을 제시했습니다.
　약속의 자녀란 무슨 의미입니까?
창세기 21 장을 보면 이삭이 탄생하기 직전의 광경을 성경 기자(모
세)는 이렇게 설명합니다.
"여호와께서 그「말씀대로」사라를 권고하셨고 여호와께서 그「말씀대
로」사라에게 행하셨으므로 사라가 잉태하고 하나님의 말씀하신 기한
에 미쳐 늙은 아브라함에게 아들을 낳으니"(창 21:1,2).
그 아들이 이삭입니다.

　이삭의 출생을 설명하면서 성경 기자가 특별히 힘주어서 강조하고
있는 대목은 "말씀대로"라는 부분입니다. 하나님이 이미 사라에게 말
씀하셨던 것처럼, 다시 말하면 약속하셨던 것처럼, 그 약속하신 말씀
대로 사라를 권고하셨고, 그 약속하신 말씀대로 사라에게 행하셨기

때문에 사라가 잉태한 것입니다. 이것은 그냥 저절로 잉태한 단순한 기적이 아니라 하나님의 약속 때문에 이삭이라는 존재가 출생한 것임을 힘주어 강조한 표현입니다. 바로 이 사건을 사용해서 바울 사도가 그리스도인의 그리스도인됨을 설명한 것입니다.

"너희는 이삭과 같이 약속의 자녀라."

즉, 우리가 하나님의 자녀가 된 이것은 단순한 우리의 자의적인 결단이나 우리 자신의 노력에 의해서만 된 것이 아니라 그것은 하나님의 약속 때문이라는 것입니다. 그것은 하나님의 계획이 있었기 때문입니다. 그리고 나를 하나님의 자녀 삼기로 주께서 말씀하셨기 때문입니다.

이 하나님의 언약의 말씀에 의해서, 약속의 말씀에 의해서 우리는 지금의 우리가 될 수 있었다는 사실을 성경 기자들은 얼마나 강조하고 있습니까?

"너희가 거듭난 것이 썩어질 씨로 된 것이 아니요 썩지 아니할 씨로 된 것이니 하나님의 살아 있고 항상 있는 말씀으로 되었느니라"(벧전 1:23).

우리가 새롭게 하나님의 자녀로 태어날 수 있었던 것이 인간의 육체적 출생처럼 사람의 육체적 생명을 통해서가 아니라 하나님의 살아 있고 항상 있는 말씀으로 된 것이라고 말합니다. 이 말씀이 우리를 거듭나게 했다고 베드로는 역설하고 있습니다.

이 말씀을 통해서 우리는 우리를 향한 하나님의 사랑을 알았습니다. 이 말씀을 통해서 우리는 우리를 사랑하시는 하나님이 예수 그리스도를 통해서 십자가에서 어떤 일을 해 놓으셨는가를 알았습니다. 이 말씀을 통해서 우리는 예수 그리스도가 나의 구주요 주님되심을 알았습니다. 이 말씀을 통해서 내 마음문을 두드리시는 성령의 역사를 알았습니다. 이 말씀을 통해서 우리는 그 예수 그리스도를 나의 주 나의 하나님으로 영접합니다. 이 말씀이 나를 거듭나게 한 것입니다.

같은 맥락에서 사도 야고보는 이 진리를 이렇게 설명하고 있습니다.
"그가 그 조물(造物) 중에 우리로 한 첫 열매가 되게 하시려고 자기의 뜻을 좇아 진리의 말씀으로 우리를 낳으셨느니라"(약 1:18).
그리고 우리가 하나님의 자녀가 된 사건을 하나님이 우리를 낳으신 것이라고 말씀합니다. 낳으셨는데 무엇을 통해서 낳으셨습니까?
"진리의 말씀으로" 낳으셨다고 말씀합니다. 이 사건이 전혀 동질선상의 같은 내용을 가진 사건은 아니지만, 분명히 이삭의 출생과 우리의 하나님의 자녀됨의 출생 사이에는 하나의 공통 분모가 있습니다. 이삭도 하나님의 말씀 때문에 태어났고, 우리도 하나님의 말씀 때문에 하나님의 자녀로 다시 태어났습니다. 우리는 말씀의 자녀입니다. 약속의 자녀입니다. 이것이 이삭과 같습니다.

둘째로, 이삭은 기적의 자녀로 태어났습니다.
창세기 21 장은 이삭의 자연적 출생의 사건만을 강조하지 않고 있습니다. 4 절에 보면 이삭이 태어나자마자 이삭에게 일어난 사건 하나가 있습니다.
"그 아들 이삭이 난 지 팔일만에 그가 하나님의 명대로 할례를 행하였더라"(창 21:4).
아브라함은 이삭이 세상에 태어나자마자 그에게 한 가지 종교 의식을 행했습니다. 그것은 단순히 종교적 의식으로 행한 것이 아니라 하나님의 명령이기 때문에 그렇게 했습니다. 그는 하나님의 명령대로 이삭에게 할례를 행했습니다. **할례의 중요한 의미는 「하나님의 백성이 되는 언약의 표시」라는 것입니다.** 이 사실로 보아서도 우리는 이삭의 출생이 그저 단순한 자연적 출생의 의미만이 아니라는 사실을 알 수 있습니다. 그가 하나님의 자녀로 출생했다는 사실을 성경은 강조하고 있는 것입니다.

이삭은 약속의 자녀였습니다. 그러나 그는 한 걸음 더 나아가서 기적의 자녀입니다. 그의 출생은 기적적인 사건을 통해서 이루어졌습니다. 인간적인 상식과 생각을 통해서는 불가능한 상태 속에서 그의 출생이 이루어졌습니다. 이것은 초자연적인 출생이요 기적의 출생입니다. 하나님이 아브라함과 사라에게 그의 출생을 거듭해서 말씀하셨지만, 이미 육체적으로 자녀를 생산할 수 없는 아브라함과 사라는 주께서 말씀하심에도 불구하고 냉소적인 웃음으로 그 약속을 받았습니다. 창세기 18 장에 보면 이 웃고 있는 사라에게 그리고 아브라함에게 접근하신 하나님의 모습이 나옵니다.
"여호와께서 아브라함에게 이르시되 사라가 왜 웃으며 이르기를 내가 늙었거늘 어떻게 아들을 낳으리요 하느냐 여호와께 능치 못한 일이 있겠느냐 기한이 이를 때에 내가 네게로 돌아오리니 사라에게 아들이 있으리라"(창 18:13,14).
그의 출생을 중심으로 하나님이 그분의 초자연성과 전능성을 나타내 보여 주셨다는 사실을 주목할 필요가 있습니다.

그런데 이삭이 기적의 자녀였던 것처럼 신약성경의 기자들은 저와 당신이 하나님의 자녀로 다시 태어날 수 있었던 이 출생도 분명한 기적에 속한다고 강조하고 있습니다. 그것이 로마서 4 장에 나타납니다.
로마서 4 장 전체는 우리가 하나님 앞에 의롭다 칭함을 받은 것은, 그래서 하나님의 자녀가 된 것은 우리의 어떤 행위에 근거해서가 결코 아니라는 사실을 강조합니다. 우리가 전혀 할 수 없었음에도 불구하고 하나님의 능력에 의해서 우리는 하나님의 자녀가 되었다는 사실을 강조합니다.

그리고 그 중에서 이삭의 출생 사건을 이렇게 설명합니다.
"그가 백 세나 되어 자기 몸의 죽은 것 같음과 사라의 태의 죽은 것
같음을 알고도 믿음이 약하여지지 아니하고"(롬 4:19).
아브라함은 사라의 태가 죽은 것 같음을 알았고 또 자기의 몸도 죽은
것 같음을 알았습니다. 그러니까 하나님은 아브라함과 사라가 인간
의 능력에 의해서 자녀를 출생할 가능성이 있는 그 한계를 넘어가게
하셨습니다. 그때까지 자녀를 안 주셨습니다. 그래서 완전히 인간적
으로는 절망이라고 그들이 알 때까지 기다리셨습니다.

만약 아브라함과 사라가 인간의 자연적인 능력에 의해서 아기를
가질 수 있었을 때에 하나님이 자녀를 주셨다면, 이것이 하나님 때문
이라는 사실을 아마 그들은 덜 인정했을 가능성이 있습니다. 사라도
아브라함도 자녀를 낳는 일에 있어서는 사실상 죽은 자였을 때, 그때
하나님은 이삭을 주셨습니다. 이것은 분명히 그들에게 주어진 이삭
이라는 새 생명은 하나님의 기적에 의한 능력의 선물임을 강조하는
사실입니다. 바울 사도는 이런 의도를 로마서에서 그대로 드러냈습
니다.

이 말씀을 기억하면서 에베소서 2 장에서 바울 사도가 그리스도인
의 중생을 어떻게 설명하고 있는가를 살펴보겠습니다.
"너희의 허물과 죄로 죽었던 너희를 살리셨도다"(엡 2:1). 우리는 허
물과 죄로 죽어 있었습니다. "죽을 수밖에 없는" 우리가 아니라 이미
"죽었다"고 성경은 증거합니다. 영적으로 우리는 죽어 있었습니다.
영적으로 하나님과의 관계에 있어서 단절되어 있었습니다. 그런데
그런 우리를 살리셨다고 말씀합니다. 그것은 하나님의 기적적인 은
혜입니다. 하나님의 초자연적인 은혜입니다.

계속되는 말씀을 보십시오.

"긍휼에 풍성하신 하나님이 우리를 사랑하신 그 큰 사랑을 인하여 허물로 죽은 우리를 그리스도와 함께 살리셨고 (너희가 은혜로 구원을 얻은 것이라)"(엡 2:4,5).

죽었던 우리를 하나님이 살리셨다고 말씀합니다. 그렇습니다. 우리의 새로운 출생은 기적적인 출생입니다. 우리가 하나님의 자녀됨은, 우리가 그리스도 안에 있는 영원하고도 새로운 생명을 받았음은 하나님이 일으키신 기적입니다.

자기의 힘으로 불가능했었을 때 새로운 생명을 주신 하나님의 은혜 앞에 아브라함은 얼마나 놀랐을까요?

그런 놀라움이 당신에게도 있습니까?

내가 그리스도인됨에 대한 이 놀라움의 은혜가 정말 당신의 마음 속에 있는지요?

우리가 잘 아는 요한복음 3 장에도 보시면 예수님이 니고데모에게 이 거듭남에 대해 말씀하시는 것이 나옵니다.

"예수께서 대답하여 가라사대 진실로 진실로 네게 이르노니 사람이 거듭나지 아니하면 하나님 나라를 볼 수 없느니라"(요 3:3).

이 말씀에서 "거듭나지 아니하면"이라는 부분을 성경 원문에서 보면 "위로부터 나지 아니하면"이라고 되어 있습니다. 다시 말하면 그리스도인의 중생은 위로부터 하나님의 기적적인 은혜에 의한, 초자연적인 하나님의 능력에 의한 중생이라는 것입니다. 우리가 예수를 믿게 된 것, 십자가 밑에 엎드려 그 의미를 깨닫게 된 것, 하나님이 나의 아버지임을 알게 된 것, 그리고 물과 성령으로 거듭난 것 등은 전적으로 하나님의 은혜입니다. 이삭이 기적의 자녀였던 것처럼 당신과 제가 또한 기적의 자녀임을 아시는지요?

셋째로, 이삭은 상속자로 태어났습니다.

"아브라함이 이삭에게 자기 모든 소유를 주었고"(창 25:5).

어느 날 아브라함의 모든 소유가 이삭의 것이 되는 날이 왔습니다. 이 상속권은 이삭이 태어날 때부터 주어진 고유한 권한입니다. 아브라함은 굉장히 부자였습니다. 그 모든 것이 어느 날 이삭의 것이 됩니다. 그런데 그 모든 것을 상속받기 위해서 이삭이 취한 행동이 있습니까?

이삭이 그 모든 것을 받을 수 있었던 원인은 하나밖에 없습니다. 그가 그 아버지의 자식이기 때문입니다.

그런데 이와 비슷한 엄청난 은혜가 당신과 저의 삶 가운데에도 일어났습니다. 그리스도 예수 안에서 하나님이 우리를 위해 예비하신 엄청난 하나님의 모든 소유를 오늘 당신과 저는 누릴 수 있습니다. 그 엄청난 축복을 우리가 누릴 수 있게 된 것은 무엇 때문입니까? 우리가 잘났기 때문입니까?

아니지요. 그것은 단 하나, 우리가 그분의 자녀라는 사실 때문입니다. 이 사실을 감사해 보셨습니까?

이 축복을 성경은 어떻게 이야기합니까?

로마서 8장을 통해서 보십시오.

"성령이 친히 우리 영(靈)으로 더불어 우리가 하나님의 자녀인 것을 증거하시나니 자녀이면 또한 후사(後嗣) 곧 하나님의 후사요 그리스도와 함께한 후사니 우리가 그와 함께 영광을 받기 위하여 고난도 함께 받아야 될 것이니라"(롬 8:16,17).

여기서 성경은 "자녀이면 또한 후사"라고 말씀합니다. 자녀가 된 자는 아버지의 모든 것을 상속으로 받을 수 있는 자가 된 것입니다. 성경에서 상속의 개념이 처음으로 구체적이고 완전하게 나타난 사건이 이 이삭의 출생 사건입니다.

로마서는 그리스도인들에게 주어진 상속의 권리를 계속해서 역설합니다.

"자기 아들을 아끼지 아니하시고 우리 모든 사람을 위하여 내어 주신 이가 어찌 그 아들과 함께 모든 것을 우리에게 은사로 주지 아니하시겠느뇨"(롬 8:32).

이 모든 것을 은사로 주신다고 말씀합니다. 그런데 왜 우리는 가난합니까?

이렇게 어마어마한 아버지의 상속이 우리를 위해 예비되었음에도 불구하고 우리의 삶이 창백하고 가난한 이유가 어디에 있다고 생각하십니까?

그것은 구하지 않기 때문입니다.

"너희가 얻지 못함은 구하지 아니함이요"(약 4:2).

하나님이 우리에게 주신 복으로 어떤 복이 있습니까?

"찬송하리로다 하나님 곧 우리 주 예수 그리스도의 아버지께서 그리스도 안에서 **하늘에 속한 모든 신령한 복**으로 우리에게 복 주시되"(엡 1:3).

"하늘에 속한 모든 신령한 복"을 우리에게 주셨습니다. 그런데 우리는 어떤 복을 원합니까?

"모든 신령한 복"이 아니라 "모든 물질적인 복"만을 생각합니다. 그래서 신령한 복이 복(福)같이 느껴지지 않습니다. 우리가 그분의 자녀가 된 이 영광, 우리가 성령님과 동행하는 이 삶의 특권, 우리가 천군 천사들과 더불어 삶의 거리를 거닐 수 있는 이 놀라운 특권, 우리의 속사람의 인격이 하나님의 은혜와 능력으로 변화되는 이 놀라운 축복이라든지 하는 이런 영적이고 인격적인 축복에 관해서는 우리는 분명히 과소 평가하고 있습니다. 그래서 우리는 우리를 향한 하나님의 엄청난 축복에 대해서 감사하지도 감격하지도 못 하는지 모릅니다. 그러나 성경은 분명히 말하기를, 하나님은 우리가 그리스도인이 된 순간 그리스도 안에서 하늘에 속한 모든 신령한 복으로 우리에게 이미 복 주셨다고 합니다. 자녀이기 때문입니다.

2. 이삭의 성장에 따른 기쁨

창세기 21 장을 보면 이삭의 성장 과정을 성경 기자가 기록하면서 이런 인상 깊은 사건을 특별히 힘 주어서 우리에게 가르치고 있음을 보게 됩니다.

"아이가 자라매 젖을 떼고 이삭의 젖을 떼는 날에 아브라함이 대연을 배설하였더라"(창 21:8).

아브라함의 생애에 온 커다란 기쁨 중의 하나는 하나님으로부터 선물로 얻은 이삭이 자라서 드디어 젖을 떼는 날이 왔다는 것입니다. 그는 그날에 큰 잔치를 열었습니다. 이 행사는 이후로 이스라엘 백성들이 아이의 젖을 떼는 날에 의식을 성대하게 치르는 역사적인 관습을 만들었습니다. 주로 이 의식은 만 3 세부터 5 세 사이에 진행됩니다. 이것에는 드디어 아이가 어머니의 젖을 떼게 되었다는 그 성장의 커다란 기쁨의 의미가 내포되어 있습니다.

① 젖을 떼는 의미

우리 나라에서는 어린아이가 태어난 다음에 부모가 제일 처음 기뻐하는 날이 아이의 출생 이후 백일째가 되는 날입니다. 「백일」의 유래가 무엇인지 저는 잘 모르겠습니다. 그러나 아마도 옛날에는 백 일이 되기 전에 유아 사망의 비율이 높아서 태어난 지 백 일이 되면 드디어 이제 생존하게 되었다는 의미로 부모가 기뻐하며 잔치를 배설한 것이 아닌가 생각합니다.

그런데 여기서 젖을 떼는 날을 기뻐하는 의식은 우리의 「백일」 되는 날을 훨씬 지난 만 3 세 이후 5 세 사이에 베풀어집니다. 이 의식에는 특별한 의미가 있습니다. 어머니의 젖을 먹는 시기를 지났다는 단순한 의미뿐만이 아니라 이제는 아이를 부모가 아닌 외부 사람에게 맡겨도 좋다는 의미입니다. **외부 사람에게 맡긴다는 것에는 하나님의 일을 위하여 이 아이를 훈련시키기 위해서 하나님의 사람에게 아이를 맡길 수 있다는 의미가 들어 있습니다.**

이 종교적인 의미는 후대에 가서 첨부된 의미입니다. 그 대표적인 예를 우리는 사무엘에게서 찾을 수 있습니다. 사무엘이 젖을 떼게 되었을 때, 그 부모가 아이를 데리고 성전으로 가서 제사장에게 맡깁니다. 이제 하나님의 일을 위하여 훈련을 받을 수 있는 시기가 되었다는 선언입니다.

② 신약에서의 젖을 떼는 의미의 발전

이 사상이 훗날 신약성경에서 그리스도인의 성장 과정과 연관되어 나타납니다. 하나님도 우리가 젖을 떼고 성숙의 단계에 들어가 하나님의 일을 위하여 훈련을 받을 수 있게 되는 것을 얼마나 기다리시며 기뻐하시겠는지요?
그러나 그럼에도 불구하고 오늘 이 시대의 얼마나 많은 그리스도인들이 아직도 젖을 먹는 그 시기를 벗어나지 못하고 있습니다.
우리가 그리스도인이 되자마자 우리를 향한 하나님의 도전은 이것입니다.
"순전하고 신령한 젖을 사모하라."
아이가 젖을 사모하는 것은 당연합니다. 그렇습니다. 우리는 영적으로 다시 태어나자마자 말씀의 젖을 먹고 성장하기 시작합니다. 그러나 이 말씀의 젖을 먹는 단계를 영원히 지나지 못하는 그리스도인이 얼마나 많습니까?

자기 스스로 자기 신앙의 성장을 책임지지 못하고 누군가에게 의존해야만 신앙이 자라나는 사람들이 있습니다. 자기 신앙 성장의 수단으로서 예배 시간만을 의존하고 있는 그리스도인들이 있습니다.

그래서 예배 시간이 올 때마다 "목사님, 제가 왔사오니 우유병을 높이 드시고 제 입에 넣어 주옵소서"라고 말하며 사흘 또는 한 주간을 그것에 의존해서 살려고 합니다.

오늘의 영적 성장의 삶을 위해서 당신은 어떻게 노력하십니까? 오늘 하루의 영의 양식을 위해서 당신은 어떻게 행동하고 계십니까?

자기 신앙 성장에 대해서 책임을 질 줄 모르는 그리스도인들, 따라서 하나님의 일을 위해서 훈련되지 못하고 그래서 하나님의 일꾼으로서의 삶을 살지 못하고 있는 그리스도인들이 얼마나 많이 있습니까? 그들은 그저 교회당에만 왔다갔다 합니다.

이 상태를 성경 기자들은 그리고 성경의 궁극적인 기자이신 성령님은 얼마나 안타까워 하십니까?

고린도전서 3장에 보면 이런 영적 어린아이들로 가득찼던 초대 교회가 고린도 교회임을 보여 줍니다. 그래서 고린도 교회는 영적으로 고전을 면치 못하고 있었습니다. 이 영적으로 고전하고 있는 고린도 교회 성도들에게 바울 사도는 이렇게 말씀합니다.

"형제들아 내가 신령한 자들을 대함과 같이 너희에게 말할 수 없어서 육신에 속한 자 곧 그리스도 안에서 어린아이들을 대함과 같이 하노라"(고전 3:1).

그리스도 안에서 어린아이를 대함과 같이 할 수밖에 없다고 말합니다.

계속되는 말씀을 보십시오.

"내가 너희를 젖으로 먹이고 밥으로 아니하였노니 이는 너희가 감당치 못하였음이거니와 지금도 못하리라"(고전 3:2).

여기서 젖밖에는 감당할 수 없는 영적 어린아이 상태의 그리스도인들의 모습을 볼 수 있습니다.

이것은 성경을 유치한 정도로밖에 모른다는 단계가 아니라 말씀을
아예 모르고, 말씀에 순종하지도 않으며, 말씀에 대한 갈증도 없다는
이야기입니다. **말씀을 사모한다는 것은 단순히 지식을 사모한다는 말이
아니라 주의 말씀대로 살기를 원한다는 것을 뜻합니다.**

이 열망이 없기 때문에 나온 그들의 행동을 바울 사도는 이렇게 지
적합니다.
"너희가 아직도 육신에 속한 자로다 너희 가운데 시기와 분쟁이 있으
니 어찌 육신에 속하여 사람을 따라 행함이 아니리요"(고전 3:3).
시기하고 분쟁하고 싸우고 유치하게 사는 이유는 자라나지 못했기
때문이라는 것입니다. "성경은 아는데 행동이 개차반이다"라는 말은
사실상 말이 안 되는 말입니다. 그 사람의 행동이 엉망인 이유는 그
가 성경을 제대로 알지 못하기 때문입니다.
　당신은 성경을 알기를 원하십니까?
우리가 말씀을 사모하는 이유가 어디에 있습니까?
그것은 지식을 위해서가 아닙니다. 주의 말씀을 사모한다는 말은 그
말씀대로 살기를 원하기 때문입니다. 내가 이 말씀을 사모하고 이 말
씀이 내 삶 속에서 활동하며 나를 지배하기 시작한다면 나의 삶은 변
할 수밖에 없습니다. 성숙이 이루어져 갈 수밖에 없습니다.

　히브리서 5 장 12 절을 보십시오. 이 말씀은 히브리서 기자의 답
답한 심경을 보여 주고 있습니다.
"때가 오래므로 너희가 마땅히 선생이 될 터인데 너희가 다시 하나님
의 말씀의 초보가 무엇인지 누구에게 가르침을 받아야 할 것이니 젖
이나 먹고 단단한 식물을 못 먹을 자가 되었도다."
이제는 스승이 되어 다른 사람에게 말씀을 증거하며 가르치며 양육
해야 하는데 그렇게 하지 못한다는 이야기입니다.

계속되는 말씀을 보십시오.
"대저 젖을 먹는 자마다 어린아이니 의(義)의 말씀을 경험하지 못한
자요 단단한 식물은 장성한 자의 것이니 저희는 지각을 사용하므로
연단을 받아 선악을 분변하는 자들이니라"(히 5:13,14).
선악을 분변하며 의롭게 살지 못하는 이유도 성장하지 못했기 때문
이라는 것입니다.

이스라엘 백성들에게 있어서 그들의 아이가 젖을 뗀다는 것은 이
제 그 아이가 하나님의 일을 위하여 훈련을 받을 수 있는 시기가 되
었다는 것을 의미한다고 했습니다. 그리고 그들은 그 기쁨 때문에 큰
잔치를 벌인다고 했습니다. 이삭의 생애 속에 나타난 이 자그마한 에
피소드를 통해서 당신은 성숙을 기대하시는 하나님의 마음과 의도를
읽으십니까?

3. 이스마엘과의 갈등

이삭이 인간으로서의 첫 성숙의 단계를 뛰어넘는 순간, 그러나 뜻밖
에 이삭의 삶 가운데에는 무서운 갈등이 기다리고 있었습니다.
"사라가 본즉 아브라함의 아들 애굽 여인 하갈의 소생이 이삭을 희롱
하는지라 그가 아브라함에게 이르되 이 여종과 그 아들을 내어쫓으
라 이 종의 아들은 내 아들 이삭과 함께 기업을 얻지 못하리라 하매
아브라함이 그 아들을 위하여 그 일이 깊이 근심이 되었더니 하나님
이 아브라함에게 이르시되 네 아이나 네 여종을 위하여 근심치 말고
사라가 네게 이른 말을 다 들으라 이삭에게서 나는 자라야 네 씨라
칭할 것임이니라"(창 21:9 ~ 12).
이스마엘과 이삭 사이에 갈등이 시작되는 모습입니다.

그런데 후일의 성경 기자들이 그리스도인의 삶의 교훈을 위하여

이 갈등의 사건을 어떻게 사용하고 있는가를 주목해서 보시기 바랍
니다.
"내게 말하라 율법 아래 있고자 하는 자들아 율법을 듣지 못하였느냐
기록된바 아브라함이 두 아들이 있으니 하나는 계집 종에게서, 하나
는 자유하는 여자에게서 났다 하였으나 계집 종에게서는 **육체**를 따라
났고 자유하는 여자에게서는 **약속**으로 말미암았느니라"(갈 4:21 ~
23).
여기 "육체"와 "약속"이라는 개념이 비교되고 있습니다. 이것은 이삭
과 이스마엘의 사건을 이야기하고 있는 것입니다. 한 사람은 인간의
생각으로 태어났고, 한 사람은 하나님의 약속 때문에 태어났다는 것
입니다.

　계속되는 말씀을 보십시오.
"그러나 그때에 **육체**를 따라 난 자가 **성령**을 따라 난 자를 핍박한 것
같이 이제도 그러하도다"(갈 4:29).
여기에서 다시 "육체"와 "성령"이 비교되고 있습니다.

　이삭과 이스마엘의 사건을 가지고 성경의 기자는 "육체"와 "약속"
혹은 "육체"와 "성령"으로 비교하고 있습니다. 우리는 이삭이 출생할
때까지는 이스마엘의 진정한 정체를 몰랐습니다. 이삭이 출생하자
이스마엘은 시기와 질투와 희롱을 이삭에게 퍼붓기 시작했습니다.
그래서 그로 인한 갈등과 어둠이 이 집안에 찾아왔습니다.
　이것은 얼마나 그리스도인의 삶에 대한 적합한 묘사요 그림입니
까?
성령으로 거듭나자마자 그 순간 우리가 발견한 것은 내 속에 있었던
추한 육신입니다. 내가 그렇게 더럽고 추하다는 사실은 중생하고 하
나님의 자녀가 되기 전까지는 이상하게도 모릅니다.

전에 어떤 한 사람을 전도한 일이 있습니다. 그는 제가 아무리 예수를 설명해도 못믿겠다고 했습니다. 그가 그렇게 못믿겠다 한 이유는 자기 자신을 의롭다고 생각하기 때문이었습니다. 그는 자신이 굉장히 의로운 사람이라고 생각했습니다. 그런데 우리의 이 광경을 옆에서 지켜보던 그의 아내가 갑자기 남편을 향해 소리를 질렀습니다. "내가 당신을 다 아는데 당신이 뭐가 그렇게 의롭다고 자신만만해 해요!"
아내의 말을 들은 그는 그제서야 정신이 들은 듯 깨어지기 시작했습니다. 하나님이 그때 그 부인을 사용하신 것이 얼마나 감사했는지 모릅니다.

우리는 우리가 죄인이라는 이 죄인됨의 발견도 성령이 우리 안에 오실 때까지는 결코 발견하지 못합니다. 이상한 사실이 아닐 수 없습니다. 성령께서 우리 안에 오셔서 우리의 추함을 지적하셔야 우리는 비로소 우리가 죄인이고 추한 성품을 가지고 있다는 사실을 깨닫게 됩니다. 그래서 아담에 속한 내 옛 기질과 이제 그리스도를 통해서 새롭게 받은 새 성품 사이에 격렬한 갈등이 시작됩니다.

그리스도인이 되었다는 말은 어떤 의미에는 새로운 갈등 속에 들어간 새 삶의 시작이라는 의미입니다. 신앙 생활은 갈등이 없는 삶이 아니라 갈등이 많은 삶입니다. 그러나 그 갈등은 창조적 갈등입니다. 그것은 주님의 사람답게 살기 위해서 반드시 겪어야만 하며 넘어가야만 하는 한 과정인 것입니다.
갈라디아서 5 장 16 절 이하에 보면 바울 사도는 그리스도인의 신앙 생활을 한 마디로 이렇게 설명합니다.
"내가 이르노니 너희는 성령을 좇아 행하라 그리하면 육체의 욕심을 이루지 아니하리라 육체의 소욕은 성령을 거스리고 성령의 소욕은 육체를 거스리나니 이 둘이 서로 대적함으로 너희의 원하는 것을 하지 못하게 하려 함이니라"(갈 5:16,17).

아브라함의 집안에 있었던 이삭과 이스마엘의 갈등은 오늘 우리 안에서 일어나고 있는 성령과 육체의 끊임없는 갈등과 같은 것입니다. 여기에서 어떻게 승리할 수 있겠습니까?
아브라함은 어떻게 이 문제를 해결했습니까?
아브라함은 이삭과 이스마엘을 평화롭게 공존시킨 것이 아니라 분리시켰습니다. 이스마엘을 쫓아내었습니다. 그때 해결이 왔습니다. 옛 성품과 새 성품은 함께 있을 수가 없습니다.

소위 도덕이 제시하는 인간 변화의 한 방법은 우리 안에 있는 낡은 성품을 잘 다스려 보다 나은 인간이 되게 하자는 것입니다. 그러나 우리는 압니다. 우리 안에 있는 부패한 성품이 인간의 결심만 가지고는 개조나 개량이 되지 않는다는 사실을 압니다. 우리 안에 있는 부패한 것, 그리고 우리의 바깥에서 우리의 부패를 조장하는 이 모든 것들에서부터 우리 자신을 분리시키지 않고서는 승리가 없다는 사실을 압니다. 분리가 대답입니다.
이것은 옛 사람을 벗으라는 이야기입니다. **나로 하여금 죄 짓게 만드는 환경, 죄 짓게 만드는 기회, 죄 짓게 만드는 모든 문제에 대해서 거절하고 자신을 분리시키지 않으면 승리가 없습니다.**

이 분명한 승리의 교훈을 우리는 이삭과 이스마엘의 사건을 통해서 보았습니다. 하나님은 우리가 어떻게 하나님의 뜻대로 성령님을 쫓아 거룩한 삶을 이루어갈 수 있는가 하는 깨우침을 이 갈등의 사건을 통해서 보여 주신 것입니다. 오늘 저와 당신의 승리의 삶은, 거룩한 삶은 육체에 속한 시기와 질투와 시샘을 일으키고 있는 이스마엘을 우리의 삶의 반경에서 추방하고 하나님이 원하시는 약속의 말씀을 따라 성령님께 복종하며 살아갈 때에만 이루어질 수 있는 삶인 것

입니다. 우리를 하나님의 자녀가 되게 한 은혜를 감사하십시오. 그러
나 주의 자녀로서 나는 얼마 만큼 자랐는가를 자신에게 물어 보십시
오. 나를 후퇴하게 만들고 더럽히는 것들에서 나 자신을 성별시키는
신앙의 결단이 효과적으로 신앙의 삶에 이루어지고 있는가를 물어
보십시오.

2

하나님의 돌보심을 받는 이삭

"아브라함이 이에 번제 나무를 취하여 그 아들 이삭에게 지우고 자기는
불과 칼을 손에 들고 두 사람이 동행하더니 이삭이 그 아비 아브라함에
게 말하여 가로되 내 아버지여 하니 그가 가로되 내 아들아 내가 여기 있
노라 이삭이 가로되 불과 나무는 있거니와 번제할 어린 양은 어디 있나
이까 아브라함이 가로되 아들아 번제할 어린 양은 하나님이 자기를 위하
여 친히 준비하시리라 하고 두 사람이 함께 나아가서 하나님이 그에게
지시하신 곳에 이른지라 이에 아브라함이 그곳에 단을 쌓고 나무를 벌여
놓고 그 아들 이삭을 결박하여 단 나무 위에 놓고 손을 내밀어 칼을 잡고
그 아들을 잡으려 하더니"(창 22 : 6~10).

아버지 아브라함이나 아들 야곱에 비해서 이삭의 삶은 아무 래도 평범한 보통 신앙인의 삶이었습니다. 그러나 그런 삶 속에도 나름대로의 드라마가 있었다는 사실은 부인할 수 없습니다.

1. 모리아 산에서의 이삭

창세기 22 장을 보십시오. 이 장은 아브라함이 하나님의 명령에 순 종하여 이삭을 모리아 산상에서 제물로 바치고 있는 장면입니다. 우 리는 이 사건을 일반적으로 아브라함의 편에서 바라보게 됩니다. 그 러나 이 사건을 이삭의 입장에서 조명해 볼 필요도 있다고 생각합니 다.

"아브라함이 이에 번제 나무를 취하여 그 아들 이삭에게 지우고 자 기는 불과 칼을 손에 들고 두 사람이 동행하더니"(창 22:6).
이 말씀에 의하면 아브라함이 번제 나무를 취한 다음에 그 나무를 이 삭에게 지웠다고 말씀합니다. 아마도 아브라함은 불과 칼을 양 손에 쥐고 그 아들 이삭보다 앞서서 걷고 있었을 것입니다. 그러면 나무를 지고 아버지를 따라가는 이삭은 이 모리아 길에서 무엇을 생각했을 까요?
한 번쯤은 그 마음 속에 '아버지가 저 불과 칼을 가지고 무엇을 잡으 려고 하시는가?'이런 생각을 해 보지 않았겠습니까?

드디어 7 절에 보면 이삭이 아브라함에게 그 생각을 드러내어 묻 는 장면이 나옵니다.
"이삭이 그 아비 아브라함에게 말하여 가로되 내 아버지여 하니 그가 가로되 내 아들아 내가 여기 있노라 이삭이 가로되 불과 나무는 있거 니와 번제할 어린 양은 어디 있나이까"(창 22:7).

"나무는 제가 지고 가고, 불은 아버지가 가지고 계시지만 아버지의 손에 들린 그 칼로 잡을 어린 양은 도대체 어디에 있습니까?"라고 그는 참다 못해 아버지에게 물었습니다.

이에 아브라함이 대답합니다.

"아브라함이 가로되 아들아 번제할 어린 양은 하나님이 자기를 위하여 친히 준비하시리라 하고 두 사람이 함께 나아가서"(창 22:8).

아버지가, 제물인 어린 양은 하나님이 친히 준비하신다고 대답하자 이삭은 더 이상 아무 대꾸도 하지 않았습니다. 물론 그의 마음 속의 수수께끼가 그 한 순간에 풀렸을 것이라고는 생각되지 않습니다. 그러나 평소에 언제나 아버지의 말씀을 신뢰하고 순종했던 이삭은 자기 생애의 중요했던 이 한 순간에도 하나님이 제물을 준비하신다는 아버지의 말씀을 여전히 믿고 의심하지 않았을 것입니다. 여기서 우리는 이삭의 믿음을 다시 한 번 조명해 볼 수 있습니다.

그러나 드디어 이제 장면이 달라집니다.

"하나님이 그에게 지시하신 곳에 이른지라 이에 아브라함이 그곳에 단을 쌓고 나무를 벌여놓고 아들 이삭을 결박하여 단 나무 위에 놓고"(창 22:9).

이쯤되면 그 제물이 누구인가는 분명해진 순간입니다. 그때 만약 당신이 이삭이었다면 이러는 아버지에게 어떤 반응을 보일 것이라고 생각하십니까? 한 번쯤은 생각을 해 본 일이 계신지요?

우리는 이때 이삭의 나이가 열세 살은 족히 되었다는 사실을 기억해야 합니다. 정확한 나이는 알 수 없지만, 열일곱 내지는 열여덟 살이라는 의견이 성경 학자들 사이에서는 더 지배적입니다. 분명한 사실은 이삭이 그때 아버지에게 저항할 육체적 실력과 힘은 충분히 갖추고 있었다는 사실입니다.

"어찌하여 자식인 저를 제물로 드리려고 하십니까"라고 한 번쯤 아버지에게 반항할 수 있었던 이 극적인 상황 속에서 성경은 이삭의 반응에 대해서 침묵을 지킵니다. 이삭은 이런 상황에서조차 아버지에게 순종하는 아들로 그려지고 있는 것입니다.

"손을 내밀어 칼을 잡고 그 아들을 잡으려 하더니"(창 22:10).

이 순간의 이삭의 반응에 대해서 성경은 완전한 침묵을 지키고 있습니다. 아마도 이삭은 이 순간을 오직 침묵으로 주님만 신뢰하며 기다리고 있었을 것입니다. 이 사건에서 우리는 이삭이 얼마나 철저하게 하나님을 신뢰했고 순종했던 사람인가라는, 결코 평범하지 않은 믿음의 사람, 순종의 사람으로서의 그의 모습을 발견하게 됩니다.

단 위에서 결박당한 채 침묵으로 아버지의 칼을 기다리고 있던 이 이삭의 모습은 골고다 언덕을 말없이 오르시던 우리 주님의 모습과 방불합니다.

이사야 선지자는 이 수난의 메시야의 모습을 이렇게 묘사했습니다.

"도수장으로 끌려가는 어린 양과 털 깎는 자 앞에 잠잠한 양같이"(사 53:7).

털을 깎이는 그 순간에도 털 깎는 자 앞에서 잠잠했던 어린 양처럼 자기의 생명이 위태한 위기의 순간에도 삶의 전부를 하나님께 의뢰하고 침묵을 지켰던 수난자 메시야의 상을 이 이삭의 모습은 얼마나 우리에게 실감있게 반영시켜 주고 있는지요?

여기서 우리는 믿음과 순종의 사람 이삭, 그리고 이 이삭을 쓰신 하나님의 모습을 동시에 볼 수 있습니다.

2. 이삭의 신부감을 구하러 떠나는 종

"아브라함이 나이 많아 늙었고 여호와께서 그의 범사에 복을 주셨더라 아브라함이 자기 집 모든 소유를 맡은 늙은 종에게 이르되 청컨대

네 손을 내 환도뼈 밑에 넣으라 내가 너로 하늘의 하나님, 땅의 하나
님이신 여호와를 가리켜 맹세하게 하노니 너는 나의 거하는 이 지방
가나안 족속의 딸 중에서 내 아들을 위하여 아내를 택하지 말고 내
고향 내 족속에게로 가서 내 아들 이삭을 위하여 아내를 택하라"(창
24:1 ~ 4).
아브라함이 아들 이삭의 신부감을 구하기 위해서 자기의 종을 파송
하는 장면입니다. 여기에서 우리는 아브라함이 직접 이삭을 보내지
않고 종을 보내는 것에 관심을 둘 필요가 있습니다. 직접 자기가 아
내를 얻어가지고 왔던 아들 야곱의 모습과 이것은 얼마나 대조가 되
는 광경인지요 ?
물론 이삭이 그렇게 하고 싶어서 하는 것은 아닙니다. 그러나 아브라
함이 그렇게 한 데에는 그럴 만한 이유가 있다고 생각됩니다.

창세기 24 장 5 절 이하의 말씀을 보십시오.
"종이 가로되 여자가 나를 좇아 이 땅으로 오고자 아니하거든 내가
주인의 아들을 주인의 나오신 땅으로 인도하여 돌아가리이까 아브라
함이 그에게 이르되 삼가 내 아들을 그리로 데리고 돌아가지 말라"
(창 24:5,6).
종이 이삭을 아브라함의 고향에 혹 데려가서는 안 되냐고 물으니까
아브라함은 강경하게 안 된다고 대답합니다. 그것이 여기에서 특별
히 금지되고 있는 부분입니다.
계속되는 말씀을 보십시오.
"하늘의 하나님 여호와께서 나를 내 아버지의 집과 내 본토에서 떠나
게 하시고 내게 말씀하시며 내게 맹세하여 이르시기를 이 땅을 네 씨
에게 주리라 하셨으니…"(창 24:7).
다시 말하면 이삭이 거해야 할 땅은 가나안입니다. 지금 그가 살고
있는 땅입니다.

어쩌면 이삭은 신부감을 얻기 위해서 아버지의 고향으로 가면 다시 돌아올 수 있는 능력이 없었던 사람일 수도 있습니다. 많은 성경학자들이 그렇게 생각합니다. 이삭의 삶 속에는 커다란 모험이 별로 없습니다. 아브라함이나 아들 야곱의 삶과는 달리 모험이 없었던 삶이 이삭의 삶이었습니다. 그는 아마도 인생의 특별한 폭풍우와 풍랑을 이길 만한 능력과 삶의 단련이 없었던 사람일 수가 있습니다. 이런 사람이 그 먼 길을 떠났을 경우에 거기에서 당할 수 있는 위험한 사건을 직면할 용기나 준비가 없었다고도 우리는 가정할 수 있습니다. 아니 특별한 경우에 있어서 거기에서 신부감을 구하는 과정에서 이삭은 그곳에 아예 머물러버릴 가능성도 없지 않아 있었을 것입니다. 그리하면 하나님의 계획이 달라질 수밖에 없습니다. 아브라함에게 일러 주신 하나님의 계획은 이 가나안 땅을 통해서 반드시 이루어져야만 하는 것입니다.

여기 "이 땅"이라는 단어가 특별히 강조되고 있는 것을 주목해서 보시기 바랍니다.
"**이 땅을** 네 씨에게 주리라 하셨으니 그가 그 사자를 네 앞서 보내실지라 네가 거기서 내 아들을 위하여 아내를 택할지니라 만일 여자가 너를 좇아 오고자 아니하면 나의 이 맹세가 너와 상관이 없나니 오직 내 아들을 데리고 그리로 가지 말지니라"(창 24:7,8).
이 땅에서 내 아들을 데리고 가서는 안 된다는 사실이 거듭 거듭 반복되어 강조되고 있는 이 장면을 보십시오. 이것은 창세기 26 장 이후에 나타날 사건과 같은 맥락의 사건입니다.

3. 애굽행(行)을 막으시는 하나님

"아브라함 때에 첫 흉년이 들었더니 그 땅에 또 흉년이 들매 이삭이 그랄로 가서 블레셋 왕 아비멜렉에게 이르렀더니 여호와께서 이삭에

게 나타나 가라사대 애굽으로 내려가지 말고 내가 네게 지시하는 땅
에 거하라"(창 26:1,2).

아마도 흉년이 들자 이삭의 마음이 풍요로운 애굽으로 내려가고 싶
었던 모양입니다. 그래서 애굽으로 가는 길목격인 그랄쯤에 다다랐
습니다. 그때 하나님이 등장하신 것입니다. 하나님은 이삭에게 가는
길을 멈추라고 하셨습니다.

"너는 애굽으로 내려가지 말라."

이것도 그 아버지 아브라함이나 아들 야곱의 생애와 비교할 때 다른
또 한 가지 사실입니다.

　아브라함은 애굽으로 내려갔습니다. 야곱도 말년에 애굽으로 내려
갑니다. 아브라함과 야곱의 생애 속에서는 애굽행(行)을 허용하신 하
나님이 이삭에게만은 그것을 허용하지 않으십니다. 물론 아브라함이
애굽에 내려간 것을 좋게는 해석할 수 없지만 그것이 꼭 나쁘다고 이
야기할 수도 없습니다. 어찌되었건 하나님이 그 결정을 허용하신 것
은 사실이니까요. 그래서 아브라함은 애굽으로 내려갔습니다. 야곱
도 내려갔습니다. 그러나 이삭의 경우만은 하나님이 허용치 않으십
니다. 아마도 여기에는 이삭이 애굽으로 내려갔을 때 그 새로운 미지
의 땅에서 적응하는 과정에 있어서 그가 그 땅에서 다시는 헤어나오
지 못하는 인간성의 어떤 약점을 하나님이 보았기 때문일 가능성이
많습니다. 그래서 "너는 내려가서는 안 된다"고 말씀합니다. 이것이
아브라함과 야곱과 달리 이삭을 섭리하신 하나님의 섭리의 독특성이
라 말할 수 있습니다.

　만약 이삭에게 애굽행(行)이 허용되었더라면 하나님의 계획은 영
엉뚱하게 되었을지 모릅니다. **하나님 자신의 명예와 계획을 위하여, 아
브라함과 이삭과 야곱 그리고 그 자손들을 통해서 이루어져야 할 메시야
를 통한 영광스런 인류 구원의 계획을 위하여 하나님은 이삭의 약점을**

아시고 그것을 보호하신 것입니다.

이것이 하나님의 사랑입니다. 하나님은 이삭이 어디까지 견딜 수 있는가를 잘 알고 계셨습니다. 그래서 미리 피할 길을 주신 것입니다. 이것이 신약성경에서 그리스도인들의 삶 속에 시험을 허용하시되 "감당할 수 없는 시험당함을 허락지 아니하시는" 그 하나님의 사랑과 일맥 상통한다는 것은 말할 필요도 없는 사실입니다(고전 10:13). 우리의 약점을 보호하시는 하나님의 교훈이 이 이삭의 애굽행(行)을 막으신 모습에서 잘 나타나 있습니다.

4. 그랄에서의 실패

애굽행(行)을 막으신 하나님의 뜻에 따라 이삭은 그랄에 거하게 됩니다. 그랄에 거하면서 이삭은 재미있는 사건 하나를 겪습니다.
"이삭이 그랄에 거하였더니 그곳 사람들이 그 아내를 물으매 그가 말하기를 그는 나의 누이라 하였으니 리브가는 보기에 아리따우므로 그곳 백성이 리브가로 인하여 자기를 죽일까 하여 그는 나의 아내라 하기를 두려워함이었더라"(창 26:6,7).
사람들을 두려워한 나머지 자기의 목숨을 지키기 위해서 아내 리브가를 누이라고 거짓말합니다. 이 사건은 우리에게 누구를 연상시킵니까?
그의 아버지 아브라함을 연상하게 합니다. 어쩌면 이렇게 똑같이 아버지의 실수를 그대로 재현하는 아들의 모습입니까?
이 사건은 창세기 12 장에 나타난 그의 아버지의 실수의 사건과 아주 똑같습니다. 장소만 다를 뿐입니다. 아브라함은 애굽에서, 그리고 이삭은 그랄이라는 지역에서 거짓말을 합니다.

이 실패의 사건의 배경을 좀더 분석해 보도록 하겠습니다.
"여호와께서 이삭에게 나타나 가라사대 애굽으로 내려가지 말고 내가 네게 지시하는 땅에 **거하라** 이 땅에 유하면 내가 너와 함께 있어 네게 복을 주고 내가 이 모든 땅을 너와 네 자손에게 주리라 내가 네 아비 아브라함에게 맹세한 것을 이루어"(창 26:2,3).

애굽으로 내려가는 것을 하나님께서 정지시켜 놓으시고 이 땅에 거하라는 말씀을 주십니다. 성경 학자들은 여기서 특별히 2 절의 "거하라"는 낱말을 주목해서 봅니다. 여기의 "거하라"는 말이 "영원히 거하라"는 뜻이 아니라 "일시 동안 거하라"는 뜻의 말이라고 지적하는 학자들이 많이 있습니다. 다시 말하면 하나님의 의도가 이삭이 애굽으로 가는 것을 정지시키기 위해서 이 땅에 잠시 머물게 했지만 그곳도 이삭이 거해야 할 영구한 땅은 아니었다는 것입니다.

그런데 그 다음 절을 계속 읽어 보시면, 거짓말을 하고 그 땅에 계속 거하고 있는 이삭의 모습을 성경 기자는 이렇게 말합니다. "이삭이 거기 **오래 거하였더니** 이삭이 그 아내 리브가를 껴안은 것을 블레셋 왕 아비멜렉이 창으로 내다본지라"(창 26:8).

성경은 이삭이 그곳에 오래 거하였다는 사실을 강조합니다. 그래서 마침내 이삭이 그의 아내 리브가를 껴안은 것을 그 땅의 왕이 보았다고 말씀합니다. 누이를 왜 껴안습니까?

이것은 주의 말씀 앞에 온전하게 순종하지 못했던 이삭의 실패였다고 학자들은 지적합니다.

우리는 이 사건을 통해서 우리가 하나님의 명령에 불순종했을 때 걸어가는 그 길의 험준함을 깨닫게 됩니다. 또 하나, 우리는 자식이 얼마나 부모의 약점을 쉽게 배우는가라는 사실을 깨닫게 됩니다. 자식들이 부모의 장점은 쉽게 안 배웁니다. 신기하게도 부모가 잘못하는 것부터 먼저 배웁니다. 언어를 배울 때도 좋은 언어보다는 욕설을 먼저 배웁니다. 이것은 어쩌면 우리 안에 있는 부패한 아담의 성품일지 모릅니다. 우리 속에 깊이 뿌리 박혀 있는 죄악의 성품입니다. 여

기에서 우리는 부모된 자의 책임의 문제를 다시 한 번 엄중하게 실감
하지 않을 수 없습니다.

그러나 제가 강조하고 싶은 것은 그것이 아닙니다. **저는 이삭이 실
패했다는 사실보다 이삭의 실패에도 불구하고 이삭을 버리지 않으신 하
나님을 더욱 강조하고 싶습니다.** 계속 진행되는 사건을 보면, 하나님
은 그의 아내가 짓밟히도록 허용하지 않으십니다. 그리고 이삭의 생
명까지도 보호하고 지켜 주십니다. 제가 만일 하나님이라면 "이 치사
한 놈아, 한번 당해 봐라"고 실컷 그에게 어려움을 주었을 것입니다.
그러나 우리의 하나님은 이 부부의 삶과 생명을 변함없이 보호하시
는 너그러우시고 자비와 긍휼에 풍성하신 분이십니다. 11절을 보십
시오.
"아비멜렉이 이에 모든 백성에게 명하여 가로되 이 사람이나 그 아내
에게 범하는 자는 죽이리라 하였더라."
그래서 그들의 생명을 보호하십니다.

여기서 실패자를 버리지 아니하시는 하나님의 모습을 보십시오.
애굽으로 향하는 길에서는 약점을 보호하시는 하나님의 모습을 생각
했습니다. 이삭이 영 돌아오지 못할 땅을 향해서 가지 않도록 그의
발걸음을 멈추게 하시고 그의 약점을 보호하셨습니다. 그러나 이번
에는 실패자를 버리지 아니하시는 모습을 우리에게 보여 주십니다.
우리의 한 번의 실수 때문에, 아니 우리의 두 번의 실수 때문에 우리
를 버리지 아니하시는 하나님, 이 하나님을 당신은 찬양하지 않으십
니까?
만약 주님께서 우리의 단 한 번의 실수 때문에 우리를 그냥 버리고
포기하셨다면 지금쯤 저와 당신의 삶은 어떻게 되었을까요?
여기에 하나님의 자비가 있습니다. 실패자를 버리지 아니하시는 하
나님의 긍휼이 있습니다.

왜 그렇게 하십니까?

이것은 하나님의 약속 때문입니다. 그래서 우리는 이 하나님을 "언약의 하나님"이라고 말합니다. 아브라함, 이삭, 야곱과 더불어 언약을 맺으시고 이 언약을 통해서 마침내 하나님의 계획을 역사 속에 성취하기를 원하시는 하나님, 그 하나님은 약속 앞에 성실하십니다. 그래서 그분의 백성들의 불성실에도 불구하고 하나님은 그 백성들에게 여전히 성실하십니다. 여기에 하나님의 인자가 있습니다.

실패자를 버리지 아니하시는 하나님, 한 걸음 더 나아가서 이제 실패를 오히려 유익하게 사용하시는 하나님의 모습을 보십시오. 저는 창세기 26 장에서 잘 이해할 수 없는 구절이 12 절의 말씀이라고 생각합니다. 보십시오.

"이삭이 그 땅에서 농사하여 그 해에 백 배나 얻었고 여호와께서 복을 주시므로"(창 26:12).

치사하게 자기 아내를 누이라고 거짓말한 이 이삭을 하나님은 어떻게 하셨습니까?

축복하셨다는 이야기입니다. 징계와 벌 대신에 오히려 복을 주신 하나님입니다.

당신은 이 하나님의 불가사의한 마음을 이해하시겠습니까?

때때로 매를 들어야 할 자식에게 떡을 주는 부모들은 아마도 이 하나님의 마음을 조금은 이해하실 것입니다. 이것은 오히려 징계가 마땅한 자식에게 축복을 허락하사 그의 삶 속에 더 커다란 깨달음을 주고자 하시는 하나님의 보다 깊은 심정의 표현일 수 있습니다.

그러나 이 축복을 축복으로만 간주하지 마십시오. 조금 더 보시면 사건이 전환되기 시작합니다. 그 축복 때문에 문제가 생기기 시작합니다.

5. 블레셋 사람의 시기

어느 시대나 가진 사람이 가지지 못한 사람에 의해서 시기를 당하는 경우는 늘 있어 왔습니다. 이삭의 시대에도 예외는 아니었습니다. "그 사람이 창대하고 왕성하여 마침내 거부가 되어 양과 소가 떼를 이루고 노복이 심히 많으므로 블레셋 사람이 그를 시기하여 그 아비 아브라함 때에 그 아비의 종들이 판 모든 우물을 막고 흙으로 메웠더라"(창 26:13 ~ 15).

그래서 이제부터 이삭의 유명한 우물파기 작업이 시작됩니다. 16 절 이하의 말씀을 보십시오. "아비멜렉이 이삭에게 이르되 네가 우리보다 크게 강성한즉 우리를 떠나가라 이삭이 그곳을 떠나 그랄 골짜기에 장막을 치고 거기 우거하며 그 아비 아브라함 때에 팠던 우물들을 다시 팠으니 이는 아브라함 죽은 후에 블레셋 사람이 그 우물들을 메웠음이라 이삭이 그 우물들의 이름을 그 아비의 부르던 이름으로 불렀더라 이삭의 종들이 골짜기에 파서 샘 근원을 얻었더니 그랄 목자들이 이삭의 목자와 다투어 가로되 이 물은 우리의 것이라 하매 이삭이 그 다툼을 인하여 그 우물 이름을 「에섹」이라 하였으며 또 다른 우물을 팠더니 그들이 또 다투는고로 그 이름을 「싯나」라 하였으며 이삭이 거기서 옮겨 다른 우물을 팠더니…"(창 26:16 ~ 22).

이삭이 우물을 팠다는 이야기가 무려 일곱 번이나 계속적으로 등장합니다. 이삭의 생애 속에서 가장 두드러진 공로가 있다면 그것은 우물을 많이 판 것 같습니다. 그것 외에는 별로 한 일이 없습니다. 아브라함의 생애 가운데 가장 인상적인 장면은 아브라함은 가는 곳마다 제단을 세웠다는 것입니다. 그러나 이삭의 삶은 가는 곳곳마다 우물을 파는 삶입니다. 일곱 번이나 우물을 팝니다.

그런데 이렇게 우물을 많이 파게 된 이유가 무엇입니까?
우물을 판다는 것이 우리에게는 잘 실감이 안 날지도 모릅니다. 그러
나 이스라엘 성지나 중동의 사막 지대를 여행해 본 사람들은 사막 지
대의 생명은 우물이라는 것을 알 수 있습니다. 그곳에서 우물은 생존
의 근원입니다. 그러므로 이삭의 이 우물파기 작업은 절대적으로 자
기의 생존을 위해서 필요했던 작업인 것입니다.

그런데 이삭이 파놓은 우물을 가지고 시기하는 사람들이 와서 시
비를 겁니다. 자기의 목숨을 위해서 우물을 지켜야 할 상황에도 불구
하고 이삭은 그 우물을 포기합니다. 이유는 간단합니다. 싸우지 않기
위해서입니다. 여기서 이삭의 대단히 소극적으로 여린 삶의 스타일
을 볼 수 있습니다. 좋게 말하면 그는 다투기를 원하지 않았던 평화
의 사람이고, 나쁘게 말하면 그만큼 소극적인 삶의 자세를 가지고 있
었던 사람입니다. 시비를 걸면 도망가고 또 시비를 걸면 다시 도망갑
니다. 또 새 우물을 팝니다.
그런데 놀라운 사실은 이렇게 우물을 파면서 장소가 점점 옮겨져
간다는 것입니다. 어디까지 오는가 보십시오.
"이삭이 거기서부터 브엘세바로 올라갔더니"(창 26:23).
우물을 파고 파다가 드디어 브엘세바까지 왔습니다. 이삭은 가나안
땅의 심장부를 향해서 점점 나아오고 있었던 것입니다.

이 사실은 무엇을 말합니까? 하나님이 처음에 실패자 이삭에게
복을 주셨습니다. 그러나 그가 복을 받자 주변 사람들이 그의 잘됨을
시기했습니다. 그 시기 때문에 이삭은 계속해서 우물을 파며 옮겨 다
녀야만 했습니다. 그러다가 드디어 지금 브엘세바까지 왔습니다. **하
나님은 이러한 일련의 일들을 통하여 이삭으로 하여금 그가 정말 있어야
할 땅, 거기서 하나님의 경륜을 이루기 위해서 쓰임받아야 할 그 땅으로
이삭의 발걸음을 점차 옮겨오신 것입니다.** 이 하나님의 드라마를 보십

시오. 실패를 선용하시는 하나님, 이 하나님의 모습을 본문을 통해서 볼 수 있기를 바랍니다.

6. 브엘세바로 옮겨온 이삭

"그 밤에 여호와께서 그에게 나타나 가라사대 나는 네 아비 아브라함의 하나님이니 두려워 말라 내 종 아브라함을 위하여 내가 너와 함께 있어 네게 복을 주어 네 자손으로 번성케 하리라 하신지라 이삭이 그곳에 **단을 쌓아** 여호와의 이름을 부르고 거기 장막을 쳤더니 그 종들이 거기서도 우물을 팠더라"(창 26:24,25).

이 말씀은 이삭의 전혀 이삭답지 않은 행동을 하나 보여 줍니다. 드디어 이삭이 그곳에 단을 쌓았습니다. 하나님을 찬양하고 주님 앞에 자기의 삶을 드리고 교제하는 그 교제의 장소로서 단을 쌓았습니다.

하나님은 때때로 우리가 범죄할 때 우리를 치시는 방법으로 「징계」를 사용하실 수도 있습니다. 그러나 언제나 그렇게 하시는 것은 아닙니다. 자식도 때려서 말을 잘 듣는 자식이 있는가 하면 때려서 더 비뚤어지는 자식도 있습니다. 그래서 오히려 잘못한 자식에게 축복을 해야 할 순간도 있습니다. 이삭이 잘못했을 때 하나님은 징계가 아닌 축복으로 그를 가르치셨습니다. 그러나 결국은 그 모든 사건들을 통해서 한 걸음 한 걸음씩 이삭의 발걸음을 옮겨 마침내 그가 서야 할 삶의 자리까지 인도하셨습니다. 그래서 여기서 이삭으로 하여금 단을 쌓아 그 하나님을 바라보게 만드셨습니다. 실패를 선용하시는 하나님, 아니 실패를 오히려 유익하게 사용하시는 이 하나님의 놀라우심을 우리는 본문을 통해 발견할 수 있습니다.

"하나님을 사랑하는 자 곧 그 뜻대로 부르심을 입은 자들에게는 모든 것이 합력하여 선(善)을 이루느니라"(롬 8:28).

우리의 삶에서 나쁜 경험까지, 실패의 경험까지 하나님은 사용하셔서 마

침내 하나님의 유익을 이루십니다. 그렇기 때문에 당신과 저의 삶을 통해서 하나님의 계획은 결코 실패하지 않을 것입니다. 이 사실을 믿으십니까?

7. 이삭에게 찾아온 두 가지 축복

단을 쌓고 주님 앞에 돌아온 이삭에게 하나님은 두 가지로 축복하셨습니다.

첫째로, 원수와 화목하게 하셨습니다.
26절 이하에 보면 한 사람이 이삭을 찾아옵니다. 그는 아비멜렉입니다. 아비멜렉은 지금까지 이삭을 괴롭혔던 사람입니다. 즉 원수가, 그것도 자진해서 이삭을 찾아옵니다.

"아비멜렉이 그 친구 아훗삿과 군대장관 비골로 더불어 그랄에서부터 이삭에게로 온지라 이삭이 그들에게 이르되 너희가 나를 미워하여 나로 너희를 떠나가게 하였거늘 어찌하여 내게 왔느냐 그들이 가로되 여호와께서 너와 함께 계심을 우리가 분명히 보았으므로 우리의 사이 곧 우리와 너의 사이에 맹세를 세워 너와 계약을 맺으리라 말하였노라"(창 26:26~28).

이 모든 과정을 통해서 대적들은 이삭의 일거수 일투족을 지켜보고 있었던 것입니다. 넘어지는 이삭도 보았고 일어서는 이삭도 보았습니다. 그러나 그들은 이삭을 쓰시는 하나님을 동시에 볼 수 있었습니다.

"저 사람은 아무래도 보통 사람이 아니라 하나님이 쓰시는 사람이야."

당신은 우리의 낱낱의 행동이 우리 주변의 사람들에게, 내가 원하든 원치 않든 간에 하나님을 나타내고 있다는 사실을 아십니까?

계속되는 말씀을 보십시오.
"너는 우리를 해하지 말라 이는 우리가 너를 범하지 아니하고 선한 일만 네게 행하며 너로 평안히 가게 하였음이니라 이제 너는 여호와께 복을 받은 자니라"(창 26:29).
핍박을 받았으되 상대를 핍박하지 않은 이삭, 남들에게 당하면서도 그들을 선대했던 이삭, 악을 선으로 갚았던 이 이삭은 마침내 원수의 항복을 받아낼 수 있었습니다. 그리고 하나님을 이방인들의 입술을 통해서 찬송하게 만들었습니다.

만약 이삭이 그들이 자기의 우물을 공격했을 때 그 우물을 수호하기 위해서 이를 갈고 싸웠었더라면 사태는 어떻게 달라졌을까요? 내가 잘못한 것이 없이 어려움을 당할 때 하나님을 의지하고 신뢰했더니 하나님은 마침내 원수를 내 발 앞에 항복시키시고 화해를 요청하게 만드셨습니다. 이 놀라우신 하나님의 솜씨를 보십시오. 우리가 지는 것이 결코 우리의 패배가 아니라는 사실을 여기서 볼 수 있습니다. 최후의 승리자가 마지막 승리자인 것입니다.

현대는 우리의 권리를 주장하라고만 가르치고 있습니다. 이것이 세속 문화입니다. 그러나 성경은 우리의 당연한 권리까지도 하나님 앞에 의탁하고 그분의 인도하심에 의해 살아가도록 가르칩니다. 삶을 살다 보면 어처구니 없는 손해도 당합니다. 이때 이것을 단순한 손해로 해석하는가, 아니면 이 손해 보는 사건까지 사용하셔서 내 삶을 인도하시는 하나님의 섭리와 손길로 보는가가 우리에게 중요한 질문으로 다가옵니다. 당신에게는 어느 쪽 질문으로 다가옵니까?

하나님은 마침내 이삭을 원수와 더불어 화목하게 하셨습니다.
"사람의 행위가 여호와를 기쁘시게 하면 그 사람의 원수라도 그로 더불어 화목하게 하시느니라"(잠 16:7).
우리의 행위가 하나님을 기쁘시게 하면 원수라도 우리와 화목하게 하십니다. 이삭의 이 모든 삶의 여정을 통해서 실패도 있었지만, 그러나 그가 하나님을 바라보고 그분의 뜻대로 살기를 원했더니 마침내 원수와도 화목하게 하시고 그의 삶 속에 승리를 안겨다 주셨습니다. 당신은 이 하나님의 손길을 이 사건을 통해서 보십니까?

둘째로, 우물의 축복을 주셨습니다.

"그 날에 이삭의 종들이 자기들의 판 우물에 대하여 이삭에게 와서 고하여 가로되 우리가 물을 얻었나이다 하매 그가 그 이름을 「세바」라 한지라 그러므로 그 성읍 이름이 오늘까지 「브엘세바」더라"(창 26:32,33).

『세바』라는 말의 뜻은 "맹세"입니다. 『브엘』이라는 말의 뜻은 "우물"입니다. 그래서 『브엘세바』란 말은 "맹세의 우물" 혹은 "언약의 우물"이란 뜻입니다.

이스라엘에 성지 순례를 가 보면 이 『브엘세바』를 보실 수 있습니다. 최남단의 사막 지대 한 황량한 마을에서 이 우물이 지금도 맑은 샘물을 내뿜고 있습니다. 하나님은 이삭에게 이 우물의 축복을 주셨습니다.

주님과의 바른 관계를 맺기만 하면 거기에는 언제나 풍성한 축복이 마련되어 있습니다. 문제는 어디에 사느냐가 아닙니다. 어떻게 사느냐가 문제입니다. 하나님과 어떤 관계를 맺고 사느냐가 문제인 것입니다. 나의 삶의 조건이 어떤가, 나를 둘러싸고 있는 상황이 어떠한가가 중요한 것이 아닙니다. 내가 얼마 만큼 난처한 궁지에 빠져 있는가도 중요한 문제가 아닙니다. 이 상황, 이 형편 속에서 나는 나의 주인되신 하나님과 어떤 관계를 맺고 오늘을 살고 있는가, 이것이 정말 중요한 당신과 저의 문제입니다. 하나님과 올바른 관계를 맺기만 하면, 예수 그리스도가 내 안에 내가 주 안에 거하기만 하면, 요한복음 15 장의 약속처럼, 그 풍성한 열매는 우리의 것입니다.

　사막에 강을 내시고 우리의 삶 속에 풍성한 축복을 더하시는 놀라우신 하나님, 당신은 이 하나님을 오늘도 체험하고 계십니까?
　여기에 이삭의 교훈이 있습니다. 우리는 소위 우리의 인간적 조건 때문에 얼마나 많은 불평을 하면서 삽니까?
　"하나님, 나를 왜 이런 곳으로 인도하셨나요? 하나님, 나로 하여금 왜 이런 일을 하게 하셨나요? 나로 하여금 왜 이런 사람을 만나 다툼이 있게 하셨나요?"
　그러나 아닙니다. 그것은 하나님의 안목으로 삶을 바라보지 못하는 소견 좁은 사람들의 삶에 대한 생각입니다. 하나님을 바라보십시오. 주님이 내 삶 속에 어떻게 일하고 계시는가를 보십시오. 그리고 그 주님과 어떤 관계를 맺고 오늘을 살아야 하겠는가를 자신에게 물어 보십시오.
　오늘도 주님을 바라보고 사셨습니까?
　주님의 인도를 바라보고 사셨습니까?

3

이삭의 말년

황혼, 석양, 낙엽, 노년 등은 우리에게 일종의 서글픈 감정을 가져다 주는 말들입니다. 주름살과 희끗희끗해진 머리카락이 때로는 지나온 세월의 숨결들을 푸근하게 느끼게 해 주기도 하지만, 대부분의 사람들에게 노년은 환영받고 있지 못한 것이 사실입니다.

이삭의 말년이 그렇게 아름다운 말년이었다고 말하지는 못합니다. 이삭은 말년에 약하고 흔들리고 외로웠던 한 노인의 모습을 보여 주고 있습니다. 우리는 지금부터 이 이삭의 말년에 있었던 두 가지의 사건을 중심으로 한 교훈을 특별히 나누려고 합니다.

1. 에서의 결혼 사건

"에서가 사십 세에 헷 족속 브에리의 딸 유딧과 헷 족속 엘론의 딸 바스맛을 아내로 취하였더니 그들이 이삭과 리브가의 마음의 근심이 되었더라"(창 26:34,35).

아들 에서가 이방 여인과 결혼한 장면을 기록하고 있는 짧막한 성경의 내용입니다. 이삭의 아버지 아브라함은 자기의 아들이었던 이삭의 결혼 문제에 관해서 특별한 관심을 가졌습니다. 그래서 자기의 종을 고향이었던 메소보다미아로 보내어 고향의 자기 백성들 가운데서 하나님을 경외하는 여인을 며느리감으로 얻고자 했습니다. 그러나 적어도 본문에 의하면, 아주 짧막한 기사이기 때문에 자세한 내용은 우리가 알 수 없지만, 이삭은 자녀의 결혼 문제에 대해 그렇게 심각하거나 특별한 관심을 가지고 있었던 것으로 생각되지 않습니다. 어쩌면 에서는 아버지의 관심이 별로 없는 상태에서 이방 여인과 우연히 결합하게 되어 새로운 한 가정을 형성하게 되었을지 모릅니다.

그러나 이 결혼이 대단히 잘못되었다는 것은 마지막 구절의 말씀을 통해서 알 수 있습니다. 다시 마지막 절을 보십시오.

"그들이 이삭과 리브가의 마음의 근심이 되었더라."
에서와 이방 여인과의 결혼이 결과적으로 이삭과 리브가의 마음의
근심이 되었다고 말씀합니다. 여기서 이방 여인과 결혼을 했다는 것
은 단순히 잘못된 결혼을 의미하는 것이 아닙니다. 성경에서 이스라
엘 백성들의 결혼 문제에 대해서 하나님이 이방인들과의 결합을 그
렇게도 경계하시고 금지하신 가장 중요한 이유는 「하나님을 경외하
는 신앙의 보존」이라는 중요한 문제 때문이었습니다.

우리는 우리 주변의 사람들에게 영향을 주기보다는 영향을 받기가
훨씬 더 쉬운 사람들입니다. 우리는 피할 수 없이 우리가 살고 있는
주변의 환경이나 인간 관계에서 영향을 받아 삶을 형성해 나가는 사
람들입니다. 나와 같이 살고 있는 사람들처럼 나에게 가장 강력하게
영향을 주는 사람은 없을 것입니다. 부부가 평생을 살다 보면 어느덧
서로가 서로를 닮아 있는 모습을 발견할 수 있습니다. 좋은 것도 그
리 좋지 않은 것도 우리는 피할 수 없이 닮습니다. 하나님을 경외하
는 신앙과 또 신앙 안에서 살아가는 이 삶의 아름다운 전통을 계속해
서 보존하기 위하여 하나님은 이방인들과의 결혼을 금지하신 것입니
다. 그것은 하나님의 백성의 역사가 형성되는 초기 단계에서부터 엄
격하게 요구된 사항입니다.

**결국 이삭이 자기 자녀의 결혼 문제에 큰 관심이 없었다는 이야기는
바꾸어 말하면 하나님의 뜻에 대한 적극적인 추구가 결여되어 있었다는
이야기입니다.** 내 자식의 장래가 하나님과의 관계에서 어떻게 형성될
것인가, 내가 경외해 왔던 그 하나님을 우리의 자식들은 어떻게 대할
것인가 등 신앙 전통의 계승에 관해서 아버지 이삭은 별로 커다란 관
심을 쏟지 않은 것입니다. 이것은 결과적으로 이삭과 리브가에게 커
다란 근심거리가 되었습니다. 이삭은 결과에 대해서만 근심했지 그
것을 사전에 예방하지 못했습니다.

이 사건은 오늘을 살고 있는 우리 부모들에게 얼마나 귀한 교훈을
남겨 줍니까?
자녀들이 잘못된 다음에야 그 근심거리를 끌어안고 주님 앞에 나아
와서 기도와 간구로 해결을 추구하기보다는 먼저 그 자녀들의 잘못
됨을 예방한다는 사실은 얼마나 더욱 중요한 숙제이겠습니까?

이 문제에 관해서 저는 언제나 엘리 제사장을 연상하게 됩니다. 엘
리 제사장이 자녀 교육을 특별히 잘못시킨 것은 아닙니다. 다만 한
가지 그가 안 한 것이 있는데, 그것은 적극적으로 자녀들의 삶 속에
간섭하지 않았다는 것입니다. 자녀의 장래 문제에 관해서, 자녀의 도
덕적인 미래에 관해서, 자녀의 신앙적인 미래에 관해서 아버지 엘리
는 적극적으로 개입하지 않았습니다.
사무엘상에 보면 엘리 제사장에게 두 아들이 있었습니다. 「홉니」와
「비느하스」라는 아들들인데 모두 문제아들입니다. 성경은 엘리 제사
장에 대해 이렇게 말합니다.
"내가 그 집을 영영토록 심판하겠다고 그에게 이른 것은 그의 아는
죄악을 인함이니 이는 그가 자기 아들들이 저주를 자청하되 금하지
아니하였음이니라"(삼상 3:13).
꼭 그 잘못의 책임이 아버지에게 있다는 이야기는 아닙니다. 그러나
그 아들들이 잘못되어 가는 모습을 보면서도 아들들의 삶에 대한 적
극적인 개입이나 간섭을 포기했던 엘리 제사장의 모습을 성경은 그
렇게 기록하고 있는 것입니다. 그 사건 때문에 엘리 제사장을 다루시
는 하나님의 모습은 매우 심각합니다. 그냥 그대로 넘어가신 것이 아
니라 "네가 알고 있는 죄악을 인하여 내가 너와 너의 집을 다스리겠
다"고 선포하십니다.

어쩌면 엘리 제사장은 지금으로 말하자면 종교적인 일에 자기의
전 삶을 바치고 있었던 사람이라고 말할 수 있습니다. 소위 종교적인

혹은 교회 일 때문에 바빠서 가정 일을 등한시한 사람의 경우라고 볼
수 있습니다. 그에게는 얼마든지 그가 자녀들과 시간을 보낼 수 없었
던 것에 관하여, 그리고 자녀들을 교육하지 못한 문제에 관하여 말할
수 있는 여러 가지 핑계가 있었을 것입니다. 그러나 성경은 그가 하
나님을 열심히 섬겼기 때문에 자녀 교육을 잘못한 일에 관해서 하나
님이 그대로 넘기셨다고 말씀하고 있지 않습니다. 우리는 이 사실을
주목해서 볼 필요가 있습니다. 그것은 핑계가 되지 않습니다. 결혼을
하여 한 가정을 이룬 이상 가정에서 일어나고 있는 모든 사건에 관해
서 우리는 결코 도피할 수 없습니다. 엘리 제사장 가정의 이 비극은
이삭의 가정에서 일어난 비극의 한 단편과 같은 것입니다.

2. 축복의 상속 사건

옛날 이스라엘 족장들에게는 그들이 죽기 직전에 자녀들을 신앙적으
로 축복하는 전통이 있었습니다. 저는 늘 생각하는 것이 우리도 죽을
때에 자녀들을 불러 모아 놓고 축복하는 아름다운 전통을 세웠으면
어떨까 하는 것입니다. 단지 죽을 때에 그런 여유가 있을지는 두고
보아야 알겠습니다만, 그러나 자녀들에 대한 단순한 유언이 아니라
그리스도의 이름으로 자녀들을 축복하는 축복의 기도와 함께 세상을
떠나는 것은 얼마나 아름다운 전통이겠습니까?

"이삭이 나이 많아 눈이 어두워 잘 보지 못하더니 맏아들 에서를
불러 가로되 내 아들아 하매 그가 가로되 내가 여기 있나이다 하니
이삭이 가로되 내가 이제 늙어 어느 날 죽을는지 알지 못하노니 그런
즉 네 기구 곧 전통과 활을 가지고 들에 가서 나를 위하여 사냥하여
나의 즐기는 별미를 만들어 내게로 가져다가 먹게 하여 나로 죽기 전
에 내 마음껏 네게 축복하게 하라"(창 27:1 ~ 4).
이삭이 마지막으로 자기 아들을 향한 축복을 하기 직전의 상황입니

다. 만약 이 축복이 장자의 권한과 관련된 가장 중요한 축복을 하는 장면이라면 당연히 이삭의 축복은 누구에게 가야 합니까?

이 순간 장자는 에서가 아닙니다. 이미 에서는 장자의 권한을 동생 야곱에게 팔아먹었습니다. 따라서 장자의 축복은 야곱에게 가야 합니다. 그런데 여기서 여전히 이삭은 야곱이 아니라 에서에게 축복하려고 합니다. 이삭은 아들 에서가 장자의 권한을 야곱에게 팔았다는 사실도 알고 있었고, 또 두 아들이 세상에 나기 이전에 아내를 통해서 주께서 선택하신 사람이 에서가 아니라 야곱이라는 사실도 충분히 알고 있었습니다.

다시 이 두 아들이 세상에 태어나기 이전의 그때로 돌아가 보십시다.

"아이들이 그의 태 속에서 서로 싸우는지라 그가 가로되 이같으면 내가 어찌할꼬 하고 가서 **여호와께 묻자온대 여호와께서 그에게 이르시되** 두 국민이 네 태중에 있구나 두 민족이 네 복중에서부터 나누이리라 이 족속이 저 족속보다 강하겠고 **큰 자는 어린 자를 섬기리라** 하셨더라"(창 25:22,23).

어린 자가 바로 야곱입니다. 에서가 오히려 야곱을 섬기며, 이 야곱을 통해서 하나님의 특별한 섭리가 계승될 것을 하나님께서 이미 계시하셨습니다. 만약 이삭이 그의 생의 마지막이 가까운 이 순간에 참으로 주의 뜻을 따르기를 원했다면 당연히 야곱에게 축복을 해주어야 마땅합니다. 그러나 그는 그렇게 하지 않습니다.

다시 창세기 27 장으로 돌아가서 이 순간 이삭이 에서를 축복하려고 한 동기가 무엇인지 보십시오.

"나의 즐기는 별미를 만들어 내게로 가져다가 먹게 하여 나로 죽기 전에 내 마음껏 네게 축복하게 하라"(창 27:4).

고기가 먹고 싶어서였습니다. 에서의 일은 사냥하는 일입니다. 들사람입니다. 그러니까 아무래도 이 마지막 순간에 자기가 육체적으로 포식을 하기 위해서는 어느 아들에게 축복하는 것이 더 유리하다고 생각하겠습니까?

에서입니다. 그래서 에서에게 자기가 죽기 전에 별미를 만들어 주면 마음껏 축복하겠다고 말하는 것입니다.

겨우 축복의 동기가 하나님의 뜻을 분별하고 그 뜻에 순종하겠다는 그런 의도가 아니라 "고기가 먹고 싶어서"였습니다. 어쩌면 에서가 죽 한 그릇에 장자의 권한을 팔 수 있었던 그런 기질은 다분히 이삭에게 받은 것이라는 생각도 가능케 합니다. 이제 아들을 닮은 아버지의 모습이 나옵니다.

그런데 본문이 시작되는 말씀 가운데 아주 인상적인 표현이 있습니다.

"이삭이 나이 많아 눈이 어두워 잘 보지 못하더니"(창 27:1).

물론 육신의 눈이 어두워진 것입니다. 그런데 육신의 눈이 어두워졌다는 사실보다 더 커다란 비극은 하나님의 뜻을 분별하기보다는 자기 육신적인 욕구에 따라서 자식을 축복하려고 하는, 이 영적인 안목을 상실했다는 것입니다.

'육신의 눈이 어두워진다고 할지라도 영적인 눈이 밝을 수 있다면…' 이런 아쉬움을 우리는 이 장면에서 금할 길이 없습니다.

이삭이 그렇게 했지만 축복이 그렇다고 해서 에서에게 간 것은 아닙니다. 이 중요한 축복이 야곱에게 갑니다. 야곱이 이 장면에서 형님을 제쳐놓고 축복을 받아내는 장면이 또 다시 우리를 웃게 만듭니다. 야곱이 아버지의 축복을 어떻게 받습니까?

"이삭이 그 아들 에서에게 말할 때에 리브가가 들었더니…"

그 말을 리브가가 들었습니다. 계속되는 말씀을 보십시오.

"…에서가 사냥하여 오려고 들로 나가매 리브가가 그 아들 야곱에게

일러 가로되 네 부친이 네 형 에서에게 말씀하시는 것을 내가 들으
니"(창 27:5,6).
그래서 야곱에게 네가 축복을 받도록 하라고 말합니다.

그러면서 리브가는 이제 야곱에게 축복을 받기 위한 편법을 가르
칩니다. 8 절 이하의 말씀을 보십시오.
"그런즉 내 아들아 내 말을 좇아 내가 네게 명하는 대로 염소떼에 가
서 거기서 염소의 좋은 새끼를 내게로 가져오면 내가 그것으로 네 부
친을 위하여 그 즐기시는 별미를 만들리니 네가 그것을 가져 네 부친
께 드려서 그로 죽으시기 전에 네게 축복하기 위하여 잡수시게 하라
야곱이 그 모친 리브가에게 이르되 내 형 에서는 털사람이요 나는 매
끈매끈한 사람인즉 아버지께서 나를 만지실진대 내가 아버지께 속이
는 자로 뵈일지라 복은 고사하고 저주를 받을까 하나이다 어미가 그
에게 이르되 내 아들아 너의 저주는 내게로 돌리리니 내 말만 좇고
가서 가져오라"(창 27:8 ~ 13).
그래서 야곱이 염소새끼 가죽으로 매끈매끈한 피부를 감추고 아버지
께로 가서 축복을 받아냅니다.

이따금씩 한국 교회에서 부흥사들이 축복 기도를 할 때 "별미 축
복"이라는 말을 합니다. 헌금을 하면 별미 축복을 해주겠다는 것입니
다. 이 별미 축복은 아버지를 속여서 받아낸 사기 축복입니다. 성경
의 이 부분을 그렇게 적용해서는 안 됩니다. 그런데 일부 부흥사들이
이 구절을 가지고 아주 엉뚱하게 별미 축복을 한다고 뜯어 붙입니다.
그러나 본문의 사건은 굉장한 사기 사건입니다. 하지만 이것이 바
람직하지 못한 사건임에도 불구하고 여기에서 우리는 중대한 교훈을
배울 수 있습니다. 그것은 결국 **하나님의 뜻은 이루어지고야 만다**는
사실입니다. 주께서 예언하신 그대로, 계시하신 그대로 하나님의 섭
리는 큰 자가 아닌 작은 자인 야곱을 통해서 이루어지고 말았습니다.

3. 잘못된 방법 추구의 결과

우리는 여기서 하나님의 뜻을 잘못된 방법으로 접근했던 두 종류의
사람들의 모습을 볼 수 있습니다.

첫째로, 이삭의 모습입니다.
이삭은 하나님의 뜻에 별로 관심이 없는 사람들의 전형적인 예(例)입
니다. 자기가 배고플 때, 허기졌을 때는 하나님의 뜻과 상관없이 행
동할 수 있는 모습의 사람입니다. 예배를 드리는 시간, 또 종교적인
장소에서는 얼마든지 주(主)의 이름을 부를 수 있지만 인생에 있어서
결정적으로 불리한 상황이나 어렵고 피곤한 때에는 하나님의 뜻을
생각하지 못하고 육신대로만 움직이는 그런 육신적 그리스도인의 전
형적인 모습을 우리는 이삭에게서 발견할 수 있습니다. 하나님을 알
고 하나님을 경외했던 사람이었음에도 불구하고 그는 삶 속에서 전
적으로, 아니 자주 하나님의 뜻을 무시한 삶의 모습을 보여 주었습니
다.

둘째로, 리브가와 야곱의 모습입니다.
리브가와 야곱은 하나님의 뜻을 알았지만 그것을 그릇된 방법으로
추구한 사람들의 전형적인 예(例)라고 볼 수 있습니다. 리브가는 하
나님의 계시를 받았기에 하나님의 뜻이 야곱을 통해서 이루어진다는
사실을 분명히 알았습니다. 그래서 아마도 야곱을 몰래 이삭에게로
들여보내는 사건의 배경에는 이런 생각도 작용했을지 모릅니다. 그
리고 그것은 야곱에게도 있었을 것입니다.
'하나님의 뜻은 나를 통해서 이루어지기로 작정되었다고 어머니가
말씀해 주셨다. 그렇다면 형님이 축복을 받으면 역사가 곤란해진다.
하나님의 뜻이 이루어지게 하기 위해서는 나라도 수단과 방법을 가
리지 말아야겠다. 그래서 하나님의 뜻을 꼭 이루어야만 하겠다.'

이런 고약한 발상도 아마도 가능했던 상황입니다.

그러나 목적이 수단을 정당화할 수는 없습니다. 그리스도인의 삶의 윤리 가운데 결코 잃어버리지 말아야 할 중요한 사고 가운데 하나는 목적이 결코 수단을 정당화하지 못한다는 것입니다. 아무리 목적이 올바르더라도 수단이 잘못되었으면 안 됩니다. 올바른 목표는 정당한 수단을 통해서 이루어져야 합니다. 아버지를 속이는 이런 방법으로 하나님의 뜻이 이루어져서는 안 되는 것입니다. 야곱이 축복을 받는 것은 하나님의 뜻입니다. 옳습니다. 그 사실에 관한 한 이의가 없습니다. 그러나 그것이 하나님의 뜻이라면 그 뜻을 성취하는 방법 또한 하나님답게 하신다는 것을 그들은 믿었어야 했습니다. 그래서 저는 그 이후에 전개되는 사건의 결과가 어쩌면 잘못된 방법으로 하나님의 뜻을 추구했기 때문에 지불하는 뼈아픈 대가일지 모른다고 생각합니다.

이 사기 사건 다음에 어떤 결과가 옵니까?
에서는 자기가 동생에게 속은 것을 알고 몹시 분을 냅니다. 이것을 알고 리브가는 재빨리 야곱을 도망치게 합니다. 그래서 유명한 야곱의 도피 행각이 이루어집니다. 결국 이 모자(母子)는 이 이후로 다시는 만나지 못합니다. 생이별이라는 뼈아픈 대가를 리브가와 야곱은 지불하게 되었던 것입니다.

4. 그 후 이삭의 사십삼 년

축복 사건 이후에도 이삭은 사십삼 년이란 세월을 더 삽니다. 그러나 이 나머지 사십삼 년간 이삭의 생애는 이야기가 없습니다. 아무런 삶의 이야기가 없습니다. 적어도 성경이 기록하는 성취의 사건이 없습니다. 이삭은 이 기간을 하나님이 인정하실 만한 혹은 그 누군가에게 남길 만한 아름다운 사건이나 성취도 없이 전혀 무의미하게 삶을 산 것입니다.

반면에 그 아들 야곱의 말년은 어떻습니까?

우리가 알듯이 젊은 날의 야곱은 많은 실수와 넘어짐으로 점철된 인간이었습니다. 그러나 말년에 야곱은 얼마나 아름다운 성결의 모본을 보였습니까?

그는 갈수록 좋아진 삶을 살았습니다. 그의 마지막은 당당합니다. 젊은 날의 실수와 패배를 극복하고 주님 앞에 당당하게 선 노인 야곱의 모습은 차라리 우리를 숙연하게 만드는 모습입니다. 그러나 이삭은 그렇지 못했습니다.

4

이삭에 대한 평가

"믿음으로 이삭은 장차 오는 일에 대하여 야곱과 에서에게 축복하였으며"
(히 11 : 20).

이제 백팔십 여 년의 이삭의 생애를 마무리하겠습니다. 아버지 아브라함이나 아들 야곱에 비해 결코 두드러진 삶의 주인공이었다고는 말할 수 없는 이삭, 보통 인물로서의 이 이삭의 모습은 그래서 어쩌면 우리 신앙인의 다수에게 더 친근감을 주는지 모릅니다. 착실하고 순종적인 아들로서의 그, 온유하나 나약해 보이기도 한 아버지의 모습, 그럭저럭 나머지 삶을 살아간 한 노인의 초상, 이것은 전부 우리의 모습입니다. 결론적으로 지금까지 공부한 내용을 통해서 평범한 우리네 삶의 선배로서의 그의 모습을 몇 가지로 정리해 보겠습니다.

첫째로, 이삭은 소극적인 사람이었습니다.
특별히 아브라함이나 그 아들 야곱과 비교할 때 이삭은 굉장히 소극적인 사람이었습니다. 그 이유 중의 하나는 아마도 아버지의 재산이나 지위를 어려운 경험없이 상속받은 데에 있지 않는가 생각합니다.
많은 고생을 해서 커다란 업적과 성취감을 얻은 부모일수록 그 자녀의 삶은 그렇지 못한 경우들을 우리는 주위에서 볼 수 있습니다. 그 이유 중의 하나는 그 자녀가 고난에 대해 준비되어 있지 못하기 때문입니다. 고난을 알지 못하고 아버지가 성취한 그 자리에 그냥 서려고 하는 자에게도 삶의 고난은 똑같이 몰려옵니다. 그래서 우리는 젊어서 하는 고생의 소중함을 강조하고 이야기하게 되는 것입니다. 성경에도 그런 말씀이 있습니다.
"사람이 젊었을 때에 멍에를 메는 것이 좋으니"(애 3:27).
젊은 날의 고난이 우리의 삶 속에 얼마나 커다란 유익이 됩니까?

아브라함이나 야곱의 삶 속에는 젊었을 때에 많은 폭풍우가 있었습니다. 이 폭풍우가 그들의 삶을 강하게 만들었던 장점일 수가 있습니다. 반대로 이삭의 젊은 시절은 굉장히 순탄했습니다. 그것이 그의 인생의 말년을 어렵게 만드는 원인일 수도 있습니다. 그래서 저는 자

식들에게 젊었을 때에 좋은 경험을 제공하는 것이야말로 부모가 남
길 수 있는 최대의 유산이라고 생각합니다. 수억의 돈을 남기는 것보
다 뜻있는 고난을 겪게 하는 것이 더 소중합니다. 저는 그런 의미에
서 선교 여행 등을 권고합니다. 우선 고생은 되지만 나중에 그 경험
이 그들에게 놀라운 축복이 되는 것입니다.

고난을 통해서 우리는 인생을 다른 각도에서 볼 수 있는 눈이 열리
기 시작합니다. 그리고 그 고난 속에 역사하시는 하나님을 체험합니
다. 고난이 인생의 드라마를 만듭니다. 당신의 자녀들에게 물질을 많
이 남겨주려고 하지 말고 위대한 경험을 주십시오. 어쩌면 이삭이 그
처럼 소극적이고 무력한 삶을 산 것은 아버지 아브라함의 교육의 실
패라고도 볼 수 있습니다. 그는 그것 때문에 대단히 소극적인 인생의
길을 걸었습니다. 하지만 그렇다고 해서 이삭의 삶을 부정적인 측면
에서만 관찰하고 싶지 않습니다. 그럼에도 불구하고 이삭의 삶 속에
는 칭찬할 만한 매력과 장점도 있었습니다.

둘째로, 이삭은 온유한 사람이었습니다.

이것은 칭찬할 만한 특성입니다. 이삭이 대단히 소극적이고 수동적
인 삶을 산 것이 사실이지만 자기에게 다가오는 삶의 사건들을 많은
경우 지혜롭게 넘길 수 있었습니다. 특별히 악을 악으로 대하지 아니
하고 선으로 다룰 줄 아는 그의 능력에서부터 그의 삶은 약간의 아름
다움을 가지게 된 것입니다.

우리는 이삭의 삶의 여정을 통해서 그런 사건들을 많이 보았습니
다. 배다른 형이었던 이스마엘과의 관계, 모리야 산의 처절한 상황
속에서도 침묵으로 순종할 수 있었던 순종의 아름다움, 또 신부를 구
하는 일에 있어서도 부모가 구해다 준 신부를 그대로 받아들이는 자
세, 물론 이것은 어떤 의미에서 상당히 소극적입니다. 그러나 이삭은
잘 순종했습니다. 그리고 그 상황을 잘 받아들였습니다. 또 아비멜렉

과의 관계, 특별히 우물의 싸움에서도 이삭은 온유했습니다. 문제가 생기기만 하면 자기의 권리를 주장하기보다 포기하고 피했습니다. 그러나 그것이 이삭의 삶을 나쁘게만 만든 것은 아닙니다. 그것 때문에 아비멜렉이나 그의 원수들에게 오히려 하나님을 증거하는 계기를 갖게 됩니다. 이러한 사건들은 이삭의 온유한 사람됨의 한 단면을 보여 주고 있는 사건들입니다. 그는 온유한 사람이었습니다.

셋째로, 이삭은 기도의 사람이었습니다.
이삭의 일생을 정리하면서 그의 사람됨을 생각할 때, 이삭이 기도의 사람이었다는 사실을 우리는 잊지 말고 기억할 필요가 있습니다. 특별히 창세기 24장을 보십시오. 아주 재미있는 대복입니다.

이삭은 지금 자기의 신부감을 기다리고 있습니다. 그 신부감은 아버지 아브라함이 먼 나라로 종을 보내어 데려오는 사람입니다. 그런데 기다리고 있는 이삭의 모습을 묘사하는 성경의 이 표현이 아주 이채롭습니다. 보십시오.
"이삭이 저물 때에 들에 나가 **묵상**하다가 눈을 들어 보매 약대들이 오더라"(창 24:63).
그는 무엇을 하고 있었습니까?
묵상하고 있었습니다. 성경이 "기도"라는 단어를 사용하지는 않았습니다만 기도보다 더 인상적인 단어 "묵상"이란 단어를 사용해서 그때의 상황을 이야기합니다. 그가 무엇을 묵상하고 있었는지는 우리가 알 수 없습니다. 그러나 추측은 해볼 수 있습니다.
'내 신부감이 어떻게 생겼을까?'
아마도 이런 묵상을 하고 있었는지 모릅니다. 어찌되었든 이 "묵상"이란 말은 평장히 종교적인 단어입니다. 이것은 하나님과의 관계에서 인간이 그 하나님과 갖는 기도의 심층을 묘사하는 중요한 단어입니다.

이삭이 가진 황혼녘의 이 묵상! 어쩌면 이것은 이삭의 평소의 삶의 한 모습이었을지도 모릅니다. 이것이 지나친 비약이 아닌 것은 그 다음 계속 소개되는 이삭의 삶의 여정을 통해서 확인하게 됩니다. 이삭이 그의 삶 속에서 자주 규칙적으로 주님을 향한 기도의 습관을 가지고 있었던 분명한 증거들을 우리는 그의 삶을 추적하면서 볼 수 있습니다.

"이삭이 그 아내가 잉태하지 못하므로 그를 위하여 여호와께 **간구하매** 여호와께서 그 간구를 들으셨으므로 그 아내 리브가가 잉태하였더니"(창 25:21).

이삭은 결혼을 사십 세에 했습니다. 그런데 첫 아들을 육십 세에 얻습니다. 장가도 늦게 갔는데 아들마저 바로 얻은 것이 아니라 무려 이십 년을 기다렸습니다. 이 기다림은 얼마나 길고 긴 지루한 기다림이었겠습니까? 그것을 이삭은 참았습니다. 참으면서 그는 기도한 것입니다. 성경은 이 사실을 간단하게 한 구절로 기록했습니다.

하나님이 바닷가의 모래알처럼 하늘의 별처럼 자식을 무성하게 하시겠다는 약속을 아버지 아브라함으로부터 전해 들었지만 그 약속에도 불구하고 장가간 지 20 년 동안 아들이 태어나지 않았습니다. 그때에 이삭의 마음은 얼마나 답답했겠습니까?

그러나 그는 참습니다. 참으면서 그는 기도한 것입니다. 성경은 그냥 "기도"라는 단어를 사용한 것이 아니라 "간구"라는 단어를 사용합니다. 이것은 얼마나 긴 간구요, 고통스러운 간구였겠습니까?

그러나 그는 줄기차게 주의 약속을 믿고 있었던 것입니다.

'하나님은 반드시 주실 것입니다.'

그는 아버지의 실수를 되풀이하지 않습니다. 아버지 아브라함처럼 딴 여인을 통해서 아들을 낳지 않습니다. 그는 이 면에 있어서 아버지를 닮지 않고 주의 약속을 견고하게 신뢰하고 기다렸습니다. 이삭의 생애 속에서 이런 점은 우리가 아름답게 평가해야 할 좋은 점 가운데 하나라고 생각됩니다.

넷째로, 이삭은 믿음의 사람이었습니다.

다시 자식들을 축복하는 장면을 보도록 하겠습니다. 이삭이 야곱을 에서인 줄 알고 축복했는데 나중에 알고 보니까 야곱을 축복한 것입니다. 자기가 의도했던 아들이 아니었습니다. 나중에 이 사실을 알게 된 장면을 묘사하는 성경의 표현이 또한 흥미롭습니다. 보십시오. "이삭이 **심히 크게 떨며** 가로되 그런즉 사냥한 고기를 내게 가져온 자가 누구냐 너 오기 전에 내가 다 먹고 그를 위하여 축복하였은즉 그가 정녕 복을 받을 것이니라"(창 27:33).

이것은 얼마나 충격적인 경악의 순간이었겠습니까? 얼마나 놀랐겠습니까?

에서인 줄 알고 축복했는데 야곱입니다. 당신은 이 떨림을 어떻게 해석하십니까?

혹시 이렇게 해석하실지도 모르겠습니다.

'속았구나!'

그래서 생기는 통렬한 아픔으로 성경의 이 표현을 해석하실지도 모르겠습니다.

그러나 저는 그렇게 생각하지 않습니다. 이삭의 이 순간의 떨림이나 놀람은 단순한 속음에 대한 분한 감정이 아니라 내가 이렇게 했음에도 불구하고 결국은 하나님의 뜻이 이루어진다는 사실에 대한 놀라움이었을 것입니다. 어떤 의미에서 이삭의 행동은 하나님의 뜻에 대한 무시일 뿐 아니라 저항일 수도 있습니다. 하나님의 뜻이 야곱을 통해서 이루어져야 한다는 하나님의 계시를 사랑하는 아내를 통해서 받고도 그는 자기의 육신적인 생각과 인간적인 연민 때문에 첫 아들 에서를 축복하고 싶어했습니다. 그래서 그가 모든 무대를 설정하고 마음대로 마지막 순간에 축복을 하고자 했습니다. 그러나 결과적으

로는 하나님이 작정하신 그대로 되었습니다. 이 사실을 안 이삭은 그
순간 "심히 크게 떨며" 놀란 것입니다. 이것은 하나님 앞에서 자기를
깨는 그 아픔과 놀라움의 순간일 것이라고 저는 생각합니다.
'하나님께서는 정말 당신이 축복하실 자를 축복하시는구나!'

  그 다음의 이삭의 반응을 보십시오. 당신이 만약 아내와 자식에게
속았다는 사실을 알았다면 그 후에 어떻게 하시겠습니까?
아마 당장 속인 자식을 잡아오라고 호통치면서 혼내는 작업이 따라
왔을지 모릅니다. 그러나 이삭은 그렇게 하지 않습니다. 이미 축복을
받은 그가 정녕 복을 받을 것이라고 깨끗하게 선언합니다. 하나님에
대한 군더더기 없는 승복이 뒤따른 것입니다.
'둘째를 쓰신다는 하나님의 뜻이 이루어졌구나. 그렇다면 당연히 그
가 축복을 받아야지.'
어떤 의미에서 이것은 주의 뜻 앞에 자기를 던져버린 한 인간의 고백
이었다고 우리는 생각할 수 있습니다. 인간적인 모든 계획에도 불구
하고 결과적으로 그의 삶 속에서는 주의 뜻만이 온전히 이루어졌던
것입니다.

  이런 모든 사건을 정리하면서 먼 훗날 신약 히브리서의 기자는 이
삭의 생애를 어떻게 결산합니까?
"믿음으로 이삭은 장차 오는 일에 대하여 야곱과 에서에게 축복하였
으며"(히 11:20).
다시 말하면 이삭은 메시야의 혈통을 포함한 이 놀라운 축복에 관하
여 믿음으로 야곱과 에서를 축복했다는 것입니다. 히브리서의 기자
는 에서가 아닌 야곱을 먼저 언급했습니다. 성경에 보면 나중에 이삭
이 야곱뿐만 아니라 에서도 축복을 합니다. 그러나 장자의 권한과 메
시야의 혈통에 관한 축복은 야곱에게 임했던 것입니다.

처음부터 이삭이 하나님의 약속을 믿은 것은 아닙니다. 제가 만일 이삭의 생애를 정리하면서 성경을 기록한다면 그렇게 기록하지 않을 것입니다.

"처음에는 이삭이 야곱을 통해서 계승되어야 할 장자의 권한이나 메시야의 축복에 관해서 하나님의 뜻을 무시하다가 혹은 의심하다가 혹은 거절하다가 마지막에 결국 믿고 축복하였으며…"

저는 아마 이렇게 기록할 것입니다. 그런데 그 모든 과정을 성경은 다 생략합니다. 그의 거절에 대해서도, 그의 무시에 대해서도, 그의 실패에 대해서도 성경은 침묵합니다. 그리고 마지막 사건만 정리합니다.

"믿음으로"

그러나 사실은 마지막에 믿은 것입니다. 발버둥치다가 하나님이 그렇게 만드시니까 별 수 없이 손들고 「그러면 주의 뜻대로 이루어지기를 바랍니다.」 이미 축복을 받은 야곱아, 하나님의 뜻대로 네가 복을 받을지니라"고 말하고 있는 것입니다. 하지만 그렇더라도 마지막에서나마 믿은 것이 얼마나 다행입니까?

하나님이 깨우치시는 이 마지막 순간까지 저항했더라면 이삭의 생애는 얼마나 비참한 실패였겠습니까?

늦었지만 결국 주의 뜻이 이루어져야 한다는 이 엄연한 자기의 생애에 대한 하나님의 간섭을 깨닫고 주의 약속을 다시 붙들고 믿었던 이삭! 그래서 그의 생애의 마지막은 실패가 아니었습니다. 그 많은 소극적인 수동성에도 불구하고, 자랑할 것이 없는 평범한 일생에도 불구하고 그가 이 당당한 믿음의 열조 속에 들어갈 수 있었던 비밀은 마지막이나마 주의 약속을 붙들고 그 약속을 믿음으로 수락했기 때문입니다.

그렇게 눈을 뜬 이삭의 생애를 하나님은 부끄럽게 아니하셨습니다. 그러나 후회는 남습니다. 보다 젊었을 때부터 그가 능동적으로 주의 약속을 신뢰하고, 믿음으로 말씀 위에 서서 하나님을 섬기며 증거하는 삶을 살았더라면 마지막에 그의 삶은 얼마나 달라졌겠습니까?

최후의 사십삼 년간의 침묵의 기간이 얼마나 달라졌겠습니까?

'주의 뜻을 내 생(生)의 가장 소중한 관심으로 삼을 수 있겠는가? 그리고 주의 뜻을 추구하되 인간적으로 추구하는 것이 아니라 정당한 방법과 수단으로 추구할 수 있는 용기는 없는가?'

내 마음대로 하나님의 뜻을 이룰 수 있습니다. 이룰 수 없는 것은 아닙니다. 그러나 여기서 보듯이 그것은 많은 아픔을 요구합니다. 많은 시간의 낭비를 결국 가져왔습니다. 이 아픔과 낭비 이전에 주의 뜻을 먼저 깨닫고 그 뜻을 하나님이 원하시는 방법대로 추구한다면 얼마나 행복이겠습니까?

이것이 이삭의 생의 마지막 결론이 남기는 교훈들입니다.

우리 가운데 대부분의 사람들은 크게 자기 이름을 떨치며 특별한 삶을 살아가는 사람들이 아닐지 모릅니다. 어쩌면 이삭처럼 몇 줄의 글로서 정리될 수 있는 대단히 평범한 삶을 살아가고 또 살아가게 될지 모릅니다. 그러나 평범한 삶이 하나님 앞에서 무익한 삶은 아닙니다. 하나님은 특별한 아브라함의 하나님도 되셨고, 특별한 야곱의 하나님도 되셨습니다. 그러나 하나님은 평범했던 이삭의 하나님도 되셨습니다.

아브라함의 하나님, 이삭의 하나님, 그리고 야곱의 하나님! 그 하나님이 평범한 내 인생에도 내 생애를 주장하시는 하나님이 되실 수 있다는 사실 앞에 기뻐하십시오. 그리고 이렇게 기도하십시오.

"주님, 내 삶 속에 주의 뜻이 온전히 이루어질 수 있기를 원합니다.

나로 하여금 참으로 주의 뜻을 추구하는 삶을 살게 도
와주옵소서.
그리고 그 뜻을 추구하되 정당한 방법으로 추구할 수
있도록 도와주옵소서."

야곱의 생애

"**어**떻게 우리가 거룩해질 수 있는가?"
이 주제를 성경에 나타난 한 인물을 통해서 접근해 보려고 합니다. 한 사람의 생애가 어떻게 마침내 주님이 기대하시는 거룩함을 이루어가는 삶으로 변화되어 가는가를 생각하기 위해 저는 야곱을 선택했습니다. 그 이유는 야곱이야말로 진정한 의미에서의 드라마틱한 성결의 인물이라고 생각되기 때문입니다. 변하지 않아도 너무 변하지 않는 삶을 오랫동안 지속했던 사람, 그러나 그럼에도 불구하고 그의 마지막은 지극히 영광스럽고 거룩한 삶이었습니다. 젊은 날의 갈등과 넘어짐과 좌절과 치사함과 더러움의 옷을 벗고 그가 인생의 석양에 그토록 거룩하고 깨끗하게 주님 앞에 설 수 있었던 것은 무엇 때문이었을까요?
야곱이 걸었던 인생 성결의 길, 그 길을 같이 추적하도록 하겠습니다.

한 마디로 야곱의 생애는 영과 육의 갈등이 가장 첨예하게 드러난 생애라고 할 수 있습니다. 야곱만큼 많은 죄를 짓고, 야곱만큼 많은 실패를 경험한 사람이 일찍이 없었습니다. 그에게서 우리는 하나님의 자녀이지만 아직도 끈질기게 그 안에 부패되고 낡은 아담의 성품을 가지고 있는 인간적인, 지극히 인간적인 우리의 낡은 모습을 발견합니다. 인간이 얼마나 철저하게 부패한 존재입니까?

그러나 야곱의 삶은 지속적인 범죄와 지속적인 실패의 삶만은 아니었습니다. 그는 인생의 마지막 라운드(round)에서 멋지게 재기를 합니다. 그 생애 마지막에 나타났던 놀라운 승리! 이것은 야곱 자신의 승리가 아니라 사실은 야곱을 향하여 베푸셨던 하나님의 은혜의 승리였습니다.

하나님은 야곱에게 **두 가지의 별명**을 주셨습니다.
첫번째 별명은 **"지렁이"**입니다.
"지렁이 같은 너 야곱아"(사 41:14).
꿈틀거리는 한 마리의 벌레처럼, 육신의 고깃덩이를 주체하지 못하고 넘어지고 좌절하면서 걸어갔던 야곱의 삶을 향해 하나님이 붙여 주신 멋진 별명입니다.
두번째 별명은 **"이스라엘"**입니다.
브니엘의 들판에서 야곱이 하나님을 만났을 때 하나님은 그에게 새로운 별명을 주셨습니다.
"네 이름을 다시는 야곱이라 부를 것이 아니요 이스라엘이라 부를 것이니"(창 32:28).
어떤 성경 학자는 "이스라엘"을 "하나님의 왕자"라고 번역해 놓았습니다.

"지렁이"와 "하나님의 왕자." 이 두 가지의 놀라운 대조를 보십시오. 이것은 한 마리의 꿈틀대는 지렁이 같은 야곱이 어떻게 주님의 손에 붙들림을 받아 하나님이 쓰시는 하나님의 왕자로 변할 수 있었는가를 우리로 자연스럽게 묻게 만듭니다. 그래서 지금 우리는 그가 걸었던 이 장거리 인생 성결의 길을 함께 추적하려고 하는 것입니다.

야곱이 이렇게 하나님이 칭찬하실 만한 사람이 되기는 했지만, 그러나 우리는 결코 야곱이 완전한 사람이 되었다고는 말할 수 없습니다. 아무도 이 지상의 삶을 사는 동안은 완전해질 수 없습니다. 그러나 적어도 주님이 칭찬하실 만한 사람은 될 수 있습니다. 그렇게 되기까지 그에게 요구된 시간만도 무려 30년입니다.

생각해 보십시오. 교회에 출석하지만, 예수님을 믿지만, 신앙 생활을 한다고 하지만 여전히 변하지 않는 자신의 모습을 보면서 주님 앞에서 좌절의 눈물을 흘리신 기억이 없으십니까?

'내가 구원받은 것이 사실이지만, 내가 하나님의 자녀인 것이 사실이지만 지금 내 모습은 어떤 모습인가?'

그러나 아직 실망하지 마십시오. 아직 자기 자신에게 좌절하지 마시기 바랍니다. 왜냐하면 우리는 아직 30년은 되지 않았기 때문입니다.

혹 30년이 되신 분도 계실지 모르지만, 그렇다면 그 분들은 지극히 심히 슬퍼하시고 통곡하셔야 합니다. 30년 안에 물론 하나님이 기뻐하시는 사람이 되었다면 그것은 "할렐루야"입니다. 저는 아직 저 자신에게 실망하지 않습니다. 적어도 저는 아직 30년은 되지 않았기 때문입니다.

우리는 이 30년에 걸쳐서 지렁이 같은 야곱의 인생을 주목하시며 참고 기다리셨던 하나님의 사랑을 보아야 합니다. 30년 동안 포기하지 않으셨던 하나님의 그 기대를 보아야 합니다. 이 하나님의 고집스런 기대! 이렇게 하나님은 야곱의 인생을 향해서 참고 또 참고 기다리시면서 마침내 그의 삶을 변화시켜, 하나님의 왕자로 인생의 석양에 당당하게 세워 놓으셨습니다. 영원을 바라보고, 저 하늘나라를 향해서 출발하게 만들었던 이 하나님의 은총의 드라마! 이것이 바로 야곱의 삶입니다.

1

야곱의 출생

"아이들이 그의 태 속에서 서로 싸우는지라 그가 가로되 이같으면
내가 어찌할꼬 하고 가서 여호와께 묻자온대 여호와께서 그에게 이
르시되 두 국민이 네 태중에 있구나 두 민족이 네 복중에서부터 나
누이리라 이 족속이 저 족속보다 강하겠고 큰 자는 어린 자를 섬기
리라 하셨더라 그 해산 기한이 찬즉 태에 쌍둥이가 있었는데 먼저
나온 자는 붉고 전신이 갖옷 같아서 이름을 에서라 하였고 후에 나
온 아우는 손으로 에서의 발꿈치를 잡았으므로 그 이름을 야곱이라
하였으며"(창 25 : 22~26).

야곱의 출생에 얽힌 하나님의 은혜를 확인함으로써 우리는
야곱의 인생에 대한 하나님의 승리를 확인하려고 합니다.
하나님이 구체적으로 야곱의 생애 속에 역사하신 것은 창
세기 25 장으로 거슬러 올라갑니다.
"아이들이 그의 태 속에서 서로 싸우는지라 그가 가로되 이같으면 내
가 어찌할꼬 하고 가서 여호와께 묻자온대 여호와께서 그에게 이르
시되 두 국민이 네 태중에 있구나 두 민족이 네 복중에서부터 나누이
리라 이 족속이 저 족속보다 강하겠고 큰 자는 어린 자를 섬기리라
하셨더라"(창 25:22,23).
여기 어머니의 뱃속에 나란히 있었던 두 쌍둥이가 바로 「야곱」과 「에
서」입니다. 즉, 우리는 어머니의 태중에서부터 하나님이 야곱의 삶
속에 역사를 시작하셨음을 알 수 있습니다.

물론 어떤 사람은 시간을 더 멀리 가져갈지도 모릅니다. 실상 정확
하게 말하면 야곱의 삶을 향한 하나님의 계획은 **"창세 전부터"**라고
말할 수 있습니다. 상상해 보십시오. 창세 전부터, 하늘과 땅과 바다
가 생기기 전부터 하나님은 야곱을 아셨습니다. 그리고 그의 삶을 향
한 놀라운 계획을 세우셨습니다. 이 하나님의 놀라운 은총의 드라마
는 야곱이 잉태되어 한 생명으로 만들어지기 시작하는 그 순간 그 어
머니의 태중에서부터 시작되었습니다. 이 교리를 가리켜서 기독교
신학에서는 「선택의 교리」라고 말합니다.

1. 야곱을 선택하심에 대한 우리의 물음

하나님이 야곱을 선택하신 것은 두 가지 면에서 우리를 궁금하게 만
듭니다.

첫째로, 하나님은 왜 장자를 선택하지 않으시고 차자를 선택하셨

는가?

저는 그 사실 앞에 개인적으로 언제나 유감을 가지고 있습니다. 왜냐하면 제가 장자이기 때문입니다. 전통적인 이스라엘의 관례를 따른다면 언제나 장자가 재산을 상속하며 아버지의 혈통을 잇고 또 하나님의 일을 계승하는 가장 으뜸되는 사람으로 여겨져 왔습니다. 그러나 일상적인 이스라엘 민족의 그와 같은 기대를 깨뜨리시고 하나님은 장자가 아닌 사람을 선택하셨습니다. 여기에 이 선택의 첫번째 신비가 있습니다.

둘째로, 하나님은 왜 시기심 많고 야심 많은 사람을 택하셨는가?
야곱처럼 인생을 치사하게 산 사람도 없을 것입니다. 야곱의 시기는 어머니의 태중에서부터 시작되었습니다.
'내가 형보다 나중에 나갈 수는 없다.'
그래서 늦게 나오면서도 늦게 나온 제 2의 자리를 고수하지 아니하고 형의 발꿈치를 붙들고 늘어졌던 갓난아이, 그가 바로 야곱입니다. 좋게 표현하면 야심의 사나이라고 말할 수도 있겠지만, 나쁘게 말하면 시기의 사나이입니다. 그는 시기뿐만 아니라 사기도 치는 등 얼마나 많은 욕심의 포로였습니까?
거짓과 탐욕과 시기의 수렁을 벗어나지 못했던 이 사람. 왜 하나님이 하필이면 이런 사람을 선택하셨을까요?
여기에 하나님의 선택하심의 두번째 신비가 있습니다.

2. 야곱을 선택하심에 대한 하나님의 뜻

첫째로, 하나님이 강자가 아닌 약자를 사용하기도 하신다는 것을 나타내기 위함입니다.
이스라엘 백성들의 상식적인 관례를 깨뜨리시고 장자가 아닌 사람을 선택하신 이유가 어디에 있는가 하면, 그 대답은 이렇습니다. 이스라엘 백성들의 의식 속에서 장자는 언제나 강자로 여겨져 왔습니다. 그들은 강한 사람이었고 높은 사람이었습니다. 물론 하나님이 높은 사람을 쓰실 수도 있습니다. 그러나 하나님은 때때로 인간의 상식을 깨뜨리시고 강자가 아닌 약자를 사용하실 수도 있습니다. 저는 이것이 하나님이 장자가 아닌 차자 야곱을 선택하신 가장 중요한 이유라고 생각합니다.

이 세상에는 강자보다는 더 많은 약자가 있습니다. **이 세상을 살고 있는 이 많은 약자들에게 야곱에 대한 하나님의 선택은 나를 향한 하나님의 축복이요 격려입니다.** 나같이 연약한 사람, 눌려 있는 사람, 뛰어나지 못한 사람, 인생의 그늘에서 지극히 평범한 삶을 살 수밖에 없는 보통의 사람인 나. 그러나 하나님은 나를 쓰실 수가 있습니다. 그분이 야곱을 선택하신 것처럼, 그분이 이스라엘 사회의 관례를 깨뜨리셨던 것처럼 하나님은 지금도 인류의 상식을 깨시고 지극히 연약한 자 가운데서, 소외된 사람 가운데서, 낮아진 사람 가운데서 하나님의 사람을 선택하실 수 있습니다. 이것이 야곱을 선택하신 데 대한 하나님의 첫번째 멧세지입니다. 우리는 이 멧세지를 읽어야 합니다.

둘째로, 우리에게 성결의 교훈을 주시기 위함입니다.
왜 하나님이 야곱과 같은 얄팍한 인물을 선택하셨는가 하면, 우리는 야곱의 일생을 보면서 하나님 앞에 이렇게 반문하지 않을 수 없을 것입니다.
"아니 선택받은 사람이 그럴 수가 있습니까?"
지금 식으로 이야기를 바꾸어 보겠습니다.
"예수 믿는 사람이 그럴 수가 있습니까?"
그것은 우리 중의 어떤 사람이 우리의 이웃들에게 받는 손가락질일 수도 있습니다. 사기 치고 욕망의 포로가 되어 허우적거리는 우리를 향해, 아니 우리 중의 어떤 지체를 바라보면서 우리가 되풀이하는 고발일 수도 있습니다.
"아니 예수 믿는 사람이 그럴 수가 있는가?"
그는 하나님을 믿는 사람이었습니다.

야곱은 사기를 치면서도 하나님의 이름으로 사기를 칩니다. 저는 그것을 나쁘게만 공박하고 싶지 않습니다. 그러면서 그럴 수밖에 없는 자기의 연약함 때문에 울고 좌절하고 갈등했습니다. 수없이 그런 좌절과 갈등이 되풀이되는 삶, 그것이 바로 야곱의 삶이었습니다.
"하나님 앞에서 선택함을 입은 사람이 그럴 수가 있는가?"
저는 그렇게 질문하고 싶지 않습니다. 차라리 이렇게 바꾸어서 말하겠습니다.
"이런 사람인데도 하나님이 선택하셨습니다."
이것이 더 놀라운 사건인 것입니다. **"선택 받은 사람이 이럴 수가 있는가, 예수 믿는 사람이 이럴 수가 있는가"라는 물음보다 "이런 사람인데도 하나님이 선택하셨습니다"라는 이 사실 앞에 우리는 놀라야 합니다.**
이 엉망이요 망나니인 사람을 하나님이 선택하셨습니다. 우리는 이 사실 앞에 놀라야 합니다. 그리고 엉망진창이었던 이 한 사람의 생애를 붙들고 그로 하여금 성결의 길을 가게 하셔서 마침내 역사의 무대 앞에 하나의 영광스럽고 놀라운 하나님의 작품으로 제시하길 원하신 하나님의 이 교훈을 우리는 읽어야 합니다. 이것이 중요한 교훈입니다.

이제 그를 지켜 보십시오. 이 엉망이었던 한 사람의 생애의 과정을 지켜 보십시오. 그의 생애에 대한 멈추지 않았던 하나님의 손길과 기대를 보십시오. 당장은 아닙니다. 그는 당분간 이 엉망의 삶을 계속할 것입니다. 그러나 그는 서서히 하나님의 교훈을 배우기 시작합니다. 그의 인생의 석양에서 한 순간 그의 삶은 놀라운 전환기를 맞이

합니다. 그것이 오늘일지 내일일지는 모릅니다. 조만간 멀지 않은 시간에 야곱은 그 순간을 맞이합니다. 그리고 그 후로 그의 삶은 홀연히 달라집니다. 그는 마침내 거룩한 사람이 되어 역사의 무대 앞에 등장합니다. 아니 지금까지의 그답지 않은 품성으로 변화되어 야곱은 사람들 앞에 나타나 하나님을 섬기기 시작합니다. 이웃이 놀랍니다. 역사가 이 변해버린 야곱 앞에 깜짝 놀라기 시작합니다. 그러나 그들은 야곱을 인하여 놀라는 것이 아닙니다. 야곱의 생을 이처럼 변화시키고 다시 만드신 하나님의 소문 앞에 놀라기 시작합니다. 여기에 하나님의 승리가 있습니다.

3. 하나님이 선택하시는 사람

법 없이도 살 수 있는 사람이 우리 주위에도 찾아 보면 더러 있습니다.
"저 사람은 예수는 안 믿지만 법 없이도 살 수 있는 사람이야."
그러나 제 경험으로는 이런 사람들이 제일 예수 믿기 어렵다는 사실을 발견했습니다. 그것은 자기의 의(義) 때문입니다. '나는 이만하면 되었다'는 자기 교만의 생각 때문입니다. 그러나 자기 자신의 약함 때문에 우는 사람, 자기의 부끄러움과 더러움 때문에 우는 사람, 이런 사람을 하나님은 붙드셔서 변화시켜 주시기 시작합니다.

저 유명한 아씨시의 성자 프란시스에게 어느 날 제자 한 명이 나아와서 이렇게 물었습니다.
"선생님, 선생님의 기도에는 하나님의 영광이 있습니다. 그 비밀이 무엇입니까? 선생님의 생애 속에 그 놀라운 기적이 나타날 수 있는 이유와 선생님이 가지신 성자와 같은 인격의 비밀은 무엇입니까?"
이때 프란시스는 이런 유명한 대답을 했습니다.
『그거야 간단하지. 어느 날 하나님은 지구를 내려다 보셨네. 그리고 가장 추한 사람이 누구인가, 가장 불결한 삶으로 고통하고 고민하고 있는 사람이 누구인가를 찾으셨네. 하나님의 그 눈길은 나에게 머물렀지. 나를 본 순간 하나님은 박수를 치셨다네.
'저 사람이야. 저 사람을 붙들어 내가 한 사람의 생애를 어떻게 놀랍게 변화시킬 수 있는가를 보여 주어야지.'
이것이 하나님이 나를 선택하신 유일한 이유일세.』

　우리는 이와 똑같은 내용의 말을 바울 사도의 고백을 통해서 발견합니다.
"형제들아 너희를 부르심을 보라 육체를 따라 지혜 있는 자가 많지 아니하며 능한 자가 많지 아니하며 문벌 좋은 자가 많지 아니하도다 그러나 하나님께서 세상의 미련한 것들을 택하사 지혜 있는 자들을 부끄럽게 하려 하시고 세상의 약한 것들을 택하사 강한 것들을 부끄럽게 하려 하시며 하나님께서 세상의 천한 것들과 멸시받는 것들과 없는 것들을 택하사 있는 것들을 폐하려 하시나니"(고전 1:26~28).
이 말씀은 하나님은 똑똑한 사람을 절대로 쓰시지 않는다는 의미가 아닙니다. 하나님은 똑똑한 사람들도 쓰십니다. 그러나 하나님은 똑똑하지 않은 더 많은 사람들을 쓰신다는 사실입니다.

　그 이유는 무엇입니까?
바울 사도의 계속되는 고백을 보십시오.
"이는 아무 육체라도 하나님 앞에서 자랑하지 못하게 하려 하심이라"(고전 1:29).
어떤 그리스도인도 "나의 지혜 때문에 내가 이렇게 되었습니다"라고 자기 자랑을 할 수 없습니다. 한없이 부족한 나, 한없이 비천한 나, 한없이 부끄러울 수밖에 없는 나. 그런 나를 하나님이 용서하셨습니다. 나를 변화시키셨습니다. 그렇다면 그것은 누구에게 영광입니까?

주께 영광입니다. 이 부끄러운 나, 이 멸시받았던 나, 이 천한 나, 이 더럽혀져 있었던 나, 그러나 주께서 그런 나를 바꾸어 주셨으니 그것은 주께 영광일 수밖에 없습니다.

본래 칭찬받는 사람에게는 하나님이 역사해 보셔야 별로 영광을 받으시지 못합니다.
"저 사람은 본래 법 없이도 살 사람인데 교회에 나와서 더 잘하는 것이 당연하지."
그러나 이 세상에 버려졌던 사람들, 세상이 정죄했던 사람들, 세상이 포기했던 사람들, 그들을 하나님이 손으로 잡으셨습니다. 이제 보십시오. 그러나 쉽지는 않을 것입니다. 쉽다고 생각하지 마십시오. 야곱의 이 길은 30 년의 길이었습니다. 그러나 마침내 어느 날 이 사람은 변화되어 나타나기 시작합니다.
"누가 저에게 역사했는가? 이 사람의 삶의 비밀은 무엇인가? 이 변화의 이유는 무엇인가? 이 사람에게 무슨 일이 일어났다는 말인가?"
하나님이 우리를 선택하셨다는 말은 우리의 삶의 변화의 진정한 원인과 이유가 나 자신이 아니라는 고백인 것입니다. 주께서 나를 선택하셨습니다. 내가 잘해서 선택하신 것이 아니라, 못해서 선택하신 것이 아니라, 나의 잘잘못을 말할 수 없는 그 훨씬 이전부터 하나님이 나를 선택하셨습니다. 이것은 하나님이 나의 삶을 통해서 어떤 역사를 이루기로 결정하셨다는 말입니다.

이 하나님의 결정과 계획과 기대 때문에 하나님은 나를 포기하지 않으십니다. 우리가 잘 아는 말씀인 빌립보서 1 장 6 절을 보십시오.
"너희 속에 착한 일을 시작하신 이가 그리스도 예수의 날까지 이루실 줄을 우리가 확신하노라."

내 속에 이 놀라운 선한 역사를 그분이 시작하셨습니다. 그분이 계속하셨습니다. 그분이 이 연약하며, 비천하며, 더럽혀져 있는 내 삶 속에 역사하기로 작정하셨습니다. 내가 형성되기 이전부터 나를 아시고 이 계획을 세우셨습니다. 그분은 어느 한 순간 내 삶 속에 뛰어 들어오셨습니다. 그리고 그분의 역사를 시작하셨습니다.

"그리스도 예수의 날까지."

이 날은 「주님이 다시 오시는 날」입니다 어떤 사람들은 이 날을 「그리스도인의 승리의 날」이라고 말합니다. 주님이 다시 오시는 그 날, 영광의 날, 그 날까지 내 안에 선한 일을 시작하신 그분이 마침내 완성하시고야 말 것입니다. 그분은 시작만 하고 중간에 그만두시는 분이 아닙니다. 하나님은 완성하시는 하나님입니다. 이것을 더 원색적으로 말하면 "끝내주시는 하나님"입니다.

또 하나님은 한꺼번에 변화시키시는 분도 아닙니다. 그분은 참으십니다. 기다리십니다. 내가 주께로부터 부여받은 자유로운 의지를 통해서 스스로 내 삶을 그분 앞에 내어드릴 때까지 그분은 가슴 아파하며 기다리십니다. 때로는 채찍을 드시기도 합니다. 때로는 흥분하시기도 합니다.

"너 그럴 수가 있느냐?"

그러나 많은 경우 그분은 참으십니다. 조용한 아픔 속에서 참으십니다. 그리고 내 삶을 지켜보십니다. 그러나 마침내 그분은 완성하시고야 말 것입니다. 야곱처럼 지렁이같이 꿈틀대는 한 마리의 벌레 같았던 내 삶 속에 역사를 시작하신 그분은 마침내 내 삶을 완성하시고야 말 것입니다. 이 은혜 때문에 우리는 우리의 삶에 대한 소망을 포기하지 않습니다. 이 놀라운 은혜 때문에 우리는 우리의 삶에 대한 기대를 포기하지 않습니다.

하루에도 몇 번씩 스스로의 삶을 포기해 버리고 싶은 충동이 드십니까?

우리는 로뎀나무 아래의 엘리야를 이해합니다.

"하나님이 내 삶 속에 역사하셨던 것은 사실입니다. 그러나 오늘의 내 몰골을 보십시오. 겨우 이것이 내 삶의 전부입니까? 죽고 싶습니다."

이 좌절을 보십시오. 이 고통을 보십시오. 이 방황을 보십시오. 이 무력함을 보십시오. 그러나 이 모든 것까지 사용하셔서, 나의 연약함, 나의 나약함, 나의 넘어짐, 나의 쓰러짐의 순간까지 사용하셔서 하나님은 그분의 역사를 완성하실 것입니다. 하나님을 사랑하는 자 곧 그 뜻대로 부르심을 입은 자들에게는 이 모든 것이 합력하여 하나님의 선을 이룰 것입니다. 이 "선"(善)을 "하나님의 기대"라고 바꾸십시다. **하나님은 저를 향한, 당신을 향한 하나님의 기대를 마침내 이루시고야 말 것입니다.** 이것이 선택입니다. 이것이 선택이라는 교리가 가진 어마어마한 선언입니다.

"내가 네 삶을 계획했다. 너의 연약함을 안다. 네 무능을 안다. 네 더러움을 안다. 네 범죄함을 안다. 그러나 나는 너를 포기하지 않는다. 절대로 너를 놓지 않는다."

젖을 먹이는 아기를 버리는 부모가 어디에 있겠습니까?

그러나 성경은 말합니다.

"어미가 그 자식을 버린다고 할지라도 나는 너를 버리지 아니하리라."

이 하나님의 고집을 보십시오.

그러나 자신의 영광을 위하여, 하나님의 영광을 위하여 내 삶 속에 역사를 시작하신 이상, 내 삶이 그분 앞에 완성되고 성결되어 영광스럽게 세워지는 그 순간까지 그분은 내 삶을 놓지 아니하시고 나를 끌고 다니실 것입니다. 때로는 나를 때리실 것입니다. 눈물을 흘리시며 채찍을 들어 나를 치시는 순간도 있을 것입니다. 그러나 그분은 나를 포기하시지 않습니다. 이것이 하나님의 선택입니다.

2

장자권의 획득

"야곱이 죽을 쑤었더니 에서가 들에서부터 돌아와서 심히 곤비하여 야곱에게 이르되 내가 곤비하니 그 붉은 것을 나로 먹게 하라 한지라 그러므로 에서의 별명은 에돔이더라 야곱이 가로되 형의 장자의 명분을 오늘날 내게 팔라 에서가 가로되 내가 죽게 되었으니 이 장자의 명분이 내게 무엇이 유익하리요 야곱이 가로되 오늘 내게 맹세하라 에서가 맹세하고 장자의 명분을 야곱에게 판지라 야곱이 떡과 팥죽을 에서에게 주매 에서가 먹고 마시고 일어나서 갔으니 에서가 장자의 명분을 경홀히 여김이었더라"(창 25 : 29~34).

야곱은 어떻게 해서 장자권을 획득했습니까?
에서가 가장 배가 고팠던 기회를 이용해서 장자의 권한을
빼앗았던 이 치사한 이야기, 적어도 이런 이야기를 알고
는 있어야 치사한 사람을 면할 수 있습니다. 이 사건을 둘러싸고 먼
저 우리는 야곱의 약점과 강점이라는 두 가지 측면을 잘 살펴보기를
원합니다. 누구나 약점과 강점은 있습니다. 그러나 야곱에게 있어 그
의 약점이 삶 속에 어떻게 작용했는가, 또 강점이 그의 삶 속에 어떻
게 작용했는가를 알아볼 필요가 있습니다. 그래서 우리는 야곱의 이
사건을 우리의 삶 속에 적용시켜야 합니다.

성경을 읽을 때에 그냥 '성경에 이러한 이야기가 있다'라고 해서는
안 됩니다. H.G. 웰스라는 사람이 역사에 대해 이런 교훈을 남긴
바가 있습니다.

"역사에 대해서 우리가 배울 수 있는 가장 놀라운 교훈이 있다면, 그
것은 사람들이 역사를 보면서 아무것도 배우지 않는다는 사실이다."
우리는 과거의 역사에서 배우지 못합니다. 우리보다 앞서 간 사람들
의 삶의 실수를 통해서 배우지 못한다는 약점이 우리에게 있습니다.

성경을 왜 기록했습니까?
이것은 우리의 유익을 위해서입니다. 얼마나 이것을 성경이 강조하
고 강조하는지를 보십시오.
"무엇이든지 전에 기록한 바는 우리의 교훈을 위하여 기록된 것이니
우리로 하여금 인내로 또는 성경의 안위로 소망을 가지게 함이니라"
(롬 15:4).
"무엇이든지 전에 기록한 바는"(구약에 기록된 바는), 지나간 사람들
의 역사를 굳이 기록하는 이유는, 그들의 자랑과 영광만이 아니라 그
들의 수치와 범죄까지 성경에 기록하는 이유는 "우리의 교훈을 위하
여"입니다. 전에 있었던 사람들의 생애 속의 그 약점과 실패와 좌절
과 범죄를 기록하는 이유는 오늘의 우리의 교훈을 위하여, 지금 여기

에서 20 세기의 삶을 살고 있는 우리의 교훈을 위하여 기록된 것이 니 곧 "우리로 하여금 인내로 또는 성경의 안위로 소망을 가지게" 하기 위함입니다. 우리는 과거에서 배워야 합니다.

1. 야곱의 약점

한 마디로 야곱의 약점은 '**목적이 수단을 정당화할 수 있다**'는 생각입니다. 내가 장자의 권한을 가져야 하겠다는 생각이었습니다. 이것이 나쁜 생각입니까, 아니면 좋은 생각입니까?

하나님은 이미 리브가에게 야곱이 장자가 될 것이라고, 큰 자가 어린 자를 오히려 섬기게 될 것이라고 말씀하셨습니다. 그 계시를 리브가는 분명히 아들에게 전했을 것입니다. 그래서 야곱은 자기가 장자가 된다는 것이 하나님의 뜻이라는 사실을 알았을 것입니다.

'그것이 하나님의 뜻이다. 내가 장자가 된다.'

그는 하나님의 뜻과 약속을 알고 있었습니다. 그 약속을 추구하는 자체는 결코 잘못이 아닙니다. 그것은 정당한 것입니다. 그것이 하나님의 약속이기 때문입니다.

그러나 그것을 추구하는 방법과 시간이 문제입니다. 우리에게는 우리 각 사람을 향한 하나님의 뜻이 있습니다. 하나님의 계획이 있습니다. 하나님이 내 마음 속에 주신 삶에 대한 꿈이 있습니다. 그 꿈과 목표를 추구하며 달려가는 삶의 노력을 정죄할 필요는 없습니다. 그러나 그것을 어떻게 추구하십니까?

어떤 방법으로 추구하십니까?

그것이 문제입니다. 형이 가장 배가 고팠을 때, 즉 자기의 형이 가장 약한 처지에 있었을 때 그 순간에 팥죽을 들고 가서 형을 유혹해서 유치하게 장자의 권한을 빼앗은 것, 우리는 이 수단을 문제 삼지 않으면 안 됩니다.

이것은 창세기 27 장에 가도 변하지 않습니다. 성경을 대할 때 창세기 25 장에서 27 장에 이르기까지 시간이 얼마 안 걸리는 것 같지만 사실은 그 사이에 상당한 시간이 흐릅니다. 27 장 1 절을 보십시오.

"이삭이 나이 많아 눈이 어두워 잘 보지 못하더니 맏아들 에서를 불러 가로되 내 아들아 하매 그가 가로되 내가 여기 있나이다 하니."

자기 아버지가 마지막 숨을 몰아쉬면서 최후의 축복을 남기는 그 장면에 있어서도 야곱은 어떻게 행동합니까?

이스라엘 백성들에게는 아버지가 죽어가면서 드리는 이 마지막 기도와 축복이 그들의 최대의 축복으로 간주되었습니다. 그런데 그 축복을 받기 위하여 지금 야곱은 어떻게 행동합니까?

자기가 형의 모습으로 변장하고 연극을 해서 곧 돌아가실 아버지를 속입니다. 속여서 그 마지막 축복까지 받아냈던 이 야곱, 이렇게 지독하게 변하지 않고 있었던 이 야곱을 보십시오.

야곱은 언제나 목적을 위해서는 수단과 방법을 가리지 않았습니다. 그것이 그의 평생을 통해서 지배하고 있었던 삶의 철학이었습니다. 이 철학은 어디에서부터 생성되었습니까?

'어머니의 태중에서부터'입니다. 형의 발꿈치를 붙들고 늘어지던 그 순간부터입니다. 이것이 야곱의 생애 전체를 상징하는 삶의 모습이었습니다.

"나는 한 번 목표를 정하면 끝까지 한다."

우리 나라에도 이런 야곱을 닮은 사람이 많이 있습니다. 그래서 목적을 위해서는 수단과 방법을 가리지 않습니다. 저는 이것이 심각한 한국의 문제라고 생각합니다. 목적을 위해서 수단과 방법을 가리지 않는다는 것은 지극히 비성경적인 사고 방식입니다. 그런데 이런 세상적인 사고가 오늘날의 교회 속에도, 오늘날의 그리스도인들의 마음 속에도 얼마나 많이 들어와 있는지요?

대의(大義)라는 명분 아래 쉽게 거짓말하고 쉽게 속이는 그런 일들
이 얼마나 비일비재하게 일어나는지 알 수가 없습니다.

가장 사소한 것까지도 하나님 앞에 정당한 방법으로 해결하고 정
당한 방법으로 얻기 위하여 주 앞에 머물러 서는 이 정당함이 당신에
게는 있습니까?
"얼마나 위대한 목적을 가지고 있는가"라는 질문도 중요하지만 "그
목적을 얼마나 정당한 방법으로 추구하는가"도 중요합니다.
'하나님이 때를 주실 때까지 나는 기다릴 수 있는가?'
그 때를 기다리지 못하고 인간적인 욕심과 욕망으로 성급하게 그 목
표를 쟁취하기 위하여 우리는 아우성치고 몸부림치고 있는 사람들은
아닙니까?
목적이 수단을 정당화할 수 있다는 이 사고 방식이 가져왔던 야곱의
삶의 모습을 보십시오. 그렇게 해서 야곱은 장자의 권한을 빼앗았습
니다.

형인 에서는 멋도 모르고 동생에게 장자의 권한을 내어 주었지만
조금 후에 보니까 속은 것입니다. 에서는 대단히 깨닫는 것이 느립니
다. 리브가가 말하는 이 내용을 보십시오.
"네 형의 노가 풀리기까지 몇 날 동안 그와 함께 거하라"(창 27:44).
야곱을 외삼촌 라반의 집으로 도망가게 하면서 그에게 들려준 말입
니다. 그런데 그것이 몇 날이었습니까?
약 20 년입니다. 그 몇 날이 20 년이 되었습니다. 야곱은 빨리 해결
하기 위해서, 빨리 쟁취하기 위해서 소위 지름길을 취했습니다.
우리도 그 같은 방법을 얼마나 강구합니까?
빨리 부자가 되기 위하여 수단 방법을 가리지 않습니다. 빨리 내 인
생의 목적을 달성하기 위하여 우리는 지름길부터 찾습니다. 지름길
을 택하려고 하지 마십시오. 빨리 부자가 된다든지, 빨리 출세를 한

다든지, 빨리 다른 사람들보다 위에 선다든지 하는 이러한 사실 때문에 쉽게 정당한 삶을 포기하고 쉽게 그리스도인의 덕과 간증을 파괴하면서 지름길을 추구하고 있는 그리스도인은 이 야곱의 삶을 통해서 배워야 합니다.

야곱의 지름길은 성공의 지름길이었습니까?
그것 때문에 외삼촌 라반의 집으로 도피하면서 그가 허송한 20 년의 세월은 누가 보상하겠습니까?
야곱이 인생의 말년에 이 사건을 어떻게 회고하고 있는가를 주목해서 보시기 바랍니다.
"요셉이 자기 아비 야곱을 인도하여 바로 앞에 서게 하니 야곱이 바로에게 축복하매 바로가 야곱에게 묻되 네 연세가 얼마뇨 야곱이 바로에게 고하되 내 나그네 길의 세월이 일백삼십 년이니이다 나의 연세가 얼마 못 되니 우리 조상의 나그네 길의 세월에 미치지 못하나 험악한 세월을 보내었나이다 하고"(창 47:7 ~ 9).
그의 삶은 결코 평탄하지 않았습니다. 그것은 전적으로 그가 책임을 져야 합니다. 하나님을 비난할 수 없습니다.

정당하지 못한 수단과 방법으로 목적을 추구하였기 때문에 야곱이 지불해야만 했던 그 뼈아픈 대가 !
지름길을 추구하지 마십시오. 더디더라도 주님의 때를 기다릴 줄 아십시다. 당장 이것이 성취되지 않아도 하나님의 방법을 위하여 하나님 앞에 순종하며 머물러 서는 일에 인색하지 마십시오. 그분의 영광을 위하여 말입니다. 이것이 야곱의 약점과 그것 때문에 야곱이 지불했던 생의 대가입니다.

2. 야곱의 장점

그러나 야곱에게는 약점뿐만이 아니라 장점이 있었습니다. **야곱은 무엇이 더 중요한지를 알고 있었습니다.** 이 점을 그의 형인 에서와 비교해 보면 더 확실하게 드러납니다. 에서는 잠시의 육체적인 배고픔을 달래기 위해서 자기의 장자권을 가볍게 팔았습니다. 그의 이 장자권에는 두 가지의 중요한 의미가 있었습니다.

① 에서의 장자권이 갖는 의미

첫째로, 제사의 권한이 있습니다.
이스라엘의 장자에게는 하나님 앞에 제단을 쌓고 제사를 드리는 권한이 있습니다. 지금으로 말하자면, 주님 앞에 나가서 예배하며 주님과 더불어 교제할 수 있는 특권이 있었습니다. 구약성경에서 모든 사람에게 이 특권이 주어진 것은 아닙니다. 오직 장자에게만 제사의 특권이 있었습니다.

에서는 배가 고프다는 사실 앞에서 자기의 장자권을 생각했을 때에 하등 중요할 것 같지 않다고 생각했을 것입니다.
'내가 지금 당장 배가 고픈데 장자의 권한 따위가 뭐가 그렇게 중요한가?'
하나님을 예배할 수 있다는 권한, 하나님 앞에 나아가 그 하나님과 교제할 수 있다는 권한은 배가 고프다는 현실에 비하면 너무나 하찮게 생각되었습니다. 그래서 그는 장자의 권한을 쉽게 망각할 수 있었습니다.
당장의 생존의 문제를 해결하기 위하여, 더 많은 부(富)를 손에 잡기 위하여 하나님과 교제한다든지 하는 것은 하나도 중요하지 않다고 생각하는 분이 혹 계실지 모르겠습니다. 그러나 바로 그것이 에서의 문제였음을 기억하십시오. 그는 무엇이 중요한지를 몰랐습니다.

둘째로, 메시야의 계보가 숨어 있습니다.
이 장자권이 계승되는 혈통을 통해서 장차 누가 오십니까?
메시야가 오십니다. 이것이 중요한 것입니다. 바로 이 장자 권한을
통해서 메시야가 오십니다. 메시야의 영광스러운 족보를 보여 주고
있는 마태복음 1 장을 보십시오.
"아브라함이 이삭을 낳고 이삭은 야곱을 낳고…"(마 1:2).
이 장면에서 사실은 야곱 대신 에서가 들어가야 정상입니다. 그러나
거기에 에서가 빠지고 야곱이 들어갔습니다. 에서는 바로 이 특권을
박탈당한 것입니다. 메시야를 탄생시킨, 이 놀라운 족보를 계승할 수
있는 특권을 빼앗기고 말았습니다.
"예수! 예수! 예수가 무엇이 중요한가?"
내가 지금 먹고 살아야 한다는 사실 앞에서, 내가 자식을 키운다는
사실 앞에서, 내가 인생을 즐긴다는 사실 앞에서 예수 따위는 아무것
도 아닌 것으로 생각되는 것, 그것이 바로 에서의 문제였습니다. 그
것이 바로 에서의 우선 순위의 혼돈이었습니다.

② 우리 삶의 우선 순위

"음행하는 자와 혹 한 그릇 식물을 위하여 장자의 명분을 판 에서와
같이 망령된 자가 있을까 두려워하라"(히 12:16).
성경은 에서를 "망령된 자"라고 증언합니다.
  우리는 "망령"이라는 말을 "노망"이라는 말과 같은 의미로 사용하
곤 합니다. 그러나 여기에서는 그 의미가 그런 뜻의 말이 아닙니다. 이
『망령』이라는 단어는 본래 "믿음에서 떠난다"는 말입니다. 에서는 믿
음에서 떠났습니다. 한 그릇의 팥죽 때문에 믿음을 떠난 사람, 그래
서 자기의 영혼을 버린 사람, 그가 에서였습니다.

그러나 육체가 끝나는 그 날에 내 영혼은 어디로 가겠습니까?
"다 흙으로 말미암았으므로 다 흙으로 돌아가나니 다 한 곳으로 가거
니와 인생의 혼은 위로 올라가고"(전 3:20,21).
영혼이 육체를 떠나는 그 순간을, 내 육체는 원래 재료인 흙으로 돌아
가고 영혼은 거룩하신 하나님 앞에 서는 그 순간을 전혀 생각하지 않
았던 이 사람 에서. 오늘 당장의 배고픔을 해결하기 위하여, 이 순간
의 정욕의 문제를 해결하기 위하여, 이 순간의 쾌락의 문제를 해결하
기 위하여 하나님 앞에서 영혼을 순결하게 보존하는 일을 아무렇지
않게 생각했던 이 영적으로 망령된 자 에서를 통한 경고를 기억하십
시오.
"에서와 같이 망령된 자가 있을까 두려워하라."

　계속되는 히브리서의 말씀을 보십시오.
"너희의 아는 바와 같이 저가 그 후에 축복을 기업으로 받으려고 눈물
을 흘리며 구하되 버린 바가 되어 회개할 기회를 얻지 못하였느니라"
(히 12:17).
당신은 이런 생각을 절대로 하지 마십시오.
'회개는 언제든지 할 수 있다.'
천만의 말씀입니다. 회개는 언제든지 할 수 있는 것이 아닙니다. 성
령께서 역사하실 때만 회개가 가능합니다.
　성령이 항상 역사하시는 것은 아닙니다. 성령이 회개하도록 사람
들 안에 역사하실 때가 있습니다. 하나님이 도와주시지 않으면, 성령
께서 함께하시지 않으면 회개도 할 수 없이 인간은 그토록 무능하고
전적으로 부패한 존재입니다. 그러므로 회개를 할까 말까 하는 그 순
간이 성령께서 도우시는 순간입니다. 그때 성령의 감동과 감화를 소
멸한다면 바로 그것이 「성령의 소멸」입니다. 성령께서 내 마음 속에
회개를 촉구하실 때, 그분이 나에게 이 죄로부터 떠나라고 명하실
때, 그분이 나에게 이 습관을 포기하라고 명하실 때, 그분이 네 삶은

달라져야 한다고 말씀하실 때, 그분이 지금 변하라고 말씀하실 때 그것을 소멸하면 회개가 안 됩니다.

제가 전에 섬기던 교회에 교회에는 열심히 나오지만 교회에 나오는 것이 타성적이고 형식적인 사람이 있었습니다. 그는 대단한 관록이 있는 관리였고 명망있는 인사였습니다. 한번은 그를 붙잡고 개인적으로 영적인 구원의 확신이 있는가를 점검하려고 했더니 그가 이렇게 말합니다.
"목사님, 그런 말씀 마십시오. 저는 이렇게 교회에 나오는 것만으로도 만족합니다. 구원이니 그런 시시한 이야기는 하지 마십시오."
그런데 그가 그만 한순간에 덜컥 병으로 쓰러졌습니다. 병원에서 마지막 시간을 가족들이 초조하게 지키고 있습니다. 그가 세상을 떠나기 다섯 시간 전에 제가 병실을 방문했습니다. 그는 거의 무의식 상태에 들어가 있었습니다. 제가 말했습니다.
"이선생님, 이 순간이라도 회개하고 예수 믿으셔야 합니다."
무의식 상태이므로 들리는지 안 들리는지도 모릅니다. 저는 그때 주변에 있었던 가족들의 그 침통한 표정과 안타까워 하는 얼굴들을 잊을 수가 없습니다.
"아버지, 목사님 말씀이 들리시면 눈 좀 깜박해 보세요. 손가락이라도 움직여 보세요. 예수 믿으시는 거죠? 회개하시는 거죠?"
그러나 그의 눈동자는 움직이지 않았습니다. 손가락도 움직이지 않았습니다.
"아버지, 눈 좀 깜박해 보세요. 손가락이라도 움직여 보세요."
이것이 에서의 문제입니다.

그러나 야곱은 그가 가진 많은 약점에도 불구하고, 실패에도 불구하고, 범죄에도 불구하고 하나의 장점을 가지고 있었습니다. 그것은 그가 사기도 치고 연약해서 넘어지기도 했지만 그가 장자권을 얻고

자 했다는 사실입니다. 야곱은 가장 중요한 것, 꼭 포기해서는 안 될 것을 알았습니다. 그래서 그것을 얻고자 애썼습니다. 우리는 이 사실을 단순히 인간적으로만 생각하지 마십시다.

"내가 메시야를 붙잡는다."

우리 식으로 바꿔 말하겠습니다.

"예수는 포기하지 않겠다. 그분만은 내가 붙들기를 원한다. 다른 모든 것을 포기하더라도 내 영혼의 구세주를 내가 붙들리라. 그분을 붙들고 하나님 앞에서 새로워지기를 원한다."

그는 우선 순위에 있어서 무엇이 중요한 것인가를 알고 있었습니다.

당신은 어떻습니까?

당신은 무엇이 가장 중요하다고 생각하십니까?

내 심장의 고동이 멈추는 순간, 내 몸의 더운 피가 식는 순간, 그 순간에 무엇이 가장 중요하다고 생각하십니까?

당신이 지금 손에 쥐고자 그렇게 애쓰는 물질이 중요할까요?

즐기고 싶었던 육체의 정욕이, 쾌락이, 명예가, 권세가 중요할까요?

당신은 이 우선 순위를 혼동하고 그래서 당신의 삶은 아직도 긴 방황을 계속하고 있는 것은 아닌지요?

3

도망하는 야곱

"맏아들 에서의 이 말이 리브가에게 들리매 이에 보내어 작은 아들 야곱
을 불러 그에게 이르되 네 형 에서가 너를 죽여 그 한을 풀려 하나니 내
아들아 내 말을 좇아 일어나 하란으로 가서 내 오라버니 라반에게 피하
여 네 형의 노가 풀리기까지 몇 날 동안 그와 함께 거하라"(창 27 : 42~
44).

창세기 28 장은 야곱이 하란을 향하여 가는 길을 보여 주고 있습니다. 우리는 앞으로 두 장소에서 야곱을 만날 것입니다. 벧엘과 그리고 하란에서 우리는 우리의 사랑하는 지렁이 야곱을 만날 것입니다. 그리고 이 꿈틀거리는 한 마리의 벌레 같았던 야곱을 주께서 어떻게 변화시켜 하나님의 왕자로 만드시는가 하는 하나님의 놀라운 손길을 지켜볼 것입니다.

야곱은 어떻게 해서 하란으로 떠납니까?

그는 형 에서의 진노를 피하기 위하여 외삼촌 라반에게 갑니다. 순간의 배고픔 때문에 장자의 권한을 팔기는 했지만 그것이 자기 동생의 간교한 속임수임을 깨달은 에서는 이를 갈며 동생에게 분을 품습니다. 형의 진노를 피하기 위하여 그는 외삼촌 라반의 집으로 향합니다.

1. 도망자 야곱의 공포

이 길에서 **이중의 공포**가 야곱을 괴롭힙니다.

첫째로, 에서의 추적에 대한 공포입니다.

창세기 27 장을 보시면 에서가 몹시도 분노하는, 정도 이상으로 분노하고 있는 모습을 발견하게 됩니다.

"맏아들 에서의 이 말이 리브가에게 들리매 이에 보내어 작은 아들 야곱을 불러 그에게 이르되 네 형 에서가 너를 죽여 그 한을 풀려 하나니"(창 27:42).

얼마나 에서가 한 맺힌 독을 품고 있었는가를 우리는 이 말씀을 통해서 알 수 있습니다.

계속되는 말씀을 보십시오.

"네 형의 노가 풀리기까지 몇 날 동안 그(외삼촌 라반)와 함께 거하라 네 형의 분노가 풀려 네가 자기에게 행한 것을 잊어버리거든 내가 곧 보내어 너를 거기서 불러오리라 어찌 하루에 너희 둘을 잃으랴"

(창 27:44,45).
그래서 그는 형의 추적을 피하여 고향인 브엘세바에서 하란까지 이르는 약 천오백 리 길의 여정을 시작합니다.

　그 중간에 야곱은 벧엘이라는 들판에서 하룻밤을 쉬어가게 됩니다. 이곳은 그의 고향에서 약 이백오십 리쯤 떨어진 곳인데, 그렇다면 야곱은 하루에 이백오십 리를 주파한 것입니다. 하루에 이백오십 리면 굉장히 많이 걸은 것입니다. 그것은 걸은 것이 아니라 차라리 뛰었다고 말해야 적절한 묘사일 것입니다. 단숨에 뛰어간 것입니다. 그만큼 에서가 그의 목숨을 노리고 있었고, 그는 자기의 목숨이 매우 위기에 처했다는 것을 아주 잘 느끼고 있었던 것입니다. 그는 자기의 목숨을 보존하지 않으면 안 되었고, 그래서 이를 악물고 벧엘까지 단숨에 뛰어간 것입니다. 여기서 야곱의 마음을 붙잡고 있었던 깊은 공포, 자기의 생명을 보존하기 위한 공포를 볼 수 있습니다.

둘째로, 낯선 환경에 대한 공포입니다.

벧엘이라는 들판에 도착했을 때 야곱은 낯선 자연 환경이라는 또 다른 종류의 두려움을 느꼈습니다. 전에는 전혀 접하지 못했던 낯선 환경 속에서 인간이 본능적으로 느끼는 두려움이 있습니다. 인간이 가진 두려움 가운데 이 미지의 두려움처럼 심각한 두려움이 없습니다. 그곳을 알면 무섭지 않습니다. 알지 못한다는 사실 때문에 우리는 낯선 문화, 낯선 환경, 낯선 분위기에서 설명할 수 없는 어떤 긴장감과 공포를 느낍니다.

　그런데 그럼에도 불구하고 그는 이 들판에 도착하자마자 잠이 듭니다. 그것은 그만큼 그가 얼마나 피곤하게 자기의 몸을 혹사하면서 뛰었는가를 우리로 하여금 짐작케 하는 일입니다.
"야곱이 브엘세바에서 떠나 하란으로 향하여 가더니 한 곳에 이르러는 해가 진지라 거기서 유숙하려고 그곳의 한 돌을 취하여 베개하고 거기 누워 자더니"(창 28:10,11).

2. 벧엘에 이르른 야곱

야곱이 쓰러져 잠이 든 이 장소가 나중에 『벧엘』이라고 불리워집니다. 『벧』이라는 말은 "집"이라는 뜻입니다. 그리고 『엘』이라는 말은 "하나님"을 뜻합니다. 나중에 "하나님의 집"이라고 불리워질 들판에 도착해서 야곱은 곧 잠이 들고, 그곳에서 그는 한 유명한 꿈을 꿉니다. 꿈은 꾸는 것이 아니라 사실은 꾸어지는 것입니다. 전혀 피동적인 행위입니다. 하나님은 이 꿈을 사용하셔서 야곱에게 굉장히 중요한 진리를 계시하십니다. 이 꿈, 그날 밤의 야곱의 꿈은 단순한 꿈이 아니라 영몽(靈夢)이었습니다.

우리가 모든 꿈이 다 하나님의 꿈인 것처럼 과장하는 것도 바람직한 신앙은 못 됩니다만 모든 꿈을 부인할 필요도 없습니다. 어떤 경우에서 하나님은 우리의 꿈을 사용하실 수도 있습니다. 그날 밤, 이 꿈을 사용하셔서 하나님은 형에 대한 말할 수 없는 공포와 죄책감을 안고 도망치는 야곱을 붙들어 중대한 진리를 계시하십니다. 그래서 야곱은 꿈을 꾸게 됩니다.

① 야곱의 꿈의 정경

꿈에서 야곱은 무엇을 봅니까 ?
유명한 사닥다리가 있는 이 꿈에서 그는 놀라운 두 가지를 보게 됩니다.

첫째로, 하나님의 사자가 사닥다리 위에서 오르락내리락하는 광경을 봅니다.
사닥다리가 하늘과 땅에 맞이어져 있고, 그 위에서 하나님의 사자

(使者)가 오르락내리락하는 광경을 보았습니다. 천사를 본 것입니다.

"꿈에 본즉 사닥다리가 땅 위에 섰는데 그 꼭대기가 하늘에 닿았고 또 본즉 하나님의 사자가 그 위에서 오르락내리락하고"(창 28:12). 그러나 천사를 보았다는 것이 중요한 것은 아닙니다.

둘째로, 사닥다리 위에 계신 하나님을 봅니다.
하나님의 사자가 오르락내리락하는 광경만 본 것이 아니라 야곱은 사닥다리 맨 위에 계시는 여호와 하나님을 보았습니다.

"또 본즉 여호와께서 그 위에 서서"(창 28:13).
위에 여호와께서 서 계셨습니다. 하늘과 땅을 연결하고 있는 사닥다리, 그 위를 오르락내리락하는 천사들. 그러나 하나님이 보여 주기를 원하신 것은 사실은 천사들에 대한 장면이 아닙니다. 사닥다리의 맨 아래에는 야곱이 서 있었을 것입니다. 그리고 이 사닥다리의 맨 위에는 주께서 계셨습니다. 천사들이 부지런히 멧세지를 땅으로 전달합니다. 사닥다리의 맨 위에 계신 그분이 드디어 말씀하십니다.

"나는 여호와니 너희 조부 아브라함의 하나님이요 이삭의 하나님이라"(창 28:13).
야곱은 그날 자기를 만나기 위해서 천사들을 대동하고 다가오시는 거룩하신 주님을 만난 것입니다.

주님은 그날 밤 낯선 들판에서 겁에 질려 긴장과 피곤 가운데 떨고 있었던 야곱을 만나셨습니다. 그리고 먼저 야곱에게 축복하셨습니다.

"너 누운 땅을 내가 너와 네 자손에게 주리니 네 자손이 땅의 티끌같이 되어서 동서남북에 편만할지며 땅의 모든 족속이 너와 네 자손을 인하여 복을 얻으리라"(창 28:13,14).
이런 놀라운 축복을 주셨습니다. 이것이 이상하게 생각되지 않으십니까?

지금 야곱은 죄를 짓고 도망하고 있는 중입니다. 또 형을 피하여 그 보복으로부터 탈출하고 있는 중입니다. 그런데 하나님이 이런 야곱에게 제일 첫번째로 축복의 약속을 계시하십니다.

당신이 만일 하나님이라면 이 야곱을 만나자마자 어떻게 말씀하시겠습니까?

"네 죄를 네가 알렸다!"

그런데 이것이 웬 말입니까?

하나님의 제 일성은 축복의 멧세지입니다. 그분은 이 죄인에게 채찍을 내리시는 대신에 축복의 말씀을 내리셨습니다.

어떤 사람들은 꼭 채찍으로 때려야 각성합니다. 그러나 하나님께서 한 사람을 각성시키실 때는 다양한 방법을 사용하십니다. 죄인에게 마땅히 내려야 할 채찍 대신에 어떤 경우에 그분은 종종 축복이라는 방편을 사용하십니다. 그래서 이렇게 말씀하십니다.

"나는 너를 아직도 사랑한다. 너의 배신에도 불구하고, 너의 범죄에도 불구하고, 형편없는 너의 타락에도 불구하고 나는 너를 사랑한다. 너를 향한 나의 기대는 변함이 없을 것이다."

이것은 채찍을 맞는 것보다 더 고통스러운 일일 것입니다. 그는 하나님을 만나자마자 채찍과 책망을 기대했을 것입니다. 그런데 웬 말입니까?

야곱에게 책망 대신에 임하고 있는 이 축복의 멧세지를 들어 보십시오. 여기서 우리는 달래시는 하나님, 그러면서 그 길을 바꾸도록 촉구하시는 자상하신 하나님의 모습을 만나게 됩니다. 사랑하는 자녀에게 회개를 촉구하면서 차라리 축복을 던지시는 이 하나님의 마음을 당신은 이해하시겠습니까?

② 하나님의 축복의 약속

이 축복을 이루기 위하여 하나님은 계속해서 네 가지의 약속을 하십니다.
"내가 너와 함께 있어 네가 어디로 가든지 너를 지키며 너를 이끌어 이 땅으로 돌아오게 할지라 내가 네게 허락한 것을 다 이루기까지 너를 떠나지 아니하리라 하신지라"(창 28:15).

첫번째 약속 / "내가 너와 함께 있어."
"내가 너와 함께한다."
하나님의 임재를 약속합니다.
"네가 이 세상에서 살면서 내 앞에서 당당하고 거룩하게 살며 축복을 누리며 그리고 그 축복을 감당할 수 있는 놀라운 사람이 되게 하기 위하여 내가 너와 함께하마."
이것이 첫번째 약속입니다. 하나님의 임재를 약속합니다.

두번째 약속 / "네가 어디로 가든지 너를 지키며."
"내가 너를 보호한다."
하나님의 보호를 약속합니다.
지금 이 순간 야곱이 두려워하고 있다는 사실을 놓치지 마십시오. 그는 형의 추적을 두려워합니다. 그는 낯선 환경 속에서 두려워합니다. 보장되지 않은 내일 때문에 두려워하고 있습니다.
'하란에 가서 어떻게 살 것인가?'
이 말할 수 없는 공포의 벽 앞에 지금 야곱이 직면하고 있습니다. 그런 그에게 던져진 이 놀라운 말씀을 들어 보십시오.
"내가 너를 지킨다."
하늘의 하나님, 이 땅을 주관하시는 하나님, 천사를 부리시는 하나님, 이 영광스러운 하나님께서 말씀하십니다.

"내가 너와 함께한다. 그리고 내가 너를 지킨다."
이 하나님의 임재와 하나님의 보호의 약속을 주셨습니다.

세번째 약속 / "너를 이끌어 이 땅으로 돌아오게 할지라."
"내가 너를 인도한다. 네가 당연히 있어야 할 땅, 그곳에 서기까지 내가 네 걸음을 인도할 것이다."
이것은 하나님의 인도입니다. 주께서 인도하실 것이라는 약속입니다.

네번째 약속 / "내가 네게 허락한 것을 다 이루기까지 너를 떠나지 아니하리라."
"내가 네게 허락한 것을 다 이루기까지", 즉 "내가 너를 통해서 하고자 하는 일을 다 이루기까지, 네가 당연히 해야 할 일을 마칠 때까지, 이 땅에서 네게 주어진 인생의 숙제를 네가 마칠 때까지, 비록 네가 못났지만 너를 향한 나의 거룩한 뜻이 이 땅에서 이루어질 때까지 나는 너를 포기할 수 없다."
이것은 하나님의 고집입니다. 야곱을 사랑하시는 하나님의 고집스런 사랑입니다. 이것은 차라리 고집스런 기대입니다.
"너를 통해서 기어이 나의 뜻을 이루고야 말 것이다. 그날에 너는 쓸모있는 존재로 영광스럽게 내 앞에 세워질 것이다. 이 마지막 숙제를 완성하기까지 나는 너를 떠나지 아니하며 결코 놓지 않으리라."
이 하나님의 고집을 보십니까?
여기 한 사람을 향한 하나님의 이 기대를 보십니까?
이것이 축복을 이루기 위하여 주께서 약속하신 것들입니다.

③ 야곱의 고백

이윽고 잠에서 깨어난 야곱의 입에서 이런 놀라운 고백이 터집니다.

"야곱이 잠이 깨어 가로되 여호와께서 과연 여기 계시거늘 내가 알지 못하였도다"(창 28:16).

비록 그것이 꿈이었지만 야곱은 그것이 평범한 꿈이 아니라는 것을 알았습니다. 꿈을 통해서 그 사랑을 확인시켜 주시며, 기대를 확인시켜 주신 하나님. 이 하나님의 놀라운 멧세지를 들은 후 소스라쳐 놀라 일어나 야곱이 토해낸 이 고백을 들어 보십시오.

"아, 주께서 여기 계셨는데 내가 몰랐구나 !"

이 한순간의 놀라운 발견을 보십니까?

"주님이 여기 계셨는데."

　당신은 어떤 사람에게 하나님이 함께하신다고 생각하십니까? 우리는 보통 생각할 때 하나님이 함께하시는 사람은 '아주 신앙이 좋고 능력이 많은 사람'이라고 생각하기 쉽습니다. 그래서 '어떻게 나같은 사람에게 하나님이 함께하시나?'라는 생각을 가질 때가 많이 있습니다.

　그러나 여기 야곱의 이 사건을 통해서 우리가 배울 수 있는 교훈이 있습니다. 야곱은 신앙적으로 말해서 아주 연약한 상태입니다. 거의 무력한 상태의, 말할 수 없이 미숙한 상태의 사람입니다. 하나님의 이름을 부르지만 그에게 아직 성숙은 찾아볼 수 없습니다. 적어도 이 순간까지는 그렇습니다. 여기 오기까지 믿으나마나 한 사람, 믿음의 증거가 없는 사람, 하나님의 영광을 먹칠하고 돌아다니는 사람, 주의 이름을 부르면서도 사기를 치고 도둑질하고 탐욕에서 벗어나지 못한 사람. 그러나 이 놀라운 사실을 보십시오. 주께서 그와 더불어 함께하셨습니다.

　당신이 부모라면 어떤 자녀에게 더 함께하기를 원하겠습니까? 다 장성한 자녀보다는 아직 미숙하고 약점이 많은 어린 자녀에게 마음이 더 쓰이는 것이 당연합니다. 그들이 얼마나 더욱 부모의 손길과 돌봄을 필요로 합니까?

이 사실을 놓치지 마십시오.

저는 여섯 형제 중 장남입니다. 그런데 제 동생들 가운데 몸이 불구인 동생이 한 명 있습니다. 그 동생은 6.25 때 태어나서 치료를 제대로 받지 못해 지금도 전혀 몸을 쓰지 못합니다. 저의 어머니가 자식들의 이름을 한 명 한 명 부르실 때, 이 동생의 이름을 부르실 때는 언제나 어머니의 목소리가 떨립니다. 평생 불구로 살아야 하는 이 불구 동생을 부르시는 어머니의 비애에 찬 음성을 저는 언제나 다르게 느낄 수 있습니다. 바라보시는 눈동자도 여느 성한 자식을 바라보시는 눈동자와 같지가 않습니다. 불구라는 사실 때문에 그는 더욱 부모의 손길을 필요로 합니다.

내가 신앙이 없다고 해서, 내가 무력하다고 해서 하나님이 나와 함께 하시지 않는다고 착각하지 마십시오.

야곱이 무력하기에, 그가 더러웠기에, 그가 수치스러웠기에, 그가 떳떳하게 명분을 다하지 못하는 하나님의 자녀였기에 주님은 더욱 그와 함께하고 계셨습니다. 그를 일으켜 세우시기 위하여, 그를 장성시키기 위하여, 그를 새롭게 하시기 위하여 하나님은 더욱 그를 추적하시며 그와 함께하고 계셨습니다. 다만 야곱이 그것을 몰랐을 뿐입니다. 그러나 그가 이 사실을 소스라치게 발견하는 순간, 그는 고백할 수밖에 없었습니다.

"아, 주님이 여기 계셨네요."

그날 밤 그 현장을 통해서 함께하시는 주님을 발견한 것입니다. 그렇습니다. 내가 범죄하고 있는 그 순간에도 주님은 곁에 계셨습니다. 그분은 눈물을 흘리시면서 함께 계셨습니다. 내가 무관심하게 주님을 등지고 살았을 때 주님은 아파하시며 나와 함께 계셨습니다.

하나님의 임재는 하나님의 자녀를 떠나는 법이 없습니다. 그분의 눈동자는 나를 추적하십니다. 내 삶의 시공간 어디도 주님의 손길과 음성이 미치지 못하는 곳이 없습니다.

옛날에 하나님의 손길을 피할 수 있다고 착각했던 한 사람이 있었습니다. 그러나 마침내 이 주님의 손길과 임재를 피할 수 없다는 사실 앞에 부딪치며 그는 이런 고백을 토해 냅니다.

"여호와여 주께서 나를 감찰하시고 아셨나이다 주께서 나의 앉고 일어섬을 아시며 멀리서도 나의 생각을 통촉하시오며 나의 길과 눕는 것을 감찰하시며 나의 모든 행위를 익히 아시오니 여호와여 내 혀의 말을 알지 못하시는 것이 하나도 없으시니이다 주께서 나의 전후를 두르시며 내게 안수하셨나이다 이 지식이 내게 너무 기이하니 높아서 내가 능히 미치지 못하나이다 내가 주의 신을 떠나 어디로 가며 주의 앞에서 어디로 피하리이까 내가 하늘에 올라갈지라도 거기 계시며 음부에 내 자리를 펼지라도 거기 계시니이다 내가 새벽 날개를 치며 바다 끝에 가서 거할지라도 곧 거기서도 주의 손이 나를 인도하시며 주의 오른손이 나를 붙드시리이다"(시 139:1 ~ 10).

당신이 주를 배신하는 그 자리에도, 애써서 주님의 음성에 귀를 막고 있던 그 자리에도, 주님을 피하고 도망쳤던 자리에도, 이 신앙의 명확한 현실성을 외면하고 형식적이고 타성적인 신앙 생활로 만족하려고 했던 당신의 삶 가운데에도 그분은 함께하십니다. 만약 하나님이 당신을 사랑하신다면, 당신이 그분의 자녀라면, 그분은 당신을 놓을 수가 없습니다.

④ 서원을 드리는 야곱

도망치고 있었던 야곱. 그러나 거기까지 추적하셔서 함께하신다는 놀라운 사실을 보여주신 하나님 앞에서 소스라치게 놀라며 깨어 일어나는 야곱. 그는 꿈만 깬 것이 아닙니다. 그 순간은 신앙의 잠이 깨어나는 순간입니다. 그 순간이 결정적으로 야곱의 삶이 달라지기 시작하는 첫번째 변화의 순간입니다.
'아, 주님이 여기에 계셨구나.'
처음으로 하나님의 임재를 실감있게 느껴보는 순간입니다.

엠마오의 두 제자를 기억하십니까?
주께서 십자가에 달려 죽으신 후 그들은 '모든 것은 끝났다'고 생각
했습니다. 그들은 옛날로 돌아가기를 원했습니다. 실망한 마음으로
모든 것을 포기하고 고향으로 돌아가는 이들에게 한 낯선 나그네가
다가왔습니다. 그 나그네는 그들과 동행하며 성경을 이야기했습니
다. 이야기를 들으면서도 그들은 나그네가 누군지 전혀 알아보지 못
했습니다. 마침내 식탁에서 떡을 떼는 그 순간, 이 두 제자의 눈이
열립니다. 나그네는 주님이셨습니다. 부활하신 주님이셨습니다.

주님을 등지고 석양을 향해서 모든 것을 포기하고 고향으로 돌아
가고 있었던 엠마오의 두 제자 곁에도 주님은 계셨습니다. 어쩌면 이
신앙의 현실성을 전혀 부인하며 '정말 이 신앙이 나를 위한 것일까'
라고 깊이 회의하고 있었던 당신 곁에도 주님은 계셨습니다. 당신의
발걸음이 아예 교회를 떠나버리지 못했던 이유, 포기하지 못했던 이
유는 당신을 향한 하나님의 기대가 있었기 때문입니다. 다시 주시는
이 둘째의 기회를 아십니까?
어쩌면 이 순간이 야곱이 발견했던 바로 그 순간일 수도 있습니다.
소스라쳐 놀라 일어나는 깨어남의 한 순간, "아, 여기 계셨네요."
야곱은 이 발견과 함께 주님을 만났던 그 장소에 돌기둥을 세웁니
다. 그리고 그 들판을 가리켜서 『벧엘』이라 불렀습니다.
"벧엘 : 하나님의 집."
들판이었지만 하나님을 만난 장소이기 때문입니다. 주께서 함께하
시는 장소가 하나님의 집입니다.

당신은 당신이 거하고 있는 그 장소가 하나님의 집일 수도 있다는
이 사실 앞에 놀라십니까?
교회당 안에만 하나님이 계신다고 믿는 사람이 많습니다만 하나님을
교회당 안에 가두지 마십시오. 그분은 어느 곳에나 계십니다. 오늘
이 자리에도 살아 계신, 하나님의 이 임재를 확인하십니까?
주님의 놀라우신 영광을 확인하시며 그 영광을 보십니까?
당신이 스스로 선택해서 교회에 나오셨다고 착각하지 마십시오. 물
론 그것은 당신의 선택이었습니다. 그러나 그 선택을 유도한 분이 주
님이시라는 사실을 아십니까?
주께서 나를 좇아 오셨습니다. 여기까지 오셨습니다. 그래서 지금 내
가 있는 것입니다.

하나님의 놀라운 임재를 발견하자마자 야곱은 벧엘에서 하나님 앞
에 몇 가지의 결심을 합니다. 야곱이 드리는 서원을 보십시오.
"야곱이 서원하여 가로되 하나님이 나와 함께 계시사 내가 가는 이
길에서 나를 지키시고 먹을 양식과 입을 옷을 주사 나로 평안히 아비
집으로 돌아가게 하시오면 여호와께서 나의 하나님이 되실 것이요
내가 기둥으로 세운 이 돌이 하나님의 전이 될 것이요 하나님께서 내
게 주신 모든 것에서 십분 일을 내가 반드시 하나님께 드리겠나이다
하였더라"(창 28:20 ~ 22).
야곱의 생애에 최초로 볼 수 있었던 서원, 소위 결심입니다. 주님을
위해서 이러이러하게 살겠노라는 결심이 처음으로 터져나온 순간입
니다.

"제가 십일조를 드리겠습니다. 주를 위하여 성전도 짓겠습니다."
그러나 실제로 이렇게 안 해도 괜찮습니다. 저는 그렇게 생각합니다.
서원을 했다는 것 자체가 성숙입니다. 고백의 경지에 도달한 그 성숙
을 하나님은 기뻐하실 것이라고 생각합니다.

"이제 네가 이만큼 자랐구나. 나를 위해서 결심도 할 줄을 아는구나."

비록 그 결심이 다 성취되지 않는다고 할지라도, 그것이 공수표일지라도 괜찮습니다. 그래서 우리가 죄책을 느끼는 순간도 있습니다. 그래도 괜찮습니다. 교회에 다니면서 한 번도 주를 위하여 이렇게 살겠노라고 결심하고 고백하지 못한 성도들도 얼마나 많습니까?

저는 이것이 공수표일지라도 주님께서 이 고백을 기뻐하셨을 것이라고 생각합니다.

자식들도 그렇지 않습니까?

"아빠, 내가 크면 맛있는 것도 사드리고 용돈도 드릴께요."

그러면 우리는 어떻게 응답합니까?

웃습니다.

'잘 안다.'

속으로는 그렇게 다 못할 줄을 압니다. 그래도 기쁜 것입니다.

'저 애가 어느새 자라 부모를 생각할 줄도 아는구나.'

하나님을 위하여 살기를 원한다는 고백을 드릴 수 있는 자. 저는 하나님이 이 성숙을 기뻐하셨을 것이라고 생각합니다. 이것이 벧엘의 체험입니다.

3. 하란에 도착한 야곱

우리는 이제 벧엘을 떠나 또 하나의 중요한 현장을 가보겠습니다. 야곱이 외삼촌 라반의 집에 드디어 도착했습니다. 외삼촌이 아주 융숭하게 맞이합니다. 그러나 이 외삼촌이 어떤 사람입니까?

그는 별로 좋은 사람이 아닙니다. 굉장히 야곱을 환영합니다만 그에게는 꿍꿍이속이 있었습니다. 그는 야곱에게 일을 시키려고, 종살이를 시키려고 환영을 한 것입니다. 그래서 야곱이 속습니다.

지금까지 야곱은 어떻게 살아왔습니까?

속이며 살아왔습니다. 그러나 처음으로 야곱은 그의 생애에서 속임을 당합니다. 이 광경이 얼마나 멋집니까?

하나님께서 장난도 좋아하시는 것 같습니다.

"너도 한번 속아 봐라."

그렇게 야곱이 라반에게 당하면서 그의 삶이 바뀌기 시작합니다.

① 하란에서의 야곱의 삶을 보는 관점

우리는 이 하란의 체험을 두 가지 차원에서 분석할 수 있습니다. 하나는 이 하란에서의 삶의 기간은 하나님의 징계였다는 사실입니다. 소극적으로 보면 하나님의 징계였습니다. 또 하나는 적극적으로 볼 때 하나님의 훈련의 시간이었습니다.

첫째로, 하나님의 징계입니다.

하나님은 야곱을 사랑하셨습니다. 벧엘에서 하나님은 그의 잘못에도 불구하고 찾아오셔서 그를 나무라지 않고 차라리 축복하셨습니다. 그렇다고 우리가 범죄하고도 아무 일도 없을 것이라는 것은 오산입니다. 그것은 순전히 착각입니다. 이제 하나님은 야곱의 잘못에 대한 대가를 요구하십니다. 물론 용서하셨습니다. 그리고 여전히 사랑하십니다. 그러나 하나님은 우리가 잘못했던 그 실수를 그대로 교정없이 보내지는 않으십니다. 그래서 야곱을 교정하시는 기간이 바로 이 하란에서의 기간입니다.

하나님은 만홀히 여김을 받지 않으십니다. 주님을 속일 수 있다고 생각하지 마십시오.

"스스로 속이지 말라 하나님은 만홀히 여김을 받지 아니하시나니 사람이 무엇으로 심든지 그대로 거두리라"(갈 6:7).

드디어 그 대가를 받아내시는 이 장면을 지켜보시기 바랍니다.

창세기 31 장 40 절 이하에 보시면 야곱이 어떻게 당했는가가 기록되어 있습니다. 야곱의 입술을 통해서 터져나오는 이 고백을 들어보십시오. 그는 외삼촌 라반의 집에서 무려 20 년 동안이나 머물렀습니다.

"내가 이와 같이 낮에는 더위를 무릅쓰고 밤에는 추위를 당하며 눈붙일 겨를도 없이 지내었나이다"(창 31:40).

종살이도 보통 종살이가 아닙니다.

계속되는 말씀을 보십시오.

"내가 외삼촌의 집에 거한 이 이십 년에 외삼촌의 두 딸을 위하여 십사 년, 외삼촌의 양떼를 위하여 육 년을 외삼촌을 봉사하였거니와 외삼촌께서 내 품값을 열 번이나 **변역**하셨으니"(창 31:41).

"변역"이라는 말은 "떼어먹었다"는 말입니다. 최초의, 14 년은 외삼촌의 두 딸 때문입니다. 야곱은 처음부터 그의 마음 속의 영원한 구원의 연인 라헬을 얻으려고 했습니다. 그런데 라헬인 줄 알고 결혼했는데 이튿날 아침에 눈을 떠보니까 자기 곁에 누워 있는 여인은 라헬의 언니인 레아였습니다. 그렇다고 여기서 야곱이 포기할 만한 사람은 아니었습니다. 어머니 뱃속에서부터 형의 발꿈치를 붙들고 늘어졌던 이 야심의 사나이가 어떻게 물러설 수가 있습니까?

그래서 라헬을 얻기 위해서 다시 7 년을 보냅니다. 그 후 다시 양떼들을 위해서 6 년을 보냅니다. 그래서 모두 20 년이라는 세월을 보냅니다. 그 동안에 품값은 열 번이나 떼어먹힘을 당했습니다. 이 많은 세월의 낭비와 아픔들을 생각해 보시기 바랍니다. 하나님은 20 년 동안 야곱을 징계하고 계셨던 것입니다.

그 기간 동안 야곱만 참은 것이 아니라 하나님도 무던히 참으신 것입니다. 당장에 요절을 내실 수도 있었습니다. 그의 삶을 바꾸어 놓고 교정시키는 것이 당장에라도 가능함에도 불구하고 하나님은 20

년 동안 참고 계셨습니다. 그분은 모세에게도 40 년을 참으셨습니다. 요셉에게도 13 년을 참으셨습니다. 다윗에게도 21 년을 참으셨습니다. 이 인격적이신 하나님!

그분은 노예적인 항복을 원하시지 않기 때문에 그렇게 참으신 것입니다.

"네 손으로 자진해서 항복해. 나를 떠나 사는 삶이, 죄 짓고 사는 삶이 결코 행복은 아니야. 거기에 만족이 없어. 허무해."

그래서 20 년을 기다리셨던 이 하나님의 인내!

깨닫고 자신에게로 항복하고 나와서 새로운 관계를 맺는 그 삶을 위하여 그분이 기다리셨던 20 년간의 시간을 생각해 보시기 바랍니다. 이것은 징계였습니다.

둘째로, 하나님의 훈련입니다.

하란에서의 기간은 또한 하나님의 훈련 기간입니다. 야곱의 그 잘난 자존심을, 그 교만을 짓이겨 그를 새로운 사람으로 재창조하고 있는 이 하나님의 놀라운 손길을 주목해서 보시기 바랍니다.

야곱은 이제 변했습니까?

여기서 야곱보다 훨씬 교활했으며 속이는 데 있어서 한 수 위인 외삼촌에게서 그가 받아냈던 고백을 들어 보시기 바랍니다.

"라반이 그에게 이르되 여호와께서 너로 인하여 내게 복 주신 줄을 내가 깨달았노니 네가 나를 사랑스럽게 여기거든 유하라"(창 30:27).

야곱이 간다고 하니까 머물라고 권면하면서 라반이 말합니다.

"여호와께서 너로 인하여 복 주신 줄을 내가 깨달았다."

라반은 지금 야곱에게 "하나님이 너 때문에 나와 우리집을 축복하셨다는 사실을 내가 깨달았다"라고 말하는 것입니다. 이것을 보면 야곱은 분명 변한 삶을 산 것입니다. 그는 속임을 당하면서 이렇게 생각했는지 모릅니다.

'내가 당신과 같이 살지는 않는다.'

그는 이제 변하기 시작한 것입니다. 하나님을 신뢰했습니다. 주님을 의뢰하고 살아갑니다. 자기를 이용했던 이 외삼촌, 그 외삼촌의 입술을 통해서 받아내었던 이 간증을 들어보시기 바랍니다.

나와 피부를 맞대고 살아가는 나와 가장 가까운 사람에게 평가되는 내가 나의 진짜 모습입니다. 당신의 남편은 당신을 어떻게 평가합니까?
당신의 자녀는 당신을 어떻게 보고 있습니까?
당신의 부모는요?
한 지붕 아래서 모든 것을 드러내 놓고 사는 내 가장 가까운 식구들이 내 삶에 관해서, 내 신앙에 관하여 어떻게 말하고 있습니까?
그것이 진짜 나에 대한 평가입니다. 그리고 나를 미워한 사람들의 눈에 비친 나의 모습이 때때로 정확한 나의 모습일 수가 있습니다. 이를 악물고 내 약점을 잡고자 노리고 있는 내 원수들에게 보여지는 내 모습은 어떤 모습입니까?
여기 자기를 이용하고 누르고 있었던 사람에게서 야곱이 받아내었던 이 놀라운 고백을 들어 보십시오.
"내가 이만큼 사는 것은 너 때문이야. 너와 함께하신 하나님 때문이야. 너 때문에 하나님이 나를 축복하신 줄을 깨달았다."

당신은 당신을 이용하는 사람에게, 당신을 못살게 구는 사람에게, 당신에게 화살을 쏘고 있는 사람에게, 당신의 가슴에 상처를 내고 있는 사람에게 이런 고백과 항복을 받아내신 신앙의 이야기가 있습니까?
야곱은 외삼촌의 모습을 보면서 속임수 인생의 허구를 알았던 것입니다. 속임을 당하면서 그는 이제 서서히 변하기 시작한 것입니다. 의무를 다하고 성실과 근면으로 삶을 사는 새로운 인격으로 그는 변하고 있습니다. 이 거룩한 성결의 과정을 밟고 있는 야곱의 모습을 보십시오. 빠르지는 않았지만, 20년이란 긴 세월을 필요로 했지만 서서히 그는 변해가고 있습니다. 이 놀라운 모습을 지켜 보십시오.

그러나 이것을 단순한 야곱의 변화라고 설명하지 마십시오. 이 변화는 하나님의 사랑의 수고라고 불러야 옳습니다. 주께서 수고하신 것입니다. 한 사람을 변화시키기 위하여 20년을 참고 인내하시며 기회를 주시고 상황을 통해서 깨우치고 이끄신 하나님의 수고!
이 놀라운 사랑과 인내의 의미를 당신은 알고 계신지요?

② 징계의 교훈

이 말씀을 정리하기 위하여 히브리서 12장을 읽고 싶습니다. 그래서 하나님이 채찍을 들어 우리를 치시는, 때때로 내 삶 속에 갑자기 일어난 격랑과 폭풍을 통하여 나를 향해서 깨어 일어나도록 새로운 변화를 촉구하시는 이 하나님의 손길을 통해서 우리가 배워야 할 교훈이 무엇인지 생각해 보기로 하겠습니다.
"너희가 참음은 징계를 받기 위함이라 하나님이 아들과 같이 너희를 대우하시나니 어찌 아비가 징계하지 않는 아들이 있으리요 징계는 다 받는 것이거늘 너희에게 없으면 사생자요 참 아들이 아니니라 또 우리 육체의 아버지가 우리를 징계하여도 공경하였거든 하물며 모든 영의 아버지께 더욱 복종하여 살려 하지 않겠느냐 저희는 잠시 자기의 뜻대로 우리를 징계하였거니와 오직 하나님은 우리의 유익을 위하여 그의 거룩하심에 참예케 하시느니라 무릇 징계가 당시에는 즐거워 보이지 않고 슬퍼 보이나 후에 그로 말미암아 연달한 자에게는 의(義)의 평강한 열매를 맺나니 그러므로 피곤한 손과 연약한 무릎을 일으켜 세우고 너희 발을 위하여 곧은 길을 만들어 저는 다리로 하여금 어그러지지 않고 고침을 받게 하라"(히 12:7 ~ 13).

어떤 징계가 당시에 즐겁다는 말입니까?

주께서 나를 치실 때 그것은 아픔입니다. 그것은 고통입니다. 그것은 어두움입니다. 그러나 이 징계로 말미암아 교훈을 받고 깨달음을 받고 연단을 받은 사람들에게는 의의 평강한 열매가 맺힐 것입니다. "그러므로 피곤한 손과 연약한 무릎을 일으켜 세우라. 너희의 발을 위하여 곧은 길을 만들어, 굽게 살아왔던 그 길을 고치고 어그러지지 않게 새로운 삶을 시작하라. 새롭게 살아라. 정직하게 살아라. 당당하게 살아라. 하나님을 신뢰하고 살아라. 성령의 인도하심 속에 살아라."

잊지 마십시오. 당신의 삶 속에 하나님의 징계가 오더라도, 그것이 징계이든, 그것이 나를 향한 하나님의 훈련이든, 그것은 하나님의 사랑입니다. 자식을 포기할 때 우리는 더 이상 잔소리를 하지 않습니다. 그러나 사랑하고 있는 한 우리는 잔소리를 포기할 수 없습니다. 채찍을 포기할 수 없습니다. 사랑하기 때문에 그 허락하신 것을 다 이루기까지, 주께서 그에게 기대하시는 바를 다 이루기까지 그분은 당신을 포기하지 않으십니다. 그분은 당신을 버리지 않으실 것입니다. 그분은 당신을 아직도 기대하고 계십니다.

그러나 징계를 받고 일어서서 새롭게 삶을 사는 것보다는, 20년의 세월을 다 낭비하고 인생의 석양에 돌아오는 것보다는 지금 돌아오시는 것이 어떨까요?

20 년을 낭비하지 않는 것이 어떻겠습니까?

낭비하지 마십시오. 20 년의 길고 긴 이 시간을 낭비하지 마십시오. 주님께 끌려다니며 기회를 제공받으며 매맞고 그리고 다시 깨달음의 기회를 얻기 위하여 이 긴 세월을 당신은 낭비할 필요가 없습니다. 내가 주님 앞에 쓰임받으며 달라질 수 있는 이 삶의 영광, 이 삶의 아름다움, 이 삶의 놀라운 열매가 있음에도 불구하고 왜 세월을 낭비하려고 하십니까?

미리 스스로 돌아오시면 어떨까요?

그리고 그분이 내 삶의 주인이라는 사실을 지금 이 순간 고백하시면 어떨까요?

그분이 함께하시는 삶을 구체적으로 살면 어떨까요?

당신의 삶의 주인이 되기 위하여, 그래서 당신과 함께 다니며 당신을 하나님이 원하시는, 기대하시는 사람으로 만드시기 위하여, 이 하나님의 임재를 구체적으로 확실하게 하시기 위하여 하나님이 어떻게 함께하십니까?

　이것을 보여 주기 위하여 어느 날 하나님은 역사 속에 구체적인 인간의 모습으로 오기를 원하셨습니다. 그래서 그분은 인간의 육신을 취하고 이 땅에 오셨습니다. 하나님이 육신이 되셨습니다. 그것이 그리스도의 사건입니다. 그분이 태어나시기 앞서 천사는 그분의 탄생을 이렇게 예고합니다.

"보라 처녀가 잉태하여 아들을 낳을 것이요 그 이름은 「임마누엘」이라 하리라 하셨으니 이를 번역한즉 하나님이 우리와 함께 계시다 함이라"(마 1:23).

예수 그리스도로 말미암아 우리와 함께하시는 하나님. 예수께서 제자들과 함께하셨을 때에 사실은 하나님이 함께하고 계신 것입니다. 풍랑이 일고 있는 바다 위의 배를 그 주님과 같이 타고 있었을 때에 그들은 실상 하나님과 같이 가고 있었던 것입니다.

"하나님과 함께!"

당신은 이 삶을 아십니까?

하나님과 함께 풍랑이 일고 있는 바다를 건너가는 이 삶을 아십니까?

주님이 함께 하십니까?

하나님이 당신과 함께 하십니까?

이 하나님과 나 사이에 죄라는 장애물을 제거하시기 위하여 하나님은 육신의 모습을 입고 이 땅에 오시고, 십자가에 피 흘려 우리의 죄 값을 지불하시고, 하나님과 인간 사이에 중보자가 되시고, 그분을 받 아들이는 모든 사람 곁에 영원히 함께하실 것을 약속하셨습니다.

이 분을 아십니까? 이 분이 함께하는 이 삶을 당신은 참으로 아시는 지요?

4

브니엘에서의 사건

"이는 야곱의 생각에 내가 내 앞에 보내는 예물로 형의 감정을 푼 후에 대면하면 형이 혹시 나를 받으리라 함이었더라 그 예물은 그의 앞서 행하고 그는 무리 가운데서 경야하다가 밤에 일어나 두 아내와 두 여종과 열한 아들을 인도하여 얍복 나루를 건널새 그들을 인도하여 시내를 건네며 그 소유도 건네고 야곱은 홀로 남았더니 어떤 사람이 날이 새도록 야곱과 씨름하다가 그 사람이 자기가 야곱을 이기지 못함을 보고 야곱의 환도뼈를 치매 야곱의 환도뼈가 그 사람과 씨름할 때에 위골되었더라 … 그 사람이 가로되 네 이름을 다시는 야곱이라 부를 것이 아니요 이스라엘이라 부를 것이니 이는 네가 하나님과 사람으로 더불어 겨루어 이기었음이니라"(창 32 : 20~28).

브니엘의 사건은 야곱의 생애에 있어서 결정적인 전환기를 이루었던 사건이라고 할 수 있습니다. 그의 삶이 결정적으로 주님 앞에 바쳐지고 드려지는 한 전기가 되는 사건이 바로 브니엘의 체험입니다. 벧엘의 체험, 하란의 체험을 통해서 야곱은 자기의 삶 가운데 하나님의 임재를 처음으로 의식하기 시작했습니다. 다시 말하면 신앙의 눈을 뜨는 경험이 벧엘과 하란에서의 체험이었습니다. 그러나 신앙의 눈을 뜰 뿐만 아니라 결정적으로 그의 삶이 하나님 앞에 바쳐지는 전기가 되는 것이 이 브니엘의 사건을 통해서입니다.

1. 귀향을 준비하는 야곱

드디어 외삼촌 라반의 집에서 20 년간의 삶을 청산하고 야곱은 고향으로 돌아가기를 결심합니다. 말하자면 지금은 이민 생활 20 년만에 드디어 다시 귀국길에 오르게 되는 사건입니다. 그러나 야곱이 집에 돌아가는 것을 생각할 때에 누구를 만날 일이 제일 걱정이 되겠습니까?

형 에서를 만날 일이 제일 걱정입니다. 어떻게 형의 얼굴을 대할 수 있을지 이것이 야곱의 커다란 고민이었습니다. 형이 아직도 복수의 칼을 들고 자기의 목숨을 노리고 있을 것이라고 생각하고 있었기 때문입니다.

창세기 32 장 13 절 이하에서 이제 돌아오는 야곱의 모습을 지켜 보시기 바랍니다.

"야곱이 거기서 경야하고 그 소유 중에서 형 에서를 위하여 예물을 택하니"(창 32:13).

고향에 돌아가는데 아무래도 형의 마음을 돌리기 위해서는 그냥 형을 만날 수 없다고 생각합니다. 그래서 예물을 준비합니다. 예물이라

고 했습니다만 정확하게 말하면 예물이 아니라 「뇌물」입니다. 이 뇌
물의 목록이 상당히 깁니다. 그만큼 야곱이 두려워하고 있다는 사실
을 보여 줍니다.

"암염소가 이백이요 숫염소가 이십이요 암양이 이백이요 숫양이 이
십이요 젖 나는 약대 삼십과 그 새끼요 암소가 사십이요 황소가 열이
요 암나귀가 이십이요 그 새끼나귀가 열이라 그것을 각각 떼로 나눠
종들의 손에 맡기고 그 종들에게 이르되 나보다 앞서 건너가서 각 떼
로 상거가 뜨게 하라 하고"(창 32:14 ~ 16).

이것은 야곱이 이제 하나님에 대해서 눈을 뜬 것은 사실이지만 아직
도 성결의 길에 있어서는 가야 할 먼 길이 있음을 보여 주는 한 사건
입니다. 자기의 마음 속에 있는 두려움을 처리하지 못하고 또 하나님
을 온전히 신뢰하지 못하는, 아직까지도 인간적인 의도가 야곱의 의
식의 밑바탕에 깔려 있는 것을 우리는 여기에서 발견할 수 있습니다.

33 장 1 절 이하를 보면 더욱 이 야곱의 인간됨을 실감할 수 있습
니다.

"야곱이 눈을 들어 보니 에서가 사백 인을 거느리고 오는지라 그 자
식들을 나누어 레아와 라헬과 두 여종에게 맡기고 여종과 그 자식들
은 앞에 두고 레아와 그 자식들은 다음에 두고 라헬과 요셉은 뒤에
두고"(창 33:1,2).

그러니까 소대 편성을 하는 것입니다. 자기 식구들과 가솔들과 재산
인 짐승들과 그리고 예물들을 몇 소대로 나누어서 이렇게 편성을 했
습니다. 우리는 여기에서 다시 한 번 야곱의 독특한 성격을 확인하게
됩니다. 그러니까 형님이 공격을 해 올 경우를 대비하는 것입니다.
그래서 부인들 가운데에서도 종을 가장 앞에 두고, 그 뒤로 레아를
두었습니다. 레아는 야곱이 진정으로 마음을 두었던 여인이 아니었
습니다. 그래서 사랑하는 라헬과 요셉을 맨 뒤에 두었습니다. 그러니
까 레아를 잃을지언정 라헬은 최후까지 보호하겠다는 이 지극히 인

간적인 발상을 여기서 보게 됩니다. 야곱은 아직 덜 변한 것입니다. 아직도 가야 할 성결에의 먼 길이 남아 있는 것입니다. 이렇게 하면서 돌아오는 것입니다.

하나님은 이 기회를 포착하셨습니다. 이때야말로 야곱의 삶을 결정적으로 뒤바꿀 절호의 기회라고 하나님은 생각하셨을 것입니다. 그래서 야곱의 삶을 바꾸고 그가 하나님을 의지하고 신뢰하는 삶을 살아가도록 결정적인 전기를 마련해 주시는 하나님의 무대가 바로 이 브니엘의 무대 혹은 얍복 나루터라고 말할 수 있습니다. 이 변화의 체험에 있어서 세 가지의 중요한 요소가 있는 것을 우리가 발견하게 됩니다.

① 하나님은 야곱이 홀로 있는 순간을 포착해서 그를 변화시키십니다

소대들을 다 앞서 보내 놓고 그 밤중에 야곱은 고민하기 시작합니다. "밤에 일어나 두 아내와 두 여종과 열한 아들을 인도하여 얍복 나루를 건널새 그들을 인도하여 시내를 건네며 그 소유도 건네고 야곱은 홀로 남았더니…"(창 32:22~24).
야곱이 홀로 있는 순간에 하나님이 야곱을 만나기로 결심하신 것입니다. 이 홀로 있는 삶의 자리야말로 하나님을 만날 수 있는 그리고 삶의 변화를 체험할 수 있는 가장 좋은 자리입니다.

영어에서 이 "홀로 있다"는 말을 "고독"이라는 말로 설명하기도 합니다만, 그냥 감상적인 고독을 의미하는 "loneliness"와는 다른 "solitude"를 씁니다. 이 단어는 다른 누구를 의식할 필요없이 자기 자신을 성찰할 수 있는 삶의 자리를 의미합니다. 이것은 내가 어떤 사람인가를 솔직하게 볼 수 있는, 그 누구를 의식할 필요없이 적나라하게 자기 자신을 볼 수 있는 삶의 자리입니다. 그런 의미의 고독이, 이 실존적인 삶의 자리가 인간에게 필요한 것입니다.

사람이란 홀로 있는 순간에 가장 정직한 자기의 모습을 나타내고, 또 볼 수 있습니다. 많은 무리 중에 있을 때에 사람은 다소간 자기 가면을 쓰기 마련입니다. 다른 사람을 의식한다면 우리는 자기 자신을 꾸미는 연극을 어느 정도는 하지 않을 수 없기 때문입니다. 그러나 그 누구도 의식할 필요가 없는 홀로 있는 순간이야말로 가장 정직하게 자기 자신의 모습을 꿰뚫어 볼 수 있는 순간입니다.

신앙 생활에서 경건의 시간을 자꾸 강조하는 이유도 그런 시간에 인간은 가장 정직하고 진실하게 하나님을 만날 수 있기 때문입니다. 그런 의미에서 공중예배만을 가지고 신앙이 자랄 수는 없습니다. 개인적으로 하나님과의 만남의 시간에 가장 정직하게 자신을 드러내 놓고 기도하고 또 성경을 통해서 하나님의 음성을 들을 수가 있기 때문입니다. 이런 순간에 우리는 가면을 벗습니다. 그리고 정직하게 하나님을 바라볼 수 있습니다. 하나님은 바로 그런 기회를 포착하시고 야곱에게 다가오시는 것입니다.

돌아온 탕자의 비유에서도 탕자가 결정적으로 돌아오게 되는 순간을 묘사하는 성경의 표현 가운데 이런 표현이 있습니다.
"이에 스스로 돌이켜"(눅 15:17).
그러나 영어 성경을 보시면 이렇게 기록되어 있습니다.
"He came to himself."
이것을 보다 자세하게 번역하면 이렇습니다.
"자기 자신에게로 돌아왔다, 스스로에게로 돌아왔다."
사람들과 어울려 흥청거리며 술집을 전전할 때는 사실은 자신을 망각하고 있는 때입니다. 그 쾌락 속에, 그 분위기 속에서 자기 자신을 망각하고 있는 때입니다. 그러다가 술친구가 떠나고 물질이 다 떨어지고 자기를 위로하던 장난감 같은 외부적인 모든 것들이 사라진 이 철저한 고독의 자리에서 탕자는 처음으로 벌거벗은 자기 자신의 삶의 자리로 돌아옵니다.

"이에 스스로 돌이켜."

그때부터 달라지는 것입니다. 하나님이 야곱을 변화시키기 위해서
이 순간을 포착하신 것은 아주 놀라운 사실입니다. 그분은 야곱을 홀
로 있게 하셨습니다.

② 하나님은 야곱 자신의 한계를 철저하게 인식시키십니다

야곱은 홀로 그 밤에 무엇을 하고 있었겠습니까?

야곱이 기도하고 있었다고 착각하지 마십시오. 저는 그가 아직 그 정
도 수준까지 도달하지 못했으리라고 생각합니다. 그러면 그는 그 밤
에 무엇을 하고 있었을까요?

아마 십중팔구는 형을 만날 생각 때문에 초조와 불안에 떨며 고민하
고 있었을 것입니다.

　그 밤은 캄캄한 밤이었을 것입니다. 별 하나 없는 아주 캄캄한 밤
이었을 것입니다.

　"야곱은 홀로 남았더니 어떤 사람이 날이 새도록 야곱과 씨름하다가"
(창 32:24).

홀로 남았는데 그 밤중에 갑자기 누군가가 야곱을 치고 들어온 것입
니다.

'드디어 왔구나. 나를 죽이려고 형이 자객을 보냈구나.'

그래서 야곱이 본능적으로 자기의 목숨을 보존하기 위해서 사력을
다한 싸움을 합니다. 성경에는 그렇게 추측하도록 되어 있습니다. 그
러나 실상 그는 누구였습니까?

이 "어떤 사람"은 누구였습니까?

하나님이십니다.

　보통 우리가 볼 때 이 "어떤 사람"에 관한 두 가지의 해석이 가능

합니다.

첫째로, 그는 **"하나님이 보내신 천사"**라고 해석합니다.

둘째로, 그는 **"성육신 이전의 그리스도"**라고 해석합니다.

그러나 어찌되었건 확실한 것은 그는 "하나님 자신의 간섭에 의해 나타난 존재"라는 것입니다. 그러므로 그 "어떤 사람"은 간접적으로 "하나님"이라고 말할 수 있습니다.

그러나 야곱이 처음부터 "어떤 사람"을 하나님으로 인식한 것은 아닙니다. 그는 지금 본능적으로 자기 목숨을 보존하기 위한 싸움을 벌이고 있는 것입니다. 우리는 대개 이 사건을 연상할 때 처음부터 야곱이 "어떤 사람"이 하나님이신 줄을 알았고 그래서 하나님의 옷자락을 붙들고 늘어져서 축복을 받아낸 사건이라고 생각합니다. 그러나 이것은 축복받는 사건과는 전혀 상관이 없는 사건입니다.

싸움이 계속됩니다.

"그 사람이 자기가 야곱을 이기지 못함을 보고 야곱의 환도뼈를 치매 야곱의 환도뼈가 그 사람과 씨름할 때에 위골되었더라"(창 32:25). 우리는 이 첫부분의 표현만을 보고 야곱이 이 싸움에서 승리했다고 보통 말합니다. 그러나 승리한 것이 아닙니다. 그만큼 야곱이 결사적인 몸부림을 쳤다는 이야기입니다. 그러니까 보통의 힘으로는 이 야곱을 때려 눕힐 수가 없다고 생각한 그분이 마침내 야곱의 환도뼈를 쳐서 야곱을 쓰러뜨리시는 장면입니다. 이것은 야곱이 승리한 사건이 아닙니다. 그분의 승리입니다. 그러나 그분의 단순한 승리가 아닙니다. 바로 이 순간을 포착하여 야곱을 변화시키기 위한 하나님의 놀라운 간섭입니다.

영어 성경에 보면 야곱의 환도뼈가 위골된 것을 "hip"(엉덩이)의 "joint"(관절)가 나갔다고 기록되어 있습니다. 가장 중요한 부분이 그렇게 되었는데 어떻게 그가 힘을 쓸 수가 있겠습니까?

그래서 형편없이 나가 쓰러지고 맙니다. 다시 언급하겠습니다만 바로 이 순간 아마도 야곱은 자기를 치고 들어온 "어떤 사람"이 에서가 보낸 자객이 아니라 하나님이라는 사실을 결정적으로 알아차렸을 것입니다. 야곱의 장점 가운데 하나는 상황에 아주 민감하다는 사실입니다. 어떻게 하나님인 줄을 알았을까요?

이 싸운 상대방에게 야곱이 나중에 통성명을 요청합니다.

"야곱이 청하여 가로되 당신의 이름을 고하소서"(창 32:29).

그런데 그분이 이름을 말하지 않습니다.

"어찌 내 이름을 묻느냐?"

이 표현을 제 마음대로 바꾼다면 이렇습니다.

"어찌 감히 내 이름을 묻느냐?"

그분의 이름에 대한 언급이 전혀 없습니다. 그러나 우리는 그 다음의 말씀에서 야곱이 그분의 이름을 몰라서 물은 것이 아니라 이미 알고 짐작했지만 확인하고자 한 질문이었다는 사실을 알 수 있습니다.

"그러므로 야곱이 그곳 이름을 「브니엘」이라 하였으니 그가 이르기를 내가 하나님과 대면하여 보았으나 내 생명이 보전되었다 함이더라"(창 32:30).

『브니엘』이라는 말의 뜻은 "하나님의 얼굴"입니다. 그는 하나님을 만난 것을 분명히 알았습니다.

"그런데 왜 하나님께서 야곱을 때려 눕히시는 과정이 필요했을까요?"

우리는 이러한 질문을 할 수 있습니다. 지금까지의 야곱의 삶을 분석하면, 그가 그토록 하나님을 믿으면서도 사기치고 거짓말하는 지극히 육신적인 삶을 산 원인 중의 하나는 자기를 과신했기 때문입니다. 자기의 한계를 몰랐기 때문입니다.

'내가 하면 안 될 일이 없다.'

야곱은 자기의 한계를 모르고 있었습니다. 사실 지금까지의 야곱의

삶을 보십시오. 그가 한번 마음 먹으면 안 된 일이 없었습니다. 치사
하기는 했지만 기어이 그는 장자의 권한도 얻어 냈습니다. 아버지의
축복도 독차지해버렸습니다. 마음에 둔 여인도 끝까지 참아서 결국
에는 아내로 맞이했습니다. 목표를 한번 정해 놓으면 그 목표를 향해
서 물러설 줄을 모르는 이 사람 야곱. 그는 삶의 패배를 몰랐습니다.
'내가 마음만 먹으면 무엇이든지 된다.'

그런데 바로 이것 때문에 야곱은 그의 삶을 수단과 방법을 가리지 않
는, 오직 목적만을 관철시키는 삶으로 만들고 있었습니다.

　안 된다고 생각하면 아예 포기했을 텐데 무슨 수를 써서든지 목적
을 달성해야겠다는 생각 때문에 야곱은 '내가 어떻게 하면 그리스도
인답게 사는가, 어떤 삶이 하나님의 자녀답게 사는 삶인가'라는 질문
을 하지 않았습니다. 그 목표를 달성하기 위하여는 마음대로 살고 심
지어 죄를 지어도 된다는 의식이 그의 마음 깊은 곳에 뿌리 박혀 있
었습니다. 야곱은 자기 한계에 대해서 깨닫고 무너질 필요가 있었던
사람입니다.

　드디어 하나님이 그를 때려 눕히십니다. 쓰러지는 순간 야곱이 생
각한 것은 '내 인생은 끝났구나'라는 것밖에 더 있겠습니까?

　여기서 우리는 한 가지 사실을 알아야 합니다. **내가 무엇을 할 수**
있다는 그 생각 때문에 내 삶이 하나님에게서 멀어지고 있다면 할 수 있
다는 나의 능력 자체가 결코 축복이 아니라는 것입니다. 내가 건강하기
때문에 하나님이 필요없다고 생각한다면 그 건강은 오히려 저주일
수 있습니다. 내 주머니에 돈이 많기 때문에 하나님 없이도 살 수 있
다는 생각을 한다면 돈은 그에게 저주일 수 있습니다. 내가 젊다는
사실이 나를 자만에 빠지게 하고 그래서 하나님 없이 살 수 있다는
생각을 하게 한다면 그 젊음은 저주입니다. 내가 가지고 있는 뛰어난
지성과 능력 때문에 이것만으로도 삶을 충분히 살아갈 수 있다는 생

각을 한다면 그 지성과 능력은 저주입니다. 결코 축복이 되지 못합니다.

그러나 내가 무식하기 때문에 나는 하나님 없이 못 산다고 주님을 의지한다면 그 무식은 축복일 수 있습니다. 우리는 축복에 대한 관점을 바꾸어야 합니다.

자기 한계, 이 결정적인 한순간의 체험을 통해서 하나님은 야곱으로 하여금 자기의 한계를 철저하게 인식하도록 하셨습니다.

"아, 나는 끝났구나!"

이 체험이 우리에게 필요합니다. 그러나 거기에서 끝나면 안 됩니다.

③ 하나님은 야곱으로 하여금 하나님을 의뢰하게 하십니다

참으로 하나님을 신뢰하게 하십니다. 내가 끝났다고 생각하니까 그 다음에 의지할 분은 하나님밖에 없습니다. 자기를 치고 들어온 분, 이것이 하나님의 임재라는 사실을 깨닫는 그 순간 야곱은 이제 하나님밖에 의지할 도리가 없습니다. 그러니까 그 하나님을 붙드는 것입니다. 우리는 이 사건을 연상할 때 보통 어떻게 연상합니까?

'야곱이 펄펄 뛰는 정열과 힘을 가지고 붙들고 늘어져서 기어이 하나님에게 축복을 받아내었다.'

저는 그렇게 생각하지 않습니다. 이때 야곱에게 무슨 힘이 있었겠습니까?

환도뼈가 위골되었는데 무슨 힘이 있었겠습니까?

그분의 옷자락을 붙들었을 때 그것은 힘 없는 붙잡음이었을 것입니다.

그러나 그것은 마음으로 간절한 붙잡음이었을 것입니다.

"당신 없이는 못 살아요. 주님이 없이는 못 살아요."

여기까지 와야 합니다. 당신의 삶이 이 단계까지 오셨습니까?

"당신의 축복이 없이는 살 수가 없습니다. 당신을 의지합니다."
하나님은 이 경험 앞에 야곱을 세우신 것입니다. 이 경험이 올 때 삶
이 변화합니다. 참으로 하나님을 의지하기 시작합니다.

2. 야곱의 새 이름 — "이스라엘"

그랬더니 드디어 하나님이 야곱에게 어떻게 말씀하십니까?
"그 사람이 그에게 이르되 네 이름이 무엇이냐 그가 가로되 「야곱」이
니이다"(창 32:27).
이제 그분도 야곱의 이름을 묻습니다. 사실은 그분이 먼저 이름을 물
으신 것입니다.
"네 이름이 무엇이냐?"
하나님이 야곱의 이름을 몰라서 물으셨겠습니까?
아니지요. **이것은 이름을 통해서 야곱의 정체를 폭로해 주시는 순간입
니다.**

한국 사람 못지 않게 이스라엘 사람들은 이름에 대한 집착이 아주
강합니다. 제 이름도 제 아버지께서 당시에 이름을 제일 잘 짓는다는
사람에게 가서 상당한 돈을 지불하고 얻어낸 이름입니다. 동녘 "동"
(東)에 으뜸 "원"(元)이라 해서 "동쪽에서 제일 잘난 사람"이라는 뜻
입니다. 그런데 이스라엘 사람들은 살아가다가 그 이름이 자기의 삶
과 맞지 않는다고 생각하면 중간에 이름을 바꿉니다. 그만큼 그들에
게 이름은 그 사람의 삶 자체이어야 합니다.
"야곱"이라는 이 사람의 이름이 그의 생애 전체를 얼마나 상징적으
로 설명합니까?
그 뜻은 "발꿈치를 붙들었다", 즉 "빼앗는 자"라는 뜻입니다. 야곱
은 지금까지 얼마나 철저하게 움켜잡고 빼앗는 삶을 위해서 달려왔
던 사람입니까?

목표를 관철시키기 위하여, 재물을 손에 넣기 위하여, 권력을 손에 넣기 위하여, 여인을 손에 넣기 위하여 빼앗는 삶에 자기의 전체를 바쳐왔던 이 야곱입니다.

"네 이름이 무엇이냐?"

『제 이름은 야곱입니다.』

자기의 이름을 고백하는 그 순간 그는 자기의 삶에 대한 실상을 적나라하게 대면했을 것입니다.

그런데 그 사람이 다시 이렇게 말합니다.

"네 이름을 다시는 야곱이라 부를 것이 아니요 「이스라엘」이라 부를 것이니 이는 네가 하나님과 사람으로 더불어 겨루어 이기었음이니라"(창 32:28).

"너는 이제는 야곱이 아니야. 약탈자가 아니야. 더 이상 빼앗는 자가 아니야. 너의 한계를 알고 네가 나를 의지한다고? 오냐. 내가 다스리마, 내가 통치하마."

우리가 자신을 주 앞에 맡기지 않을 때 주님이 어떻게 우리를 다스리시겠습니까?

참으로 주님을 신뢰하십니까?

주님을 의지하십니까?

오늘 하루의 삶을 주님을 신뢰함으로 살아가십니까?

주님께 맡기십시오.

이제 하나님을 신뢰하기 시작하는 이 사람에게 새로운 삶의 상징으로 새로운 이름이 주어집니다.

"네 이름을 이스라엘이라 하라."

이 사람의 이름에서부터 "이스라엘 민족"이라는 이름이 생겨난 것입니다. 이 순간이 야곱의 삶 가운데서 진정한 의미에서의 하나님의 지배를 받는 삶이 시작되는 순간입니다.

묻습니다.

당신은 하나님의 지배를 받습니까?

이 말이 공허하게 들리시는 분은 아직 야곱의 이 단계까지 오지 못한 분이십니다.

"하나님이 나의 삶을 다스리십니다. 그분이 나의 통치자이십니다."

이 순간이 야곱에게 온 것입니다. 이 놀라운 순간 앞에 그는 "하나님을 대면한 장소"라고 해서 그렇게 불렀습니다. 야곱은 그 장소의 이름을 『브니엘』이라고 불렀습니다.

3. 환도뼈로 인해 저는 야곱

이렇게 싸움이 끝나자마자 새벽이 밝아옵ㄱ다. 아주 아름다운 장면입니다.

"그가 브니엘을 지날 때에 해가 돋았고…"(창 32:31).

야곱을 변화시키는 하나님이 걸어왔던 이 싸움이 끝나자마자 새벽이 밝아옵니다.

계속되는 말씀을 보십시오.

"…그 환도뼈로 인하여 절었더라."

자기 몸에 상처가 남아 있습니다. 하나님이 치신 상처가 남아 있습니다. 그러나 저는 이 상처를 "상처"라기 보다는 "훈장"이라고 부르고 싶습니다. 나를 변화시키기 위해서 주께서 내게 주신 흔적, 이것을 하나님의 훈장이라고 부르고 싶습니다.

오래 전에 이 말씀을 묵상하다가 이렇게 연상해 보았습니다. 이 떠나는 장면이 얼마나 아름다운 장면입니까?

야곱이 절면서 이 얍복강의 나루터를 떠나면서 무슨 말을 했을까요?

밝아오는 찬란한 새로운 새벽에 하나님을 만나고 주님의 지배를 받

으면서 새로운 삶을 시작하기 위해서 얍복의 나루터를 떠나가면서
야곱이 무엇이라고 말했을까요?

그 찬란한 새벽에 비록 다리는 절지만 이렇게 말했을 것입니다.

"하나님, 알았어요. 잘 치셨어요. 그냥 놓아두셨다면 제 마음대로 살
았을거예요. 내가 비록 절지만 이것은 나의 훈장입니다. 나의 영광입
니다. 하나님, 나를 잘 쳐 주셨습니다."

얍복 나루터의 영광스러운 새벽을 당신은 아십니까?

당신의 삶 가운데 이 시점에 도달했던 체험이 있습니까?

이것이 브니엘에서의 야곱입니다.

4. 에서와의 만남과 화해

조금 더 여행을 계속하겠습니다. 이제 우리는 다시 벧엘에서 야곱을
만나게 될 것입니다. 분명히 이 브니엘의 체험을 통해서 야곱은 하나
님이 지배해 주시는 삶의 중요성을 알았습니다. 그리고 참으로 주님
이 없이는 살 수 없다는 사실도 알았고, 하나님을 의지하는 삶의 교
훈도 확실하게 배웠습니다.

그러나 이 경험이 하루 아침에 야곱을 성자(聖者)같이 만든 것은
아닙니다. 우리도 압니다. 우리 가운데 어떤 사람은 어떤 한 집회가
브니엘이 되었을 것입니다. 그러나 압니다. 당신도 알고 저도 알고
우리 모두가 압니다. 그렇다고 내일부터 그가 성자가 되지는 않을 것
이라는 사실을 압니다. 여전히 넘어짐이 있을 것입니다. 패배도 있을
것입니다. 그러나 우리의 삶은 서서히 이 사건을 기점으로 계속 성결
의 길을 향해서 상승하게 될 것입니다.

이 브니엘 이후에도 야곱은 몇 번 더 휘청거립니다. 그의 휘청거리
는 그 몇 번의 실패를 통해서 우리는 참 인간의 나약성, 이 놀라운 체
험에도 불구하고 인간이 얼마나 나약한가 하는 사실을 깨닫게 될 것

입니다. 여전히 야곱은 인간입니다. 그러기에 다시 삶의 자리에서 실수를 계속하고 있는 모습을 보입니다.

주님 앞에 헌신했다고 해서 그날부터 모든 것이 달라진다고 너무 쉽게 낙관하지 마십시오. 미리 경고를 드립니다. 당신의 삶이 달라진 것은 사실입니다. 이것은 귀중한 체험입니다. 그러나 너무 쉽게 낙관하지는 마십시다. 왜냐하면 당신은 아직도 인간이기 때문입니다. 사단은 아직도 우는 사자 같이 두루 다니며 삼킬 자를 찾고 있기 때문입니다. 더욱 조심하여 우리는 새로운 삶의 길을 계속 걸어야 합니다.

"야곱이 눈을 들어 보니 에서가 사백 인을 거느리고 오는지라 그 자식들을 나누어 레아와 라헬과 두 여종에게 맡기고"(창 33:1). 그러니까 이것은 전에 처음 돌아올 때의 그 행렬이 아닙니다. 이것은 브니엘 이후에 형 에서를 만나러 갈 때 그가 다시 취한 조처입니다. 이렇게 하나님을 신뢰하면서도 여전히 레아와 라헬을 나누어 두고 걸어가는 행진을 보면 아직도 그는 두려워하고 있는 것입니다. 여기서 우리는 야곱이 별 수 없는 인간이라는 사실을 다시 확인하는 것입니다. 아직도 해방되지 못한 두려움, 그것은 그가 주를 신뢰하되 온전히 더욱 깊이 신뢰하지 못했기 때문입니다.

그 다음을 보십시오.
"청컨대 내 주는 종보다 앞서 가소서 나는 앞에 가는 짐승과 자식의 행보대로 천천히 인도하여 세일로 가서 내 주께 나아가리이다"(창 33:14).
야곱이 드디어 에서를 만났습니다. 만났는데 에서가 그를 죽이려고 했습니까?
아닙니다. 뜻밖에 그는 관용과 용납의 태도로 자기 동생을 끌어안습니다. 이것은 웬 변화입니까?

하나님이 이미 그렇게 준비해 두셨던 것입니다. 사람의 마음이 하나님께 달려 있지 않습니까?

잠언 기자는 이렇게 말합니다.

"왕의 마음이 여호와의 손에 있음이 마치 보의 물과 같아서 그가 임의로 인도하시느니라"(잠 21:1).

주께서 사람들의 마음을 좌지우지하시는 것이 아닙니까?

사람의 마음이 하나님께 달려있는 것이 아닙니까?

야곱이 먼저 형의 마음을 변화시켜 놓고 그로 하여금 동생을 끌어안게 만드시는 이 하나님의 섭리와 주권을 온전히 신뢰했었더라면 그의 발걸음은 얼마나 더 가볍고 자유로운 날개 달린 걸음이었겠습니까?

5. 세일로 가는 야곱

이렇게 형님을 감격적으로 만났는데, 그러나 이 장면이 계속되면서 우리가 잊지 말아야 할 사실이 하나 있습니다. 전에 벧엘의 들판에서 하나님의 음성을 들었을 때, 그때 하나님은 야곱에게 어떻게 말씀하셨습니까?

"벧엘로 다시 돌아와야 한다"고 하셨습니다.

"내가 너와 함께 있어 네가 어디로 가든지 너를 지키며 너를 이끌어 **이 땅으로 돌아오게 할지라** 내가 네게 허락한 것을 다 이루기까지 너를 떠나지 아니하리라 하신지라"(창 28:15).

벧엘의 들판에서 그 사닥다리 위에 계신 하나님을 만났을 때에 하나님께서 하신 말씀입니다. 그 땅이 바로 "벧엘"입니다.

그래서 이 말씀을 듣고 야곱이 어떤 약속까지 했습니까?

"네, 주님. 제가 여기에 예배당을 짓겠습니다."

그런 약속까지 했습니다. 그 야곱이 이제 고향으로 돌아온 것입니다. 형도 만났고 화목하게도 되었습니다.

그런데 하나님의 이 말씀을 기억하고 있다면 야곱은 곧장 어떤 행동을 취해야 합니까?
다시 돌아가야 합니다. 벧엘로 다시 가야 하는 것입니다. 그리고 약속을 지켜야 합니다. 그런데 이것이 어찌된 일입니까?

이제 계속되는 사건을 보십시오.
"제가 형님을 「세일」이라는 곳에서 만나겠습니다."
벧엘로 가야 한다는 그 생각이 어디로 사라졌는지 모르겠습니다. 그는 이때 에서에게 이런 말을 하지 않았습니다.
"형님, 제가 하나님의 인도를 따라 여기까지 왔습니다. 그리고 하나님이 내게 말씀하셨기에 이제 나는 벧엘로 가야 합니다."
이런 정직한 고백이 완전히 생략되고 있습니다. 다소간 아직 형을 온전히 신뢰하지 못하고 있는 것입니다.
'형이 언제 마음이 변할지 모른다.'
그래서 아마 도망갈 궁리를 하고 있었을지도 모릅니다.
세일로 가는 야곱, 여기 온전히 신뢰하지 못하고 반신반의 두려워하여 절름거리는 신앙의 걸음을 계속하고 있는 야곱의 모습을 보십시오.
아! 인간은 이렇게도 연약하다는 말입니까?
그렇습니다. 그것이 바로 당신입니다. 그것이 나일 수 있습니다. 이 얼굴을 보셔야 합니다.

6. 숙곳에 이르는 야곱

"야곱은 숙곳에 이르러 자기를 위하여 집을 짓고 짐승을 위하여 우릿간을 지은고로 그 땅 이름을 「숙곳」이라 부르더라"(창 33:17).
지금 야곱은 어디로 가야 합니까?
벧엘로 가야 하는 것입니다. 그런데 이번에는 "숙곳"이라는 장소에다 집을 짓기 시작합니다. 그는 벧엘로 가야 한다는 생각을 점점 망각하고 있는지도 모릅니다.

"에이 고향에 왔는데 여기 있어야겠다."

아니 그는 주의 음성을 듣지 못했다는 말입니까?

"너는 이곳으로 와야 한다. 이 벧엘에서 나의 일을 해야 한다."

그러나 고향으로 돌아온 이 야곱은 여기에서 집 짓고 편안하게 살고 싶은, 지극히 인간적인 본능에 따라 행동합니다.

그뿐만이 아닙니다.

"야곱이 밧단아람에서부터 평안히 가나안 땅 세겜 성에 이르러 성 앞에 그 장막을 치고 그 장막 친 밭을 세겜의 아비 하몰의 아들들의 손에서 은 일백 개로 사고 거기 단을 쌓고 그 이름을 「엘엘로헤이스라엘」이라 하였더라"(창 33:18 ~ 20).

거기에서 그는 지금 무엇을 하고 있는 것입니까?

「부동산 투기」를 하고 있는 것입니다. 그는 이제 평안을 즐기기 시작합니다. 여기가 너무 좋은 것입니다. 장사해서 더 벌고 싶은 것입니다. 그러면 어제의 서원은 어디로 갔습니까?

"저는 반드시 이 땅으로 돌아올 것입니다. 그리고 주님을 위해서 살 것입니다. 십일조도 드리고 교회당도 짓고 그렇게 하나님의 영광을 위해서 살 것입니다."

이 결심은 어디로 갔습니까?

그는 점점 이 세상을 즐기기 시작합니다. 그래서 서서히 하나님을 향한 서원과 결심에서 멀어져갑니다.

오, 브니엘이여!

야곱에게 브니엘의 체험은 무엇 때문에 있었습니까?

그곳에서 그는 결정적으로 살아계신 하나님을 체험했으며, 자기의 한계를 알았으며, 하나님을 의지하고 살아야 하는 「주님 신뢰의 삶」의 중요성을 깨달았습니다. 그런데도 다시 후퇴하기 시작하는 야곱

의 모습을 보십시오. 이 약해진 야곱의 모습을 보십시오. 그는 벧엘
로 가야 합니다. 그러나 그는 지금 그의 편리를 즐기면서 하나님을
서서히 망각해 가고 있는 것입니다.

이에 하나님은 또 한 번 손을 대기로 결심하십니다.
그것이 창세기 34 장입니다.

7. 디나의 사건

"할 수 없다" 하시면서 하나님이 개입하십니다.
34 장이 열리면서 무대의 장면은 완전히 뒤바뀌기 시작합니다. 이상
한 사건이 하나 일어납니다.
"레아가 야곱에게 낳은 딸 디나가 그 땅 여자를 보러 나갔더니 히위
족속 중 하몰의 아들 그 땅 추장 세겜이 그를 보고 끌어들여 강간하
여 욕되게 하고"(창 34:1,2).
자기의 딸이 강간당합니다. 고향에 돌아온 사명을 망각하고, 하나님
의 부르심을 망각하고 편안하게 안주하려고 했던 어느 날 내 삶을 뒤
집는 폭풍우가 일어나기 시작합니다.
만약 이 편리가 좋아서, 이 부(富)를 즐기는 재미가 좋아서 하나님
에게서 멀어져 가며 나를 향한 주님의 부르심을 망각한다면, 우리 삶
의 장(場)에 하나님이 한순간 이런 폭풍우를 몰고 오실 수 있다는 사
실 앞에 우리의 영혼은 깨어야 합니다. 공갈이 아닙니다. 이것은 정
당한 간섭입니다. 이것이 야곱이 주는 교훈입니다.

그런데 이 34 장을 읽으면서 저는 정말 "오 인간이여 ! 인간이
여 !"라고 외칠 수밖에 없었습니다.
'빨리 회개해야지. 아, 내가 주의 명령을 망각하고 살았기 때문에 이
어려움을 주시는구나. 회개해야지. '

그러나 야곱은 회개는 커녕 인간적인 방법으로 이 사건을 수습하려고 몸부림을 치다가 「수습 불가능」이라는 결론 앞에 도달했습니다.

그 순간 드디어 하나님의 음성이 다시 들려옵니다. 스스로 깨닫기를 바랬지만 깨닫지 못하는 이 야곱에게 다시 한 번 주의 음성이 터집니다.

"하나님이 야곱에게 이르시되 일어나 벧엘로 올라가서 거기 거하며 네가 네 형 에서의 낯을 피하여 도망하던 때에 네게 나타났던 하나님께 거기서 단을 쌓으라 하신지라"(창 35:1).

"돌아가라, 벧엘로! 사명을 받았던 그 장소로 돌아가라. 멧세지를 받았던 그 장소로 돌아가라. 네 삶을 드려 주를 위해서 살겠다고 결심했던 그 결심의 벧엘로 다시 돌아가라. 그리고 이제는 정말 멋지게 살아야 하느니라. 그 사명을 위해서 살아야 하느니라. 보았지? 이 명령 앞에 순종하지 않을 때 네 삶 속에 있었던 이 사건을 보았지? 이것은 너를 깨우는 나의 가벼운 채찍이니라. 벧엘로 돌아가라."

그리하여 다시 벧엘로 가는 야곱의 모습을 봅니다. 여기서부터 야곱은 본격적으로 달라집니다. 야곱은 이제 진정한 성숙을 경험합니다. 그는 거룩해집니다. 하나님의 사람답게, 다시는 결정적 실수가 없는 성숙된 삶의 새로운 페이지로 돌아갑니다.

5

벧엘 이후의 야곱

"하나님이 야곱에게 이르시되 일어나 벧엘로 올라가서 거기 거하며 네가 네 형 에서의 낯을 피하여 도망하던 때에 네게 나타났던 하나님께 거기서 단을 쌓으라 하신지라 야곱이 이에 자기 집 사람과 자기와 함께한 모든 자에게 이르되 너희 중의 이방 신상을 버리고 자신을 정결케 하고 의복을 바꾸라 우리가 일어나 벧엘로 올라가자 나의 환난날에 내게 응답하시며 나의 가는 길에서 나와 함께하신 하나님께 내가 거기서 단을 쌓으려 하노라 하매"(창 35 : 1~3).

그 리스도인 누구나의 마음 속에 한 번쯤은 이런 깊은 회의
가 자신을 괴롭혔을 것입니다.
'나는 정말 변화될 수 있는가?'
이 질문의 범위를 넓히면 '인간은 정말 변화될 수 있는가'라는 물음
과도 상통할 것입니다.
사람은 정말 변화될 수 있을까요?
우리는 이 질문에 대해서 종종 부정적이기 쉽습니다. 그것은 우리 주
변에 있는 다른 사람들을 볼 때에 변화되지 않는 모습을 더 많이 보
기 때문일 것입니다. 내 마음에 안 드는 그들의 행동이나 삶의 모습
을 바라볼 때마다 그것은 인간 전반에 대한 깊은 실존적인 회의로 번
져가지 않을 수 없습니다.
'사람은 정말 변화될 수 있는 것일까?'
그리스도인임에도 불구하고, 신앙 생활의 많은 연륜에도 불구하고
하나님이 기뻐하시는 사람답게 살지 못하고 있는 자신의 삶의 모습
을 바라보는 순간마다 이 질문은 다시 우리를 괴롭힙니다.
'인간은 정말 변화될 수 있는 것일까?'

그러나 이에 대한 회의적인 태도나 부정적인 대답이 결코 객관적
이랄 수는 없습니다. 우리가 다른 사람에 관해서 평가할 때에도 그
사람의 과거를 모르는 한 우리의 그 사람에 대한 평가는 정당하다고
결코 말할 수 없습니다. 변화란 상대적이기 때문에, 그가 출발한 삶
의 출발 지점을 모르는 한 현재 그가 어디에 서 있는가에 관한 객관
적인 평가는 불가능합니다. 나에 대해서도 마찬가지입니다.
인간이 가진 변화에 대한 그 깊은 회의는 어쩌면 이상과 현실의 괴
리에 그 이유가 있는지도 모릅니다. 이상은 높지만 그대로 살지 못하
는 내 삶의 현실이 나를 더 비참하게 만드는 것일 수도 있습니다. 신
앙 생활을 깊이 추구하면 할수록 주님 앞에 기대하는 내 삶에 대한
모습은 높아지고, 그 기대가 높아질수록 그렇게 살지 못하는 자신에

대한 좌절감이 더욱 나를 낙심에 빠지게 합니다. 그렇기 때문에 우리는 우리 자신에 대한 정당한 평가를 아직은 보류하지 않으면 안 됩니다.

"과연 인간은 변화될 수 있는가?"
우리는 이 질문에 대한 대답을 찾기 위해서 야곱이라는 한 인물이 걸어왔던 삶의 여정을 그동안 계속 추적해 왔습니다. 이 이기적이었던 사람, 탐욕 많은 사람, 양보라는 것을 몰랐던 사람, 자기의 목표를 달성하기 위해서는 수단 방법을 가리지 않았던 이 야심만만한 사람 야곱. 속이고 사기치고 도피하던 그는 과연 변화됩니까?
우리는 이 질문에 대한 대답을 얻기 위해서 그의 인생의 마지막을 조명하지 않으면 안 됩니다.

성경에 나타난 야곱의 이 마지막 모습을 객관적으로 조명할 때 우리는 조심스럽게 그러나 분명한 어조로 이렇게 말할 수 있습니다. "그는 분명히 변화됐습니다."
이것은 하나님의 은혜의 승리입니다. 이것은 야곱 개인의 승리라기보다도 그를 포기하지 않으시고 고집스런 사랑과 기대로 계속 그에게 찾아오시고 다가오셔서 기회를 주시면서 그의 삶 속에 일하셨던 하나님의 승리요, 하나님의 은혜의 결과입니다. 그러나 이 하나님의 은혜는 야곱의 변화하려는 그 의지와 노력을 배제하지 않습니다. 그는 자기 자신이 가지고 있는 모순과 자기 삶의 부조리에도 불구하고 변화를 추구해 온 것이 사실입니다. 실수할 때마다 그는 실수보다 더 커다란 자책을 가지고 주의 은혜를 붙들었습니다. 이것이 가져온 하나님의 은혜의 승리입니다.
어떻게 변화되었습니까?
이제 야곱의 이 마지막 삶의 조각을 통해서 그의 **변화의** 측면을 몇 가지로 정리해 보고자 합니다.

1. 자족하는 사람으로 변화된 야곱

"그 땅에 기근이 심하고 그들이 애굽에서 가져온 곡식을 다 먹으매 그 아비가 그들에게 이르되 다시 가서 우리를 위하여 양식을 **조금** 사라"(창 43:1,2).

이스라엘 땅에 기근이 들었습니다. 야곱이 자기의 자녀들을, 양식이 있다고 소문이 난 애굽 땅에 보내기로 결정합니다. 그러면서 명령하는 장면입니다. 성경 학자들은 이 부분에서 아주 놀라워합니다. 왜냐하면 이것은 전혀 야곱답지 않은 발언이요 발상이기 때문입니다.

"양식을 조금만 사라."

어떻게 이것이 지금까지 우리가 보아온 야곱다운 삶의 모습이라고 말할 수 있겠습니까?

어머니 뱃속에서부터 첫째 자리를 양보하지 않고자 형의 발꿈치를 붙들고 나왔던 이 사나이, 장자의 권한을 빼앗기 위해서 수단과 방법을 가리지 않았던 이 사나이, 아버지의 마지막 순간에 그 눈을 속이면서까지 아버지의 축복을 빼앗았던 이 사나이 야곱. 그렇게 살아왔던 야곱이 이제 먹을 것이 떨어져서 양식을 사러 자녀들을 애굽에 보내면서 "조금만 사라"고 말합니다. 많은 양식이 아니라 "적은"이라는 단어에 그 강조점이 있습니다.

창세기 46 장에 보시면 야곱의 집안 식구들이 나중에 칠십 명에 달했다는 것이 나옵니다.

"야곱과 함께 애굽에 이른 자는 야곱의 자부 외에 육십륙 명이니 이는 다 야곱의 몸에서 나온 자며 애굽에서 요셉에게 낳은 아들이 두 명이니 야곱의 집 사람으로 애굽에 이른 자의 도합이 「칠십 명」이었더라"(창 46:26,27).

이 큰 식구를 거느리고 있었던 야곱이 양식을 조금만 사라고 말합니다. **그는 이제 필요한 것만으로 자족할 줄을 아는 사람이 된 것입니다.**

그는 굳이 욕심을 부리지 않습니다. 이것은 얼마나 하나님이 그분의
자녀들에게 기대하시는 삶의 풍성이요 인간됨의 자리인지요?

  당신은 자족하십니까?
필요한 것만으로 만족할 줄을 아는 삶을 살고 있습니까?
주께서 우리에게 어떻게 기도를 가르치셨습니까?
"오늘날 우리에게 일용할 양식을 주옵시고"(마 6:11).
그러나 우리가 얼마만큼 이 기도를 참으로 의미있게 드리고 있습니
까?
오늘의 양식으로 우리는 만족합니까? 아니면 십 년의 양식이 없
이는, 평생의 양식을 쌓아놓지 않고는 결코 마음을 놓을 수 없는 안
절부절의 상태에 머물러 있습니까?
우리는 아직도 이 탐욕의 너울을 벗지 못하고 있는 것입니다. 그것이
아니라면, 내 미래를 기대하고 인도하시는 하나님의 손길에 대해서
아직도 신뢰하지 못하고 있는 것입니다. 그래서 누군가가 말한 것처
럼 「주기도문」은 최대의 순교자"일지 모릅니다. 많은 성도들이 의미
없이 이 기도를 되풀이하고 있습니다.
"오늘날 우리에게 일용할 양식을 주옵시고 우리가 우리에게 죄 지은
자를 사하여 준 것같이 우리 죄를 사하여 주옵시고…."
그러면서 사실은 속으로 어떻게 하고 있습니까?
"하나님, 평생 먹을 양식을 주옵시고 무조건 제 죄는 다 사해 주옵시
고…."
이것이 우리 본래의 의도입니다.

  디모데전서 6 장에서 바울 사도는 어느 날 그리스도인의 경건한 삶
의 초점이 어디에 있는가를 그의 사랑하는 믿음의 아들 디모데에게
이렇게 가르칩니다.
"마음이 부패하여지고 진리를 잃어버려 경건을 이익의 재료로 생각

하는 자들의 다툼이 일어나느니라"(딤전 6:5).
부패한 마음이 어디에서 일어나는가, 불경건의 원인은 어디에 있는
가, 그 다음 절을 보십시오.
"그러나 지족(知足)하는 마음이 있으면 경건이 큰 이익이 되느니라"
(딤전 6:6).
족함을 아는 마음 곧 자족할 줄을 아는 마음이 경건한 삶을 출발하는
가장 중요한 출발 자리가 되는 것입니다.

   "우리가 세상에 아무것도 가지고 온 것이 없으매 또한 아무것도 가
지고 가지 못하리니 우리가 먹을 것과 입을 것이 있은즉 족한 줄로
알 것이니라 부하려 하는 자들은 시험과 올무와 여러 가지 어리석고
해로운 정욕에 떨어지나니 곧 사람으로 침륜과 멸망에 빠지게 하는
것이라"(딤전 6:7 ~ 9).
부(富)를 지키기 위한 다툼들, 부를 축적하기 위한 불합리한 방법들
로 세상은 시끄럽습니다. 그래서 우리의 인격은 얼마나 더럽혀져 가
고 있습니까?
"돈을 사랑함이 일만 악의 뿌리가 되나니 이것을 사모하는 자들이 미
혹을 받아 믿음에서 떠나 많은 근심으로써 자기를 찔렀도다 오직 너
하나님의 사람아 이것들을 피하고…"(딤전 6:10,11).

   여기 욕심이 괴롭혀 왔던 삶의 여정을 보십시오. 야곱은 이제껏 바
로 이런 삶을 살아왔던 것입니다. 그러나 이제 그는 변화됐습니다.
인생의 석양에서 더 많은 것을 손에 쥐기보다는 이것이면 족하다고
필요한 것만 사라고 아들들에게 말합니다. 이 변화되어 있는 인간 야
곱의 모습을 보십시오. 놀랍지 않으십니까?
변화될 수 있습니다. 당신도 하나님의 사람으로 변화될 수 있습니다.

2. 하나님을 신뢰하는 사람으로 변화된 야곱

야곱은 전능자를 신뢰하는 사람이 되었습니다. 창세기 43 장을 보시면, 도둑질을 했다는 죄목으로 그의 아들들 중 시므온이 애굽 땅에 볼모로 잡혀 있습니다. 이 소식을 들은 야곱이 말합니다. 여기에서 그의 전(全)생애를 통해서 "전능하신 하나님"이라는 말이 처음으로 고백되어집니다.

"「전능하신 하나님」께서 그 사람 앞에서 너희에게 은혜를 베푸사 그 사람으로 너희 다른 형제와 베냐민을 돌려보내게 하시기를 원하노라 내가 자식을 잃게 되면 잃으리로다"(창 43:14).

이것이 야곱답습니까?

"자식을 잃게 되면 잃으리로다."

야곱의 생애를 지금까지 추적해 오신 분들은 이 말이 얼마나 야곱답지 않은 말인가를 금방 알아차리실 것입니다. 그는 어머니의 태중에서부터 양보하지 않았습니다. 사랑하는 영원한 연인 라헬을 얻기 위해서 기꺼이 7 년이라는 세월을 또 다시 희생하기를 원했습니다. 이제껏 야곱의 인생의 사전에는 "양보"라는 단어가 없었습니다. 그런데 여기서 어떻게 이렇게 자식을 쉽게 포기합니까?

"잃으면 잃으리라."

그러나 이것은 포기하는 태도가 아닙니다. 신뢰입니다. 전능하신 하나님에 대한 신뢰입니다.

"전능하신 하나님."

저는 야곱이 그의 전생애의 삶의 경험을 통해서 하나님이 전능하시다는 사실을 이 시점에 와서 비로소 뼈저리게 느꼈으리라고 생각합니다. 그 전에도 하나님이 전능자라는 사실을 물론 그가 안 믿었다고 말할 수는 없습니다. 그러나 참으로 하나님이 전능자라는 사실을 믿었다면 야곱이 그처럼 살 필요가 있었을까요?

속일 필요가 있었을까요?

사기칠 필요가 있었을까요?

자기의 삶의 목적과 소원을 달성하기 위해서 몸부림칠 필요가 있었을까요?

하나님이 전능하시다는 사실을 우리가 참으로 믿는다면 왜 아우성치고 속입니까?

하나님의 전능성을 우리는 신뢰하지 못하고 있는 것입니다.

"그분은 전능하시다. 그분이 역사를 주장하신다. 사랑하는 자녀들이 그분을 신뢰할 때 그분은 자녀들의 삶 속에 온전하신 그분의 뜻을 이루어 내시고야 말 것이다."

이 사실을 우리가 참으로 믿는다면 우리는 하나님을 신뢰하는 사람답게 당당하게 삶을 살고 있을 것입니다.

그런데 왜 그렇게 살지 못합니까?

이 하나님의 전능성을 믿지 못하고 있는 것입니다. 아니 「하나님의 전능성」이라는 개념 자체를 아무런 의미 없이 대하고 지금까지 삶을 살아왔기 때문입니다. 여기 저물어가는 인생의 황혼녘에 전능자를 신뢰하고 자식의 문제까지도 그분께 의탁하고 있는 인간 야곱의 성결된 이 모습을 보십시오.

"전능하신 하나님이 하나님의 뜻대로 내 아들들의 운명과 내일을 주관하시기를 원하노라. 나는 하나님을 신뢰하노라."

이 전능자를 신뢰하는 사람으로 빚어져 온 야곱의 모습을 보십시오.

3. 영적 통찰력을 가진 사람으로 변화된 야곱

또한 야곱은 마침내 깊은 영적 통찰력을 지닌 사람으로 변화되었습니다. 목적 달성만을 위해서 광분하고 있었던 젊은 시절의 야곱의 인생은 곧 눈먼 인생이었습니다. 그는 눈먼 삶을 살아왔습니다.

그런데 재미있는 것은, 야곱이 그 인생의 말년에 눈이 어두워 고생
을 합니다.
"이스라엘의 눈이 나이로 인하여 어두워서 보지 못하더라"(창 48:10).
"이스라엘"은 변화된 야곱에게 하나님이 주신 새 이름입니다. 인생의
황혼녘에 그는 육신의 눈이 어두워 괴로움을 당하는 삶을 살아갑니
다. 젊은 날 그는 팔팔 살아있는 눈을 가지고 있었지만 물질에 눈이
어두웠던 사람입니다. 여자에 눈이 어두웠던 사람입니다. 권력에 눈
이 어두웠던 사람입니다. 그러나 인생의 황혼녘에 비록 육신의 눈은
어두워졌지만 영적인 새 눈을 갖게 됩니다.

창세기 48 장을 보시면 요셉의 아들들에게 야곱이 축복하는 장면
이 나옵니다. 야곱이 자기의 오른손을 요셉의 장자가 아닌 차자 에브
라임의 머리에 얹고 축복하고자 합니다. 그때 요셉이 아버지 야곱에
게 말합니다.
"아닙니다, 아버지. 그쪽이 장자가 아닙니다. 이쪽 장자에게 축복하
셔야지요."
그러자 야곱이 뭐라고 대답합니까?
『나도 안다, 내 아들아. 하나님이 장자도 축복하실 것이다. 그러나
하나님의 뜻은 이 작은 아들에게 있느니라.』
"요셉이 그 아비가 우수를 에브라임의 머리에 얹은 것을 보고 기뻐
아니 하여 아비의 손을 들어 에브라임의 머리에서 므낫세의 머리로
옮기고자 하여 그 아비에게 이르되 아버지여 그리 마옵소서 이는 장
자니 우수를 그 머리에 얹으소서 아비가 허락지 아니하여 가로되 나
도 안다 내 아들아 나도 안다 그도 한 족속이 되며 그도 크게 되려니
와 그 아우가 그보다 큰 자가 되고 그 자손이 여러 민족을 이루리라
하고"(창 48:17 ～ 19).
주님의 뜻을 알았을 때, 사랑하는 아들이 뭐라고 하든 하나님의 뜻을
그대로 이루어 드리기 위하여 외치고 있는 이 야곱을 보십시오. 그는

비록 육신의 눈은 어두워졌지만 살아있는 영적인 통찰력을 가지고
행동합니다.

야곱의 "안다"라는 선언은 하나님의 뜻을 안다는 선언입니다. 육신
의 눈은 어두워졌지만 그의 영혼을 바라보는 눈은 밝아져 가고 있었
습니다. 이것은 "겉사람은 후패하나 우리의 속은 날로 새롭도다"(고
후 4:16)라고 고백했던 바울의 고백을 연상시키지 않습니까?
힘이 없어져 가는 육신, 그러나 내 속에 있는 속사람은 어떻습니까?
당신은 주께서 사랑하시는 당신의 영혼을 주께서 원하시는 거룩한
영혼으로 만들어 가고 있습니까? 아니면 육신의 노쇠 못지 않게 영
혼도 낙후되고 더럽혀진 영혼으로 그냥 방치해 두십니까?
비록 겉사람은 썩어져 가고 무력해져 가지만 속사람은 빛나고 투
명해져 가고 있는 이 야곱의 모습을 보십시오.

"이스라엘이 요셉에게 또 이르되 나는 죽으나 하나님이 너희와 함
께 계시사 너희를 인도하여 너희 조상의 땅으로 돌아가게 하시려니
와"(창 48:21).
이것은 유언의 한 부분이라고 말할 수 있습니다. 지금 야곱의 아들인
요셉은 애굽 땅에 와서 큰 출세를 했습니다. 그 나라에서 바로를 제
외하고는 제일 높은 자리에까지 올라갔습니다. 그런데 그 자리를 왜
양보하겠습니까?
그 땅을 떠날 이유가 어디에 있습니까?
그러나 마지막 유언 가운데서 야곱은 자기의 자손들에게 성공한 그
땅에서 은거할 것을 권하지 않습니다. 그는 애굽의 영화로 그의 자손
들이 만족하는 그런 삶을 원하지 않습니다.
"나는 안다, 주께서 너희들을 다시 시온의 땅으로 돌아가게 하실 것
을 !"
이것은 고향이기 때문에 돌아가야 한다는 단순한 귀향에 대한 고집

이 아닙니다. 하나님의 뜻은 시온에 있습니다. 하나님의 약속은 그 땅에서 이루어져야 합니다. 야곱이 이 말을 한 것은 이러한 주의 뜻을 알았기 때문입니다.

자손들이 삶 속에서 단순히 편안하기만을 원하지 않고 주의 뜻대로 살아가기를 원하는 야곱 !
"하나님의 약속의 뜻을 따라 너희들은 시온으로 돌아가야 해. 약속의 시온에서 하나님의 뜻을 이루어야 해."
여기 인생의 말년에 하나님의 뜻을 향하여 그 온 마음이 열려 있었던 인간 야곱의 아름다운 모습을 보십시오. 인생의 노후에 그는 더욱 영적 통찰력이 있는 사람으로 변하고 있었습니다.

4. 남에게 복을 끼치는 사람으로 변화된 야곱

말년에 야곱은 남에게 복을 끼치는 사람이 될 수 있었습니다.
"요셉이 자기 아비 야곱을 인도하여 바로 앞에 서게 하니 야곱이 바로에게 축복하매"(창 47:7).
애굽 땅의 통치자인 바로 앞에 야곱이 서는 순간입니다. 그때 야곱이 바로를 향해서 축복했습니다. 여기서 야곱은 약자입니다. 바로는 그 나라의 통치자입니다. 대개 약한 사람이 강자 앞에 서면 약자가 비루해지기가 일쑤입니다. 그러나 야곱은 여기서 비루해지지 않습니다. 더구나 그는 지금 바로를 의지하고 살아야 할 처지입니다. 바로가 하사해 준 땅에서 그의 자손들과 함께 살아야 합니다. 그의 삶이 가장 연약해져 있고 바로의 도움이 오히려 필요했던 처지에 있었지만, 그러나 야곱은 바로의 도움을 구하기보다는 오히려 그에게 축복합니다.

이스라엘 백성들에게 있어서 내가 남을 축복할 수 있다는 것은 곧 내가 하나님을 소유한 것을 자랑스럽게 생각한다는 간증입니다. 하나님이 나의 하나님이시므로 그 하나님을 의지하고 내가 남을 축복할 수 있다는 이야기입니다. 야곱은 지금 부자가 아닙니다. 가난한 노인에 불과합니다. 그러나 그는 남을 축복할 수 있었습니다. 그에게 하나님이 계셨기 때문입니다. 이 세상 그 무엇보다도 하나님을 소유한 것을 가장 자랑스런 축복으로 알았던 이 야곱의 당당한 모습을 보십시오. 그래서 한 나라의 제왕을 축복하고 있는 이 놀라운 모습을 보십시오. 이것은 놀라운 변신입니다.

지금까지 야곱은 「받는 자」의 삶을 살았습니다. 「빼앗는 자」의 삶을 살았습니다. 빼앗고 취하고 모으고 하는 것이 지금까지의 야곱의 삶의 모습이었습니다. 그러나 야곱은 어느 틈에 서서히 「주는 자」로 변신해 가기 시작한 것입니다. 그래서 말년에 이르자 그는 모든 것을 「베푸는 자」로 변화되었습니다. 이웃들의 도움이, 주변 사람들의 도움이 다른 어떤 때보다 긴급하게 요청되고 필요한 그 순간에 오히려 축복을 베풀 수 있는 자로 변화되었습니다. 사람은 별 수 없이 모든 것을 놓고 갈 수밖에 없는 존재라는 진실을 야곱은 인생의 황혼에 들어서서 확연하게 깨달은 것입니다.

창세기 49 장을 보시면 야곱이 죽음 직전에 최후로 한 일이 기록되어 있습니다. 그것은 자기 자녀들을 축복하는 일입니다.
"야곱이 그 아들들을 불러 이르되 너희는 모이라 너희의 후일에 당할 일을 내가 너희에게 이르리라"(창 49:1).
마지막 순간까지 자녀들에게 축복합니다. 다 주고 가는 것입니다. 모든 것을 주고 가는 것입니다.

그런데 우리는 우리 주변에서 끝까지 움켜쥐고 놓지를 못하는 비극적인 인생들을 종종 발견합니다. 어떤 사람이 말한 것처럼, 사람이 태어날 때에는 주먹을 움켜쥐고 태어납니다. 이것은 얼마나 인생의 진실에 대한 한 단면을 보여 주는 몸짓입니까?

움켜쥐기 위한 인생입니다. 그러나 별 수 없이 마지막 순간에는 펴고 가야 합니다. 이 진실을 빨리 깨닫는 자는 얼마나 지혜로운 인생인지요?

인생의 말년에 아낌없이 손을 펴서 남을 축복하고, 나누어 주고, 그래서 깃털같이 가벼운 심정으로 하나님이 그를 위해 예비하신 영원의 나라를 향해 떠나가는 나그네 야곱. 그는 변화되었습니다. 달라졌습니다.

5. 하나님을 예배하는 사람으로 변화된 야곱

야곱의 변화된 삶의 또 하나의 측면은 그가 하나님을 예배하는 사람이 되었다는 사실입니다. 놀라운 사실은 창세기 46 장에 도달하기까지 야곱의 생애 속에서 구체적인 예배의 모습이 나타나 있지 않다는 사실입니다. 물론 벧엘의 들판에서 야곱은 처음으로 예배의 중요성에 대해서 배우기 시작합니다. 그러나 의도적으로 그가 제단을 쌓는 일은 46 장 전까지는 나타나 있지 않습니다.

"이스라엘이 모든 소유를 이끌고 발행하여 브엘세바에 이르러 그 아비 이삭의 하나님께 희생을 드리니"(창 46:1).

이것은 어떤 문맥과 연관이 있습니까?

46 장의 앞장인 45 장 마지막 절을 보십시오.

"이스라엘이 가로되 족하도다 내 아들 요셉이 지금까지 살았으니 내가 죽기 전에 가서 그를 보리라"(창 45:28).

야곱은 요셉을 만나러 가는 길입니다. 가면서 그는 먼저 하나님께 희생을, 즉 제단을 쌓는 것입니다. 지금 식으로 말하자면 예배를 드리는 것입니다. 얼마나 감사하겠습니까?

"내 아들 요셉이 살아 있었구나!"
만 가지 감회가 마음 속에 교차되면서 그는 자기의 삶을 인도하신 그
하나님의 은혜와 고마움과 감격을 알았을 것입니다. 그는 제단을 쌓
습니다. 희생을 드립니다.
"오, 주님! 감사합니다."
　당신의 삶의 공간 속에 얼마 만큼 이 하나님을 향한 제단이, 주님
께 드려지는 이 감사의 제단이 마련되어 있습니까?
감사하십니까?
인생의 마지막에 하나님을 향해서 제단을 쌓고 더 가까이 그분께 나
아가고, 그분을 찬양하고 경배하는 이 야곱의 모습을 똑바로 조명해
보십시오.

6

야곱에 대한 평가

"믿음으로 야곱은 죽을 때에 요셉의 각 아들에게 축복하고 그 지팡이 머리에 의지하여 경배하였으며"(히 11 : 21).

우리는 히브리서 기자의 도움을 받아서 야곱의 마지막 죽음 직전의 순간에 관해서 살펴볼 수 있습니다.

"믿음으로 야곱은 죽을 때에 요셉의 각 아들에게 축복하고 그 지팡이 머리에 의지하여 경배하였으며."

우리의 생의 마지막을 이 야곱처럼 예배로 끝낼 수 있다면 얼마나 복스런 생애로 기억되겠습니까?

1988년에 한국 교회가 존경하던 박윤선 목사님이 세상을 떠나셨습니다. 박 목사님의 젊은 날의 소원은 창세기부터 요한계시록까지 성경 전체의 주석을 쓰고 세상을 떠나는 것이었습니다. 이것은 굉장히 어려운 작업이었습니다. 지금까지 기독교 역사상 성경 전체의 주석을 빠짐없이 쓰신 분은 다섯 분 정도밖에 안 됩니다. 그 다섯 분 중의 한 분이 박윤선 목사님이십니다.

"하나님, 창세기부터 요한계시록까지 주의 말씀을 구절구절 다 주해하고 떠나고 싶습니다."

박 목사님은 일생동안 그렇게 기도하셨고, 그 작업을 하셨습니다.

박 목사님이 돌아가시기 얼마 전의 일입니다. 미국 로스앤젤레스에 집회를 인도하러 갔다가 책을 잠시 보기 위하여 한 신학교 도서관에 들어갔습니다. 그런데 거기에 웬 노인 한 분이 책상에 구부리고 앉아서 열심히 공부를 하고 계셨습니다. 뒷보습이 동양 분 같아서 가까이 가서 보니 박윤선 목사님이셨습니다.

"아니, 목사님! 웬일이십니까?"

박 목사님은 그때도 히브리어 성경을 펴 놓고 성경을 주해하고 계셨습니다.

"목사님, 이제는 건강 조심하셔야지요."

저는 사뭇 조심스럽게 말씀드렸습니다. 그런데 이 여든이 넘으신 노성자(老聖者)의 대답을 들어 보십시오.

『공부하는 것도 중요하네. 성경을 공부하다 죽으면 그것도 순교가 아
니겠나?』

　박윤선 목사님이 세상을 떠나가셨습니다. 그 목사님의 마지막 유
언을 소개합니다. 목사님은 둘러선 가족들에게 이렇게 말씀하셨다고
합니다.
『그리스도 안에서 진실하게 살아요.』
그리고 큰 소리로 하나님을 향해『주께 내 영혼을 부탁하나이다』라고
말씀하시고 돌아가셨다고 합니다.
이 아름다운 죽음을 보십시오. 이 영광스러운 죽음을 보십시오.
당신의 삶의 마지막은 어떻게 되기를 원하십니까?

　북유럽의 기도의 성자로 일컬어졌던 할레스비는 그가 가는 곳마다
사람들에게 이런 도전을 많이 했다고 합니다.
"여러분, 기도하십시오. 죽음이 아름다워질 수 있도록 기도하십시
오."
인생의 마지막을 그리스도인답게 정리한다는 것은 얼마나 중요한 일
입니까?
그런데 할레스비가 이런 도전을 그의 설교를 통해서 자주하게 된 사
연이 있습니다. 그것은 그가 어떤 할머니의 간증을 접하고 난 후부터
였다고 합니다.

　노르웨이에 사는 이 할머니는 노구의 몸을 의탁할 곳이 아무데도
없었습니다. 아는 친척들을 찾아가서 같이 살자고 사정을 했습니다
만 아무도 할머니를 돌아보지 않았습니다. 이 할머니는 자기의 사정
을 이야기하면서 꼭 이런 약속의 말을 잊지 않았습니다.
"염려하지 마세요. 저는 저의 죽음이 아름답기 위해서 줄곧 기도해
왔거든요. 하나님이 제 마지막을 책임지실 거예요. 그러니 염려마시

고 저를 받아 주세요."

그러나 아무도 받지를 않았습니다.

그런데 어떤 그리스도인 부부가 이 할머니의 간증을 들었습니다. 『할머니가 기도하셨다면 틀림없습니다. 우리집에 오셔서 같이 사세요.』

그래서 할머니는 이 젊은 그리스도인 부부와 함께 살게 되었습니다. 할머니는 이 부부의 자녀들을 돌보며 그들에게 말할 수 없이 아름다운 그리스도인의 삶의 모본을 가르쳤습니다. 젊은 부부의 가정은 이 할머니 때문에 무척 행복했습니다. 매일 저녁 할머니를 모시고 온 가족이 모여 예배를 드렸습니다.

그런데 어느 날 아침, 그날도 다른 날과 다름없는 맑은 아침이었습니다. 할머니의 기도 시간이 끝날 쯤 되고 식사 시간이 되었는데도 할머니가 나오시지 않습니다. 그래서 이 젊은 부부는 할머니의 방문을 두드렸습니다. 아무 기척이 없었습니다. 방문을 연 그들의 눈에 순간 비쳐진 것은 엎드린 채로 기도하며 숨져 있는 할머니의 모습이었습니다.

"나는 절대로 당신들에게 짐이 안 될 것입니다. 내 죽음이 아름답기 위해서 기도했거든요. 하나님은 내 기도를 들어 주실 것입니다."

사람이 어떻게 사느냐는 사실도 중요하지만 어떻게 죽느냐는 것은 더욱 중요합니다. 이것은 우리의 삶을 결산하는 마지막 순간이 될 것이기 때문입니다.

"믿음으로 야곱은 죽을 때에 요셉의 각 아들에게 축복하고 그 지팡이 머리에 의지하여 경배하였으며."

이 땅에서 떠나가는 그 최후의 순간에 하나님을 경배하고 찬양하며 떠납니다. 욕심 많은 나, 정욕에 사로잡혀 있었던 내가 그 많은 실패의 삶에도 불구하고 나를 붙드시고 새롭게 하시고 인도하셨던 하나님을 향해서 이제 마지막으로 찬양하고 경배하며 눈을 감습니다. 이 인간 야곱의 마지막을 누가 실패라고 정죄하겠습니까?
승리였습니다! 영광이었습니다! 하나님의 은혜의 승리였습니다!
이것이 야곱의 성화의 마지막 순간입니다.

이제 시편 146편 말씀으로 야곱의 삶을 계속 추적해 온 이 멧세지의 결론을 삼고 마치겠습니다.
"그 호흡이 끊어지면 흙으로 돌아가서 당일에 그 도모가 소멸하리로다 야곱의 하나님으로 자기 도움을 삼으며 여호와 자기 하나님에게 그 소망을 두는 자는 복이 있도다"(시 146:4,5).
하나님을 소개할 때 성경에 가장 많이 사용된 표현 중의 하나가 어떤 것입니까?
"아브라함의 하나님, 이삭의 하나님."
이 두 가지는 이해할 수 있습니다. 아브라함, 그는 참 아름다운 삶을 살았습니다. 이삭, 얼마나 놀라운 순종의 삶을 살았습니까?
그러나 "야곱의 하나님". 이것은 하나님의 불명예입니다.

야곱의 인생 전체를 놓고 볼 때에 야곱이 하나님을 위해 별로 한 일이 없습니다. 그의 삶은 사기치고 속이고 빼앗은 것밖에는 별로 기억이 없습니다. 그러나 하나님은 "야곱의 하나님"이라 불리움받기를 부끄러워하지 않으십니다. 왜일까요?
인간 야곱, 이 욕망의 야곱, 이 탐욕의 늪을 벗어나지 못했던 야곱, 그러나 그럼에도 불구하고 이 야곱을 붙들어 마침내 그 삶을 변화시켰던 이 하나님의 승리가 있기 때문입니다.
"야곱의 하나님으로 자기 도움을 삼으며."
야곱의 하나님이셨던 그 하나님이 당신의 하나님이 되시기를 원하십니까?
당신을 돕기 위해서, 당신의 변화를 위해서 당신의 삶 속에 오늘도 뛰어들어 일하시는 이 하나님을 보십니까?

이 하나님을 아십니까?

"야곱의 하나님으로 자기 도움을 삼으며 여호와 자기 하나님에게 그 소망을 두는 자는 복이 있도다."

그렇습니다. 야곱의 최후, 빛나는 인생의 황혼, 이것은 하나님의 승리였습니다.

그러나 이 하나님이 야곱의 하나님 되기를 원하셨을 때, 자기의 부족함에도 불구하고, 자기의 짜증스러움에도 불구하고, 자기의 못남에도 불구하고, 자기의 더럽혀짐도 불구하고 주님 앞에 무릎을 꿇어 "그래요, 주님. 이 모든 나의 불성실과 부조리에도 불구하고 하나님을 의지합니다. 변화되기를 원합니다. 하나님이 나를 치십시오. 새로워지기를 원합니다"라고 고백했을 때 마침내 야곱은 변했습니다.

당신은 이 하나님을 정말 의지합니까?

왜 그렇게 변하지 않습니까?

교회 출입이 몇 년인데 왜 그렇게 변하지 않습니까?

당신의 성격이, 당신의 삶의 모습이, 왜 그렇게 변하지 않습니까?

그러나 포기하지 마십시오! 주께서 포기하지 않으십니다. 나를 포기하지 않으시는 이 하나님의 은혜와 사랑 때문에 우리는 일어날 수가 있는 것입니다. 그리고 그 하나님께 소망을 두는 복 있는 자가 되기를 소원하는 것입니다.

"야곱의 하나님으로 자기 도움을 삼으며 여호와 자기 하나님에게 그 소망을 두는 자는 복이 있도다."

요셉의 생애

처음말

미국에서 어떤 청년이 사람들의 관심과 주목을 끌었던 적이 있었습니다. 그는 세번씩이나 아버지를 바꾸어야만 했었습니다. 또 그는 배다른 형제들 사이에서 자랐습니다. 갈등과 시새움과 혼란이 뒤범벅이 된 가정 속에서 그는 소년 시절을 보냈습니다. 자기를 낳지 않은 아버지에게 계속 야단을 맞고 소외되고 거절당하는 아픔을 겪어야만 했으며, 어머니조차 완전히 이 소년을 무시하고 방관했습니다. 그는 자기가 누구에게도 이해되지 못하며 사랑받지 못하고 있다는 아픔 속에서 소년 시절과 젊은 시절을 지내야만 했습니다.

학교에 들어갔습니다. 그가 가진 우수한 지능에도 불구하고 그는 친구들과 싸움을 하고, 마침내 고등학교 3학년 때인 어느 날 학교를 자퇴하지 않으면 안 되었습니다. 그는 새로운 결심을 하고 군대에 입대했지만 거기서도 계속 동료 병사들과의 싸움으로 나날을 보냈습니다. 그러다가 상관에게까지 대들게 되었고, 그로 인해 명령 불복종의 죄로 군법회의에 회부되어 재판을 받고 결국 군대에서조차 쫓겨나는 신세가 되었습니다.

그는 또 다시 새로운 결심을 하고 외국에 나갔습니다. 그러나 외국에서도 그를 환영할 사람은 아무도 없었습니다. 그는 여전히 거절된 아픔을 안고 전전긍긍 떠돌아다니다가 배경이 확실치 못한 한 여인과 만나 결혼을 했습니다. 그러나 그는 아내에게서도 무능력한 사람으로 낙인찍혀 항상 경멸과 조롱을 받았습니다.

미국에 다시 돌아온 어느 날, 그날도 그의 아내는 놀러 온 자기 친구들 앞에서 그에게 말할 수 없는 모욕과 경멸을 퍼부었습니다. 마침내 그는 자기 인생에 대한 모든 꿈과 희망을 완전히 포기하고 말았습니다.
'이 세상에서 나를 이해해 주는 사람은 아무도 없다. 그 누구도 나에게 관심을 가져 주지 않는다.'
그래서 그는 자기의 불행한 소년 시절과 청년 시절을 통해서 배운, 사람들의 관심을 끄는 유일한 수단으로 이제 전세계 사람들의 관심과 주목을 모아 보기로 작정했습니다.
1963 년 11 월 22 일. 그는 자기 집 창고 속에 숨겨 두었던 소총을 꺼내어 그가 가장 최근에 취직했던 직장의 서적 보관 창고의 맨 꼭대기에 올라갔습니다. 그리고서 마침 아래를 지나가고 있는 한 인물을 향해서 방아쇠를 당겼습니다.
이것이 바로 전세계를 경악과 분노로 몰아 넣은 존 에프 케네디 대통령의 최후였으며, 바로 이 사연의 주인공이 디 하버 오스왈드라는 청년입니다.

창세기 37 장에는 이 오스왈드 청년과 아주 비슷한 가정 환경을 가진 한 사람의 이야기가 기록되어 있습니다. 그 청년처럼 그는 복잡한 인간관계가 얽혀져 있는 가정에서 태어났습니다. 그의 아버지에게는 네 명의 부인이 있었으며, 그 사이에서 태어난 형제들은 저마다 시기와 질투와 갈등 속에서 삶을 영위하고 있었습니다. 꼭 같은 불행한 가정, 꼭 같은 천대와 멸시가 뒤범벅이 된 가정에서 그는 태어났습니다.

그러나 그는 불행하지 않았습니다. 절망하지도 않았습니다. 그는 시련에 굴복하지도 않았습니다. 그는 구덩이에서부터 일어나서 한 나라의 재상(宰相) 자리에까지 오르게 되었고, 많은 사람들에게 꿈과 희망과 감동을 주는 하나님의 사람이 될 수 있었습니다. 그의 이름은 요셉입니다.

무엇이 이 두 청년, 요셉과 오스왈드의 삶을 그렇게 현저하게 동떨어지게 만들어 놓았겠습니까?

꼭 같은 불행한 가정에서 태어나 꼭 같이 불행한 갈등의 경험을 하면서도 이들의 삶이 이처럼 다를 수 있었던 그 비밀은 어디에 있겠습니까?

저는 요셉의 생애를 연구하면서 결론을 하나로 모으지 않을 수 없었습니다. 그것은 「믿음」입니다. **믿음이 요셉의 삶을 다르게 만든 것입니다.**

창세기 41 장을 보시면 애굽 왕 바로가 요셉의 인물평을 하는 대목이 기록되어 있습니다. 바로는 이렇게 말합니다.

"이와 같이 하나님의 신(神)이 감동한 사람을 우리가 어찌 얻을 수 있으리요"(창 41:38).

바로는 하나님을 믿지 않는 사람입니다. 다시 말하면 요셉은 이 불신자의 눈에도 하나님의 신이 감동한 사람, 성령 충만한 사람으로 보였던 것입니다. 믿음이 요셉의 마음 속을 성령의 감동으로 채웠으며, 그래서 하나님의 신이 그의 삶을 인도하고 있는 놀라운 모습을 우리는 성경을 통해서 볼 수 있습니다.

요셉의 생애에서 가장 극적인 장면은 그를 죽이려고 했던 형들이 양식을 구걸하기 위해서 그가 총리로 있는 애굽에 왔을 때입니다. 그

형들과의 만남이 이루어지고 있는 장면에서 고백되어지는 요셉의 신
앙고백은 지금도 얼마나 우리의 가슴을 치는 감동적인 고백인지요?
"당신들이 나를 이곳에 팔았으므로 근심하지 마소서 한탄하지 마소
서 하나님이 생명을 구원하시려고 나를 당신들 앞서 보내셨나이다"
(창 45:5).
혹시 동생에게 복수를 당하지 않을까 하는 그 두려움과 죄책으로 어
쩔 줄 모르고 당황하고 있는 자기의 형들에게 요셉이 말하는 장면입
니다.
"나를 이곳으로 보내신 분은 형님들이 아니라 하나님이십니다."
자기를 둘러싸고 있는 불행한 삶의 정황을 하나님의 뜻으로 해석할
줄 알았던 이 사람 요셉! 이 믿음의 안목을 가지고 있었던 그는 참
으로 믿음의 사람입니다.

1

요셉의 소년기와 가정 환경

"요셉이 십칠 세의 소년으로서 그 형제와 함께 양을 칠 때에 그 아비의 첩 빌하와 실바의 아들들로 더불어 함께하였더니 그가 그들의 과실을 아비에게 고하더라 요셉은 노년에 얻은 아들이므로 이스라엘이 여러 아들보다 그를 깊이 사랑하여 위하여 채색옷을 지었더니 그 형들이 아비가 형제들보다 그를 사랑함을 보고 그를 미워하여 그에게 언사가 불평하였더라"(창 37 : 2~4).

창세기 37장은 요셉이 겪었던 어린 시절의 고난을 기록하고 있습니다. 성경은 요셉의 출생을 기록합니다. 그러나 출생한 직후부터 그가 17세가 되기까지 어떤 삶을 살아왔는지에 대해서는 침묵을 지킵니다. 갑자기 성경은 17세의 소년으로 성장한 요셉의 모습에 그 초점을 두고 있습니다.

1. 요셉의 소년기

소년기의 요셉의 모습을 볼 때, 먼저 요셉이 형들에게 미움과 시기를 받고 있는 장면이 우리의 관심을 끌고 있습니다.

"그 형들이 아비가 형제들보다 그를 사랑함을 보고 그를 **미워하여** 그에게 언사가 불평하였더라"(창 37:4).

이 말씀에서 "미움"이라는 단어를 주목해서 보십시오. 자기의 형제들에게 미움을 받았던 요셉입니다.

그 다음의 말씀을 계속 보십시오.

"그 형들은 **시기하되** 그 아비는 그 말을 마음에 두었더라"(창 37:11).

이 말씀에서 "시기"라는 단어에 주목하십시오. 미움과 시기와 질투의 대상이 된 요셉의 모습을 보여 주고 있습니다.

왜 요셉은 형제들에게 시기와 미움의 대상이 되었습니까?

한 마디로 우리는 그 책임을 아버지 야곱에게 묻지 않을 수 없습니다. 그 아버지는 다른 모든 아들은 제쳐놓고 요셉만을 편애했습니다. 왜 요셉만을 편애했습니까?

아버지 야곱에게도 그럴 만한 정당한 이유는 있었을 것입니다.

"요셉은 노년에 얻은 아들이므로 이스라엘이 여러 아들보다 그를 깊이 사랑하여 위하여 채색옷을 지었더니"(창 37:3).

그러니까 야곱이 늙어서 얻은 아들이 바로 요셉입니다.

우리는 나이가 늙어서 얻은 아들에게 유달리 더 깊은 애정과 집착을 느끼는 부모의 심정을 충분히 이해할 수 있습니다. 특별히 이 야곱의 경우에 있어서 그가 진정으로 사랑했던 여인인 라헬에게서 처음으로 난 아들이 바로 요셉이었다는 데서 남달리 요셉에 대한 야곱의 더 깊고 뜨거운 애정을 짐작할 수 있습니다. 그러나 설령 그렇다 하더라도 다른 모든 아들들을 도외시하고 관심과 사랑이 유달리 요셉에게만 머물렀다는 데에는 문제가 있습니다. 바로 이 편애가 이 가정의 비극과 요셉의 고난의 출발이었다는 사실을 우리가 주목할 필요가 있습니다.

성경에 보면 아버지 야곱이 요셉에게 "채색옷"(coat of many colours)을 지어 입혔다고 기록하고 있습니다. 이것은 어떤 옷인가 하면, 사무엘하 13 장을 보시면 이와 같은 기록이 나타납니다.
"암논의 하인이 저를 끌어내고 곧 문빗장을 지르니라 다말이 채색옷을 입었으니 출가하지 아니한 공주는 이런 옷으로 단장하는 법이라"(삼하 13:18).
즉, 채색옷은 그 당시의 왕족이나 귀족의 자녀들이 입는 옷이었습니다. 소매와 발목을 덮을 수 있도록 길게 내려오는 일종의 망또 같은 옷으로, 여러 가지 색상으로 수 놓아져 보기에도 현란하고 매우 아름다운 옷입니다. 아버지 야곱은 사랑하는 요셉을 위해서 특별히 이 채색옷을 지어 입힌 것입니다. 그러면 이 옷을 입고 요셉이 돌아다닐 때 요셉을 바라보는 형제들의 반응은 어떠했을까요?
우리는 능히 그 반응을 짐작할 수 있습니다.

기기다가 요셉이 꿈 이야기를 시작합니다.
"요셉이 꿈을 꾸고 자기 형들에게 고하매 그들이 그를 더욱 미워하였더라"(창 37:5).
"형님들, 내가 꿈을 하나 꾸었는데 꿈에서 형님들의 곡식단이 내가 가진 곡식단 앞에 절을 하더군요."

또 다시 이 꿈장이는 다른 꿈 이야기를 합니다.

"해와 달과 열한 별이 다 나에게 절을 하더군요."

해와 달은 자기의 부모이고, 열한 개의 별은 열한 명의 형제들입니다.

물론 이 대목에서 우리는 요셉을 비난할 수 있을 것입니다.

"아니 그런 꿈을 꾸었기로 그것을 꼭 이야기해야만 하는가?"

그러나 한편으로 17세 된 소년에게 그런 요구를 하는 것은 너무 무리가 아니겠습니까?

그는 아마도 철없이 자기가 꾼 꿈을 그대로 이야기했을 것입니다. 그러나 이 꿈은 예언적인 의미를 가진 것이었고, 나중에 사실 그대로 이루어졌습니다.

하지만 더 깊은 문제는 요셉 자신에게 있는 것이 아니라 그 아버지에게 있습니다. 이 상황 속에서 그 아버지의 처신이 우리의 관심을 모으지 않을 수 없습니다. 이런 모든 상황 속에서도 아버지 야곱은 요셉을 계속 편애하며 거들었습니다. 물론 본문에서 요셉을 꾸짖었다는 이야기가 나옵니다. 그러나 꾸짖고 그냥 끝납니다. 그 문제를 그는 심각하게 다루려고 하는 의지가 없었습니다. 아니 이것으로 인해서 요셉을 미워하는 그 형들의 시기나 미움의 문제에 대해서 아버지 야곱이 어떤 행동을 취했다는 기록이 성경에 아무데도 없습니다. 여기서부터 이 가정의 비극과 절망과 문제는 시작됩니다.

2. 애굽으로 팔려가는 요셉

어느 날 세겜에서 양치는 형들의 안부를 묻기 위해서 아버지가 요셉을 보냅니다. 이 기회를 형들은 아버지의 사랑을 독차지하고 있는 요셉을 죽일 수 있는 절호의 기회라고 생각했습니다. 그래서 요셉을 도단으로 유인해서 죽이려는 구체적인 계획을 세웠습니다. 다행스럽게 맏아들인 르우벤의 간섭으로 말미암아서 기적적으로 목숨을 구하기는 했지만 요셉은 캄캄한 구덩이에 내던짐을 받게 되었습니다. 그러나 형제들은 르우벤이 자리를 비운 사이에 마침 그곳을 지나가는 한 무리의 장사꾼들에게 요셉을 팔았습니다. 그래서 요셉이 애굽으로 팔려가는 장면을 성경은 보여주고 있습니다.

"때에 미디안 사람 상고들이 지나는지라 그들이 요셉을 구덩이에서 끌어올리고 은 이십 개에 그를 이스마엘 사람들에게 팔매 그 상고들이 요셉을 데리고 애굽으로 갔더라"(창 37:28).

이 사건을 접하면서 우리는 세 인물들에게 우리의 관심의 초점을 모을 수 있습니다. 첫째는 아버지 야곱이며, 둘째는 형들, 셋째는 요셉입니다. 이 세 무리의 인물들에게 각각 관심을 집중시켜 주시기 바랍니다.

① 아버지 야곱

책임을 다하지 못한 아버지 야곱의 문제를 우리는 크게 **두 가지**로 생각할 수 있습니다. 첫째는 편애이며, 둘째는 수동적인 교육 태도입니다.

첫째 문제 / 편애

사람은 그의 행동이 강화되어지는 대로 자신을 발전시켜 나가기 마련입니다. 우리는 칭찬받고 인정받는 일을 하고 싶어합니다.

미국의 심리학자인 로젠타는 어린이들을 두 집단으로 나누어서, 한쪽 학급의 어린이들에게는 교사로 하여금 계속 칭찬과 격려만을 하도록 했습니다.

"나는 너희들을 자랑스럽게 여긴다. 너희들은 정말 잘했어. 앞으로 더 잘할 수 있을거야."

이런 계속적인 칭찬과 격려와 인정을 하도록 만들었습니다. 그리고 다른 학급의 어린이들에게는 교사로 하여금 계속 책망과 꾸중만을 하도록 했습니다.

"너희들 이것이 뭐냐. 너희들은 그렇게도 지지리 못났느냐."

이런 식의 책망과 꾸중만을 하도록 했습니다.

일정한 시간이 지난 후에 두 학급의 어린이들의 지적인 능력이나 정서 상태가 어떻게 발전했는가를 비교하는 연구를 했습니다. 말할 것도 없이 인정과 칭찬과 격려를 받은 학급의 어린이들이 현저한 자기 발전을 하고 있다는 연구 결과가 나왔습니다.

당신은 언제 당신의 자녀를 칭찬해 보셨습니까?

여기서 요셉이 칭찬을 받고 있었을 때에 나머지 열한 명의 아들들은 아버지 야곱에게 얼마나 인정과 칭찬과 격려를 받고 싶어했을까요? 그러나 아버지의 관심은 요셉에게만 있었습니다. 그러다가 문제가 생기니까 그때서야 개입을 시작합니다.

우리는 우리의 자녀들에게 어떤 문제가 생기고 나서야 비로소 관심을 갖고 돌아보는 그런 어리석은 자세를 가지고 있습니다. 문제가 생기면 그때서야 개입합니다.

"야, 너희들은 허구한 날 싸움만 하니?"

그러나 형제들이 잘 지낼 때도 있습니다. 그럴 때는 얼마나 관심을 가졌습니까?

"너희들 지금 뭐하며 노니? 참 재미있겠구나? 아빠 엄마가 도와줄 수 있는 것은 없겠니?"

얼마나 우리가 이런 부분에 관심을 가지고 있습니까?

아이들이 노는 그 놀이 행위는 아이들의 세계에서는 심각한 사업입니다. 어른들이 보기에는 우스꽝스러울지 모르지만 그들은 심각하게 지금 놀이를 하고 있는 것입니다.

"아빠, 이것 좀 봐주세요."

『아빠 지금 바쁘니까 엄마한테 가봐.』

아무런 관심을 가져주지 않습니다. 그러다가 싸울 때만은 관심을 갖습니다. 그러니까 부모의 관심을 끌기 위해서는 아이들이 싸워야합니다. 싸우고 문제를 일으키는 것이 부모의 관심을 끄는 유일한 수단이 됩니다. 오스왈드의 비극이 그런 비극입니다.

"아무도 나에게 관심을 가져주지 않아요."

관심을 끌기 위해서 그는 문제를 일으키기 시작합니다.

우리는 요셉의 형들이 나중에 폭력 집단으로 변질한 그 이유를 알 수 있습니다. 그것은 아버지의 책임입니다. 그는 심은 대로 거둔 것입니다. 편애라는 이 무서운 의식이 낳은 가정의 비극이 바로 이 야곱의 가정에 일어난 비극입니다. 당신은 당신의 자녀들을 얼마나 공평하게 사랑하십니까?

둘째 문제 / 수동적인 교육 자세

꿈 이야기를 한 요셉을 아버지 야곱이 꾸짖기는 합니다. 그러나 그 이상은 아무것도 없습니다. 더군다나 형제들에게서 시기와 질투가 그 마음 속에서 자라 자기들의 동생을 살인할 구체적인 음모를 꾸미는 것으로 발전되어 가는데도 침묵을 지키고 있는 이 아버지의 모습을 보십시오. 야곱에게는 절대적으로 능동적이고 적극적인 교육의 자세가 결핍되어 있었습니다. 좀처럼 아버지로서의 책임의 자리에 서 있기를 거부하는, 자녀를 하나님이 원하시는 자녀로 기르고자 하는 진정한 의지가 결핍되어 있는 아버지 야곱의 모습을 우리는 본문을 통해서 확인하지 않을 수 없습니다.

문제아가 있는 가정을 저에게 보여 주십시오. 문제아는 없습니다. 문제 부모가 있을 따름입니다. 문제를 일으키는 아이의 배후에는 반드시 책임을 다하지 못한 부모상(像)이 있습니다. 이 사실을 가슴 아프지만 지적하지 않을 수 없습니다. 오늘날 교육학자나 심리학자들에게 물어 보십시오. 문제를 일으키는 아이들의 배경에는 대부분 아버지가 아버지 역할을 제대로 하지 못하는 사실이 있음을 알 수 있을 것입니다.

아버지의 이미지(image)가 약하고, 아버지의 권위가 없고, 있어도 이 권위를 사랑으로 잘 행사할 줄 모르는 가정에서 대개 이런 비극이 나타납니다. 특히 아들에게 있어서의 모델(model)은 아버지입니다. 그런데 그 아들이 따라가고 닮아가야 할 모델이 없습니다. 그래서 성경은 얼마나 이런 가르침을 강조합니까?
"아비들아 너희 자녀를 노엽게 하지 말고 오직 주(主)의 교양과 훈계로 양육하라"(엡 6:4).
성경은 아버지의 자식에 대한 교육의 책임을 매우 강조하고 있습니다. 문제가 생기면 그때서야 개입을 하지만 때가 늦었습니다. 이런 비극이 얼마나 우리의 가정 속에서 그대로 되풀이되고 있는지요? 공평한 사랑, 그리고 부모의 자녀를 향한 적극적인 교육의 자세가 얼마나 중요한지 우리는 요셉이 자란 이 가정을 통해서 교훈받을 수 있습니다.

② 요셉의 형들

이제 폭력 집단으로, 살인 집단으로 변했던 요셉의 형들에게 우리의 관심을 모아 보십시다. 그들은 자기들 마음 속에서 일어나고 있는 미움과 시기를 다스리는 일에 실패했습니다. 성경이 이를 악물고 강조하고 있는 가장 무서운 범죄가 바로 시기와 질투입니다. 이 시기와 질투의 감정이 이 가정에 어떤 결과를 가져왔습니까?
아버지의 가슴을 찢었습니다. 그들의 마음 속에 일어난 시기와 미움은 그들로 하여금 마침내 동생을 죽이려는 살인의 음모와 계략을 꾸미도록 만들었습니다. 그래서 가족들은 오랫동안 이산가족의 아픔을 견뎌야만 했습니다. 이 감정은 또한 형들의 평생을 통해서 그 마음 속에 죄책과 번민을 가져다 주었습니다. 가정의 모든 행복과 즐거움 이 질투와 미움의 감정으로 한순간 파산해 버립니다.

지금 개인이 파괴되고 있는 모습을 주목해서 보십시오. 무너지고 있는 가정을 보십시오. 무너지고 있는 한 공동체를 보십시오. 무너지고 있는 교회를 보십시오. 무엇이 문제입니까?
그들의 문제 밑바닥에서 우리는 반드시 이 '시기'라는 죄악을 지적해 낼 수 있을 것입니다. 이런 모습을 보면서 우리는 자연히 이런 질문을 던지지 않을 수 없습니다.
"어떻게 우리는 이 미움과 시기를 극복할 수 있는가?"

미움과 시기를 극복하기 위한 방법으로 다음의 세 가지를 내놓습니다.

첫째로, 모든 시기와 미움의 감정 배후에는 사단이 있음을 기억하십시오.
누군가를 미워하는 마음이 일어날 때, 우리 속에서 시기가 일어날 때 이것은 나와 그 사람의 싸움이 아니라는 사실을 우리가 먼저 기억해야 할 것입니다. 이것은 나와 나 자신의 싸움이고, 한 걸음 더 나아가서 이것은 나와 사단의 싸움입니다. 왜냐하면 모든 유형의 미움, 모든 종류의 시기의 배후에는 사단이 도사리고 있다는 사실을 성경이 말씀하고 있기 때문입니다.
"그러나 너희 마음 속에 독한 시기와 다툼이 있으면 자랑하지 말라 진리를 거스려 거짓하지 말라 이러한 지혜는 위로부터 내려온 것이 아니요 세상적이요 정욕적이요 마귀적이니"(약 3:14,15).

잘못한 것 없이 괴롭힘을 당한다 할지라도 나를 괴롭히는 사람을
미워하거나 혹은 그를 질투하고 시기하기 시작할 때, 우리의 싸움은
단순히 나와 그 사람의 싸움이 아니라는 것입니다. 이것은 내게 역사
하고 있는 사단과의 싸움입니다.
"사단을 대적하라! 하나님을 가까이 하라!"
그렇습니다. 우리가 우리의 의지를 이 사단에게 내어주지 않는 한 사
단은 우리를 지배하지 못합니다. 우리가 항복했기 때문에 사단이 우
리를 다스리고, 마침내 우리는 이 미움과 시기의 포로가 되고 마는
것입니다.

**둘째로, 모든 사람에게는 각자에게 맞는 은사가 주어졌음을 기억
하십시오.**
인간에게는 경쟁의 가치보다도 개성의 가치가 더 중요합니다. 시기
심을 극복하기 위해서 우리는 경쟁을 통해서 선두에 선다는 사실보
다 더 중요한 삶의 가치는 자기의 개성을 성취하는 것임을 잊지 말아
야 합니다. 우리는 어려서부터 아이들에게 경쟁을 시킵니다. 아마 세
계의 모든 민족 가운데 한국인처럼 경쟁에 열심인 민족은 없을 것입
니다.
"너 이번엔 꼭 일등 해라."
이 일등에 대한 집념이 모든 부모들을 부추기고 있습니다.

이와 관계된 잊혀지지 않는 기억이 제게 하나 있습니다. 한번은 반
포 아파트에 사는 어떤 부인을 방문했습니다. 그런데 그때 그 부인이
아이를 야단치고 있었는데, 그 이유가 학교에서 산수 시험을 95점
을 받아왔기 때문이랍니다.
"너 왜 100점을 못 받았니?"
제가 거기서 한번 아이의 입장에서 생각을 해보았습니다. 95점을
받고도 어머니에게 야단을 맞으니 그 아이의 어린 마음은 얼마나 고

달프겠습니까?

우리는 이런 소리를 얼마나 자주 듣습니까?

"네 형 좀 봐라. 네 동생 좀 봐라."

이것은 형과 동생이 같아지라는 이야기입니다. 그러나 하나님은 형과 동생을 다르게 지어 주셨습니다.

우리는 인간 창조의 가치를 생각할 때마다 이 두 가지 성경의 선언을 잊어서는 안 됩니다.

첫째, 하나님은 우리를 사람으로 지으셨습니다. 이 말은 불완전하게 지으셨다는 뜻입니다. 인간은 완전한 존재는 아닙니다. 인간이 하나님은 아닙니다. 우리는 다 실수할 수 있습니다. 잘못할 수도 있습니다. 우리는 인간이 불완전하다는, 우리가 불완전하다는 이 사실을 인정해야 합니다.

둘째, 하나님은 사람을 다 다르게 지어 주셨습니다. 이 세상에서 같은 사람은 하나도 없습니다. 다 다릅니다. 쌍둥이도 다릅니다. 우리를 다르게 지어 주셨다는 것은 저마다 가야 할 삶의 길이 따로 있다는 뜻입니다. 그런데 왜 우리는 획일의 옷을 입혀 똑같은 사람이 되라고 강요합니까?

다르다는 이 사실을 우리는 받아들여야 합니다.

만약 한국이 낳은 세계적인 축구 선수인 차범근에게 어려서 그 부모가 이렇게 교육을 했다고 한번 생각해 보십시오.

"너는 밤낮 공만 차냐? 제발 이제는 공부 좀 해라."

그리고 공을 못 차게 했다고 가정해 보십시오. 그는 결코 축구 선수의 그 위대한 꿈을 키울 수 없었을 것입니다. 그는 공을 차야만 합니다. 그것이 그 사람을 향한 하나님의 뜻입니다.

우리는 하나님이 내게 주신 그 개성과 포부와 열망과 은사를 가지고 내 길을 가야지 누구를 모방해서는 안 됩니다. 그런데 우리 부모들은 이 교훈을 왜 그렇게 더디 배우는지요?

개성의 가치를 경쟁의 가치보다 더 존중히 여기십시다.
"네가 일등 하는 것이 문제가 아니야. 너를 향하신 하나님의 뜻을 이루어야 해. 네게 비행기를 조종하고 싶어하는 뜻을 하나님이 주셨다면 너는 그 일을 잘해서 그 분야에서 하나님과 인류에게 중대한 공헌을 해야 한다."
왜 우리는 이 개성의 가치를 강조하지 못하고 경쟁만을 삶의 가장 중요한 가치로 강조하고 있는 것일까요?
이것 때문에 우리의 젊은이들은 시기와 열등감의 늪에서 헤어나지 못하고 있습니다.
여기서 이 투기와 질투의 영성을 극복하려면 우리는 성경이 강조한 사랑의 실천을 다시 한 번 강조하지 않을 수 없습니다. 왜냐하면 성경이 이렇게 말하고 있기 때문입니다.
"사랑은… 투기하는 자가 되지 아니하며"(고전 13:4).
사랑은 우리로 하여금 이 시기심을 극복하게 만들기 때문입니다.

성경이 말하는 「아가페(agape)적 사랑」의 핵심이 무엇입니까?
한 마디로 아가페적 사랑의 핵심은 내가 아닌 상대방의 유익을 구한다는 것입니다. 그것이 성경에서의 "사랑"의 의미입니다. 그 말은 상대방의 삶에 내가 기여한다는 말이기도 합니다. 사랑하는 사람에게 가장 중요한 질문은 '그가 나를 어떻게 보느냐. 또 그가 나보다 얼마나 더 많은 것을 가졌느냐'는 것이 아닙니다. '내가 저 사람의 삶 속에 어떻게 기여를 할 수 있겠는가' 입니다.
누구의 가슴에든지 비어 있는 공간은 있습니다. 그 빈 공간에 대해서 그 사람은 누군가의 도움을 받아야 합니다. 당신이 이 사실을 깨닫는다면, 성경적으로 정말 사랑하기를 원한다면 이렇게 물어야 합니다.

'내가 저 사람의 생애 속에 어떻게 기여할 수 있는가?'
그러면 상대방이 내가 안 가진 무엇을 더 가졌다는 것이 하나도 문제
가 되지 않습니다.

참으로 사랑하는 사람에게는 언제나 줄 것이 있습니다. 있어야 주
는 것이 아닙니다. 사랑하면 줄 것이 항상 있습니다.
예루살렘 성전 미문에 구걸을 하기 위해서 쭈그리고 앉아 있는 앉
은뱅이 거지를 바라보던 베드로와 요한은 주머니를 뒤졌으나 그에게
줄 아무것도 없었습니다. 그러나 그들은 생각했습니다.
'우리가 저 사람에게 무엇을 줄 수 있겠는가?'
그리고 그들은 그를 향해 말했습니다.
"은과 금은 내게 없거니와 내게 있는 것으로 네게 주노니 곧 나사렛
예수 그리스도의 이름으로 걸으라"(행 3:6).
그들은 예수의 이름을 주고 싶었습니다.
'아, 저 사람이 예수를 믿는다면, 저 사람의 예수를 아는 믿음을 가
진다면 저 사람의 삶은 얼마나 달라질 것인가?'
그렇습니다. 이 앉은뱅이의 삶은 베드로와 요한이 제공한 예수 그리
스도를 소유하자마자 달라지기 시작했습니다.
당신은 사랑하는 사람들에게 무엇을 주고 계십니까?

전에 한국의 큰 교회를 맡고 계신 목사님 한 분과 개인적으로 대화
를 나누는 기회가 있었습니다. 목회에 관한 일들을 스스럼 없이 서로
털어 놓고 정겨운 대화를 나누었습니다. 그때 그 목사님이 뜻밖에 이
런 말을 하는 것을 듣고 저는 깜짝 놀랐습니다.
"이 목사, 교회가 커질수록 내가 얼마나 고독한지 몰라. 이것은 이
목사가 안 믿을지 모르지만, 지난 연말에 난 선물을 받은 것이 없
어."
그 분이 선물을 원해서 그렇게 말한 것이 아닙니다. 그렇게 고독하다

는 자신의 입장을 설명하기 위해서입니다. 다른 사람들이 선물을 많이 할 것이라고 가정들을 하니까, 또 그 분이야 무엇이 필요하겠는가라는 생각들 때문에 그 분에게 개인적으로 접근해 오고 따뜻한 정과 사귐을 나누는 사람이 없다는 사실입니다. 고독하고 안타깝다는 심정을 토로하는 그 분을 바라보면서 저는 '인간의 마음 속에는 모두가 다 텅빈 어떤 구석이 있구나'라는 생각을 하게 되었습니다. 그때 누군가가 그 분의 그 빈 공간을 채워 드렸다면 그 분은 얼마나 커다란 격려를 받을 수 있었을까요?

하나님이 우리를 사람으로 지으셨다는 말은 우리가 완전하지 않다는 이야기입니다. 우리는 신(神)이 아니니까 그 부분에 관해서 도움을 받을 필요가 있습니다. 누구나 다른 사람을 도울 수 있습니다. 약자가 강한 자를 돕는 것이 가능합니다. 없는 자가 있는 사람을 돕는 것도 얼마든지 가능할 수 있습니다. 없다는 사실 때문에 줄 수 없다는 핑계를 하지 마십시오. 줄 수 있습니다. 주는 사람이 사랑하는 사람입니다. 사랑하는 사람이 행복하고, 이런 사람들의 마음 속에는 시기나 투기의 영성이 자리잡을 여지가 없습니다.

셋째로, 사람은 서로 돕고 산다는 사실을 기억하십시오.
상대방을 통해서 내가 받아야 할 그 도움을 받을 수 있는 겸손함이 있을 때 우리는 이 투기를 극복할 수 있습니다. 즉, 내가 다른 사람을 도울 뿐만 아니라 반대로 나도 도움을 받아야 한다는 이야기입니다. 누군가가 나를 돕고자 할 때 그것을 거절하지 마십시오. 거절할 만큼 그렇게 교만하지 마십시오. 도움을 받을 줄도 아십시오. 나도 다른 사람들의 격려가 필요하고 칭찬이 필요하다는 이 사실을 놓치지 마십시오.

그러고 보면 내 주변의 사람이 나보다 더 많은 것을 가지고 있다는 사실은 질투의 대상이 아닙니다. 그것도 내 축복입니다.

"하나님, 하나님이 저 사람에게 더 많은 성경 지식을 주셔서 나를 돕게 하심을 감사합니다."
그러므로 그것 때문에 나는 하나님 앞에 감사할 수 있습니다.

때때로 목사들 사이에서도 이런 투기나 질투가 있을 수 있습니다. 이에 관한 유명한 이야기가 하나 있습니다. F.B. 마이어라는 세계적인 설교가이자 저술가가 있었습니다. 이 분은 영국의 런던에서 목회를 하신 분입니다. 같은 런던에 당시에 또 다른 유명한 목사 두 분이 계셨는데 한 분은 스펄전 목사이고, 또 한 분은 캠벨 몰간이라는 목사입니다. 특별히 그때 마이어 목사는 그의 마음 속에 있던 갈등을 이렇게 일기장에 기록했습니다.
"캠벨 몰간 목사님이 우리 도시에 온 이후로 내 마음은 그 목사님을 향한 질투와 시기심으로 견디기가 어려웠다."
그는 그래서 기도했습니다. 하지만 계속 일어납니다. 마음 속에 있는 질투와 시기의 감정은 떠나지 않았습니다.
"하나님, 시기하지 않게 하소서."

어느 날 그는 깊은 기도 속에서 하나님의 이런 도전을 받았습니다. '너는 네 속에 시기가 없어지도록만 기도했지 그를 하나님이 축복하시도록 기도한 일이 있는가?'
그날 그 도전을 받고 그는 깜짝놀라 일어나 이런 기도를 시작했습니다.
"하나님, 몰간 목사님이 사역하는 교회를 축복해 주십시오. 넘쳐 흐르게 도와 주십시오. 그래서 너무 많이 넘쳐 흐르게 되면 그 나머지를 제가 얻을 수 있도록 도와 주십시오."
그리고 그는 한 걸음 더 나아가서 이런 기도까지 할 수 있었습니다.
"하나님, 제가 캠벨 몰간 목사님을 통해서 축복받기를 원합니다."
그리고 그는 어느 날 몰간 목사가 시무하는 교회의 뒷자리에 앉아서 설교를 들으며 마음 속에 말할 수 없는 축복을 받으며 감사할 수 있었다고 합니다. 그래서 자기 마음 속에 일어나는 그 투기의 영성을 극복할 수 있었다는 놀라운 간증입니다.

내 주변의 누군가가 나보다 더 많이 갖고 더 많은 인기를 누리고 있다는 사실은 투기의 대상이 아니라 축복일 수가 있습니다. 하나님이 그를 통해서 나를 축복하실 수 있기 때문입니다. 축복해 보십시오. 감사해 보십시오. 우리의 마음 속에 있었던 시기가 그를 향한 사랑으로 변모하는 것을 경험하기 시작할 것입니다.

③ 요셉

이제 우리는 마지막으로 다시 요셉에게로 돌아옵니다. 요셉의 생애를 통해서 우리에게 찾아오는 가장 커다란 교훈은 이런 것입니다. 그의 환경은 얼마나 불우했습니까?
부인을 네 명이나 얻으며 가정을 혼란하게 만들었던 아버지를 두었습니다. 어머니는 그가 어렸을 때 일찍이 세상을 떠나셨습니다. 이복 형들은 그를 질투했습니다. 그러나 요셉은 결코 불행해지지 않았습니다. 이 사실이 우리에게 커다란 교훈이 됩니다. 아버지가 그에게 좋은 모델이 되어 주지 못했고, 형들은 그를 적대시했고, 노예로 팔려가는 환경은 절망적이었지만 요셉은 결코 불행해지지 않았습니다. 아니 요셉은 불행해지지 않기로 결심했는지 모릅니다.

오늘 많은 사람들 가운데 환경이 이러니까 나는 할 수 없이 이 길을 걸어갈 수밖에 없다는 핑계를 하고 있는 사람들이 있다면, 이 요셉의 사건을 읽어 보시기를 권하고 싶습니다. 요셉의 삶은 우리에게 이런 교훈을 던집니다. 우리의 잘못된 환경이나 불행한 환경이 오늘 나의 불행한 삶에 대한 변명이나 구실이 될 수 없다는 사실입니다.

그는 그럼에도 불구하고, 못난 아버지에도 불구하고, 자기를 적대시
하는 형들에도 불구하고 행복한 삶을 마침내 영위할 수 있었습니다.
왜 그랬을까요? 무엇이 그를 그렇게 만들었을까요?
그 대답은 다시 본문의 제목으로 돌아올 수밖에 없습니다. 그것은 하
나님을 향한 그의 믿음 때문입니다.

　창세기에서 요셉의 부분을 읽어 보면 그가 원망했다는 말이 한 구
절도 없습니다. 단 한 번도 자기의 가정이나 환경이나 형제를 원망하
는 요셉의 모습을 찾을 수 없습니다. 왜 그렇습니까?
그에게는 믿음이 있었기 때문입니다. 그는 하나님을 신뢰했습니다.
그리고 그는 하나님의 계획을 신뢰한 것입니다. 하나님이 자기에게
이런 아버지를 주신 이유가 충분히 있다고 그는 믿었습니다. 자기를
적대시하는 형제들이 있지만 저들을 통해서 하나님이 자기에게 하시
고자 하는 이유와 역사가 있다고 그는 믿었습니다. 불행한 환경이지
만 이 환경을 주신 이유가 있다고 그는 믿을 수 있었습니다.

　그리고 요셉은 믿음으로 삶을 걸어갔습니다. 이 아버지 야곱이 참
못난 아버지이지만 아들에게 한 가지 좋은 유산을 남겼습니다. 그것
은 여호와 하나님에 대한 믿음이었습니다. 요셉은 자기 아버지가 존
경스럽지 못하다고 해서 아버지의 모든 것을 다 내팽개칠 만큼 미련
하지 않았습니다. 그는 아버지가 하나님을 경외했던 이 좋은 믿음 하
나를 붙들었습니다. 이 믿음을 붙들고 그는 자기의 삶의 역경과 좌절
의 밑바닥에서 다시 일어났습니다. 그리고 믿음으로 걸어갔습니다.
그는 결코 꿈을 잃어 버리지 않았습니다.
'하나님께 계획이 있을 것이다. 내 삶에 대한 놀라운 섭리가 있을 것이
다. 이 삶을 통해서 하나님은 하실 일이 있을 것이다.'
그는 그래서 믿었고, 찬양했고, 감사했고, 그렇게 삶의 길을 걸어갔
습니다. 그리고 마침내 그는 성공할 수 있었습니다.

오늘 당신은 어떻게 살고 계십니까?
나는 또한 어떻게 살고 있습니까?

2

유혹으로부터의 승리

"그 후에 그 주인의 처가 요셉에게 눈짓하다가 동침하기를 청하니 요셉
이 거절하며 자기 주인의 처에게 이르되 나의 주인이 가중 제반 소유를
간섭지 아니하고 다 내 손에 위임하였으니 이 집에는 나보다 큰 이가 없
으며 주인이 아무것도 내게 금하지 아니하였어도 금한 것은 당신뿐이니
당신은 자기 아내임이라 그런즉 내가 어찌 이 큰 악을 행하여 하나님께
득죄하리이까"(창 39 : 7~9).

성경의 가장 놀라운 가치 가운데 하나는 그 정직성에 있습니다. 성경은 어떤 사람의 생애도 우상화하려는 의도가 없습니다. 홀륭한 위인전이라든지 존경받는 사람들의 전기를 읽어 보면 다소간 그 사람의 생애에 대해 이야기가 미화되고 과장되어 있는 것을 볼 수 있습니다.

그러나 성경은 그렇지 않습니다. 성경에는 우리가 그렇게도 존경하고 우러러보는 사람의 더럽고 추한 것과 약함의 모습이 그대로 노출되어 있습니다. 가장 존경할 만한 어떤 신앙인의 어이없는 실족이나 타락이나 범죄의 장면이 여지없이 폭로되어 있습니다.

"성경에 왜 이런 기사가 실렸는가?"
그러나 놀라지 마십시오. 이런 사실을 통해서 성경이 얼마나 인간이 모든 삶 앞에 완전하고 절대적으로 정직하게 접근하는가를 보시기 바랍니다. 아담의 타락, 신앙의 가부장이었던 노아의 술취함과 부끄러움의 형편없는 이야기, 아브라함이 자기 부인을 누이라고 거짓말하는 이 어이없는 장면, 모세의 실수, 삼손의 들릴라와의 그 추하고 너절한 유희, 다윗과 우리아의 아내와의 사건, 솔로몬의 그 비극적인 인생의 황혼의 사건들이 모두 성경에 기록된 것들입니다.

그런데 이런 사건들을 읽어보면서 이런 묘한 반응을 가지는 분이 우리 가운데 더러 있는 것을 보게 됩니다.
'내가 존경하고 좋아하는 신앙의 사람도 이렇게 타락했는데 나야 뭐 ….'
그렇게 해서 자기도 타락할 수 있다는 자기 합리화의 구실로 성경에 나타난 이런 사람들의 사건을 인용하는 사람들을 심심치 않게 볼 수 있습니다. 그러나 이것이 우리가 오늘 타락해도 좋다는 것에 관한 변명이나 구실은 될 수 없습니다. 물론 우리가 존경하는 하나님의 사람들의 생애 속에 이런 타락과 실족이 있었던 것이 사실입니다. 하지만 그렇더라도 그것은 말 그대로 변명을 위한 변명에 불과할 뿐입니다. 본문은 이러한 구실이나 변명이 통할 수 없다는 사실에 관한 성경의 한 사건입니다.

본문은 인간성의 연약함이 반드시 나의 범죄나 타락의 구실이 될 수 없다는 사실을 보여 줍니다. 요셉은 일찍이 고향의 나쁜 가정 환경 속에서 자라났습니다. 그러나 그럼에도 불구하고 요셉은 스스로 불행하다거나 자기 인생에 대해 반항하고 포기하는 태도를 보이지 않았습니다. 그는 스스로 불행해지는 삶의 길을 거절했습니다.

이제 요셉은 외국으로 끌려오게 됩니다. 이것을 우리가 오늘의 상황 속에서 실감있게 받아들이기 위해서 이렇게 이야기해도 좋을 것입니다. 이제 고등학교를 졸업한 요셉은 애굽의 대학에 입학합니다. 좀 형편이 다른 대학입니다만, 그는 우리가 아는 대로 종으로 끌려옵니다. 그래서 형편없는 밑바닥 이민 생활을 시작합니다. 그럼에도 불구하고 요셉은 자기를 둘러싼 새로운 환경 속에서의 유혹에 대한 타협이나 굴복을 거절하는 모습을 보여줍니다.

1. 시위대장 보디발의 집에 들어간 요셉

"요셉이 이끌려 애굽에 내려가매 바로의 신하 시위대장 애굽 사람 보디발이 그를 그리로 데려간 이스마엘 사람의 손에서 그를 사니라"(창 39:1).

요셉은 팔려서 시위대장 집에 머슴으로 들어가게 되었습니다. "시위대장"이란 지금으로 말하자면 "청와대 경호실장"과 비슷한 직위라고 생각하면 좋을 것입니다.

그런데 2 절 말씀을 보십시오.

"여호와께서 요셉과 함께하시므로 그가 형통한 자가 되어 그 주인 애굽 사람의 집에 있으니."

이 말씀이 당신과 저에게 무슨 교훈을 베풀고 있습니까?
요셉은 여러 가지 우여곡절의 얄궂은 운명을 통해서 가까스로 죽음을 모면하고 애굽에 종으로 팔려왔습니다. 그런데 본문은 이렇게 말씀합니다.
"여호와께서 요셉과 함께하시므로 그가 형통한 자가 되어."

　이 말씀을 바꾸면 이런 교훈이 됩니다. 오늘 우리가 어디에서 사느냐가 그렇게 중요한 문제가 아닙니다. 단순히 삶의 터전을 옮겼다는 사실 때문에, 새로운 곳에서의 삶이 의미와 만족을 주지 못한다는 사실 때문에 절망과 불안과 낙심 속에서 살아가는 우리의 이웃들이 얼마나 많이 있습니까?
그런데 본문은 우리가 '어디에서 사느냐'가 문제가 아니라 '어떻게 사느냐'가 문제라는 사실을 가르칩니다.
　하나님이 함께하실 때 그 얄궂은 운명의 자리 애굽은 요셉에게 있어서 영광스러운 삶의 장소로 변할 수 있었습니다. 어디에서 사느냐는 사실에 너무 신경을 쓰지 마십시오. 우리가 더 물어야 할 질문은 '나는 오늘 어떻게 살고 있는가? 하나님이 내게 허락하신 이 환경, 이 삶의 자리에서 나는 어떻게 살고 있는가?'입니다.

　"그 주인이 여호와께서 그와 함께하심을 보며 또 여호와께서 그의 범사에 형통케 하심을 보았더라"(창 39:3).
이 말씀이 충격을 던지지 않습니까?
이 말씀 앞에서 놀라십시오. 하나님이 요셉과 함께한다는 사실을 주인이 보았습니다. 이 주인은 예수를 믿는 사람이 아닙니다. 그리스도인이 아닌 사람이 나에게 하나님이 함께하신다는 사실을 보고 있습니다. 당신은 그것을 보여 줄 수 있습니까?
다시 말하면 요셉이 이렇게 자기 선전을 한 것이 아닙니다.
"여러분, 나는 하나님이 함께하는 사람이예요."

이렇게 자기 선전을 한 것이 아닙니다.

오늘 우리는 자기 선전 시대에 살고 있습니다. 그래서 그리스도인들 가운데서도 삶 그 자체의 가치를 하나님 앞에 책임있게 사는 데 두는 것이 아니라 자기를 선전하는 데 두는 사람이 있음을 더러 볼 수 있습니다.

그러나 그것은 하나도 중요하지 않습니다. 내가 나를 선전하는 것보다도 다른 사람이 나를 어떻게 보느냐가 중요합니다.

직장의 믿지 않는 동료가 당신이 하나님과 함께하는 사람이라는 것을 증명하고 있습니까?

남편이 혹은 아내가 당신이 하나님과 함께하는 사람이라는 것을 당신에게 말한 적이 있습니까?

"당신은 정말 하나님이 함께하는 사람이야."

당신의 자녀들이 어느 날 "아빠, 아빠는 참으로 하나님을 사랑하시나 봐요"라고 말한 적이 있습니까?

주변의 이웃들이 입술을 열어 신앙고백을 들려준 적이 있습니까?

"그 주인이 여호와께서 그와 함께하심을 보며 또 여호와께서 그의 범사에 형통케 하심을 보았더라."

그래서 본문에 보시면 이제 요셉 때문에 이 가정에 축복이 부어집니다.

"그가 요셉에게 자기 집과 그 모든 소유물을 주관하게 한 때부터 여호와께서 요셉을 위하여 그 애굽 사람의 집에 복을 내리시므로 여호와의 복이 그의 집과 밭에 있는 모든 소유에 미친지라"(창 39:5).

비록 이 주인은 불신자이지만 요셉에게 자기 집을 맡기고 싶어하는 충동 때문에 요셉을 가정의 총무로 삼습니다. 그래서 노예가 이제 이 가정의 총무인 청지기가 된 것입니다. 뿐만 아니라 성경의 이 표현을 다시 한 번 음미해 보십시오.

"…때부터 여호와께서 요셉을 위하여 그 애굽 사람의 집에 복을 내리시므로."

내가 이 직장에 있기 때문에 내 직장이 잘 됩니다. 그래서 내 직장의 상사가 나를 보고 말합니다.

"당신은 우리 직장에 없어서는 안 될 사람이오. 당신 때문에 하나님이 우리 직장에 복을 내리시는 모양이오."

그래서 세상 사람에게도 그리스도인의 존재가 놓칠 수 없는 존재임을 입증하고 있는 이 순간입니다. 여기에서 단적으로 우리는 요셉이 그의 삶의 주변에 어떤 영향을 끼치고 있었는가를 볼 수 있습니다.

2. 요셉에게 찾아온 유혹

이렇게 해서 요셉이 한창 자기 인생의 축복과 다른 사람들에게 인정을 받고 높은 자리로 올라가는 상승세를 타고 있었던 어느 날, 그의 생애에 극적인 한 유혹이 찾아옵니다. 오늘 우리의 관심은 이 유혹에 있습니다.

인생을 살다 보면 여러 가지 유혹을 받게 되는 것이 다반사입니다. 물질적인 유혹, 쾌락에의 유혹, 권력에 대한 유혹 등 뿌리치기 어려운 여러 유혹들이 우리 앞에 속속 몰려옵니다. 그래서 이 야망 때문에 몸부림치는 이웃들도 종종 볼 수 있습니다. 그러나 그 중에서도 많은 사람들이 이성에 대한 감각적인 유혹 때문에 고통과 괴로움을 당하고 있습니다. 요셉에게 찾아온 유혹이 바로 이 육체적인 유혹이었습니다.

생각해 보십시오. 요셉의 이때 나이가 27세입니다. 총각입니다. 거기다가 노예 생활을 하면서 고독과 향수에 지쳐 있습니다. 이런 순간에 찾아온 이 유혹, 이것은 얼마나 견디기 어려운 유혹이겠습니까?

요셉에게 이 유혹이 얼마나 견디기 어려운 유혹이었는가를 좀더 잘 이해하기 위해서 본문을 더 깊숙히 관찰해 보십시다.

첫째로, 요셉은 지금 집을 떠난 상태입니다.

요셉은 집을 떠난 상태에서 이 유혹을 받았다는 사실을 기억해야 합니다. 집을 떠나 있을 때 받는 유혹이 더 어렵습니다. 건강한 가정, 행복한 가정은 유혹을 이기는 최대의 요새입니다.

당신은 당신의 자녀들에게 무엇을 남기기를 원하십니까?

남기고 싶은 것이 많이 있을 것입니다. 그러나 저는 우리가 자녀들에게 남길 수 있는 최대의 것이 있다면 다른 것이 아니라고 생각합니다. 제 아내와 늘 이런 이야기를 합니다.

"여보, 뭐 다른 것이 있겠소. 우리가 행복하게 살아가는 모습, 행복한 부부상, 성결하게 삶을 사는 부부상을 보여 주면 되는 거지."

우리 아버지 어머니가 얼마나 다정한가, 또 얼마나 삶을 진지하게 살아가고 있는가라는 이것보다 우리가 자녀에게 남길 수 있는 중요한 유산이 어디에 있겠습니까?

집을 떠나 있을 때, 그때 유혹은 찾아옵니다. 집을 떠난다는 것은 언제나 약간의 해방감을 가져다 줍니다. 나를 둘러싸고 있던 그런 제약과 굴레로부터 벗어날 때 우리는 쉽게 그리고 무력하게 유혹 앞에 노출되기 시작합니다.

자녀들이 집을 떠나서 어디에선가 공부하고 있는 부모 여러분은 잘 들으십시오. 당신의 자녀들을 위해서 얼마나 기도하십니까?

그들에게 많은 유혹이 있다는 사실을 아십니까?

그들이 얼마나 위험한 유혹 앞에 노출된 채 삶을 살고 있는가를 아십니까?

부모의 깨어있는 기도, 이 자녀를 위한 간절한 기도가 없이는 자녀를 유혹으로부터 지킬 길이 없다는 사실을 아십니까?

우리도 마찬가지입니다. 집을 떠날 때 그 해방감에서부터 찾아오는 아주 간교한 유혹에 똑같이 직면합니다. 그래서 성경은 우리에게 실제적인 충고를 던지고 있습니다.

"서로 분방하지 말라 다만 기도할 틈을 얻기 위하여 합의상 얼마 동안은 하되 다시 합하라 이는 너희의 절제 못함을 인하여 사단으로 너희를 시험하지 못하게 하려 함이라"(고전 7:5).

부부가 떨어져 있는 시간이 많을수록 이 유혹의 시간 앞에 자기 자신을 드러내는 것입니다. 그래서 성경은 기도할 시간을 잠시 얻는 것 외에는 부부가 함께 있는 삶의 중요성을 강조했습니다.

그러나 이 요셉의 경우는 총각입니다. 아는 사람도 없는 이역만리에서 어느 날 자기를 향해서 접근해 오는 여주인의 이 유혹은 얼마나 요셉으로서 견디기 어려운 것이었겠습니까?

둘째로, 유혹자는 권력있는 여자였습니다.

이 유혹이 요셉으로서 견디기 어려웠다는 또 하나의 증거는 자기를 유혹하고 있는 여인이 권력있는 여자라는 사실입니다. 주인의 아내입니다. 그래서 더 거절하기가 어려웠을 것입니다. 아니 어쩌면 이 여인은 출세를 보장해 주며 요셉을 유혹했을지 모릅니다. 때때로 이 육체의 유혹은 단순한 그 유혹뿐만이 아니라 돈의 유혹, 권력의 유혹과 합해져서 우리에게 다가오는 경우들을 종종 볼 수 있습니다. 요셉은 그래서 더 어려웠을 것입니다.

셋째로, 이 유혹은 집요한 유혹이었습니다.

요셉이 받은 유혹은 단 한 번의 유혹이 아니라 계속되던 집요한 유혹이었다는 사실을 주목해서 보십시오.

"그 후에 그 주인의 처가 요셉에게 눈짓하다가 동침하기를 청하니"(창 39:7).

잘못되기 시작하면 여자가(?) 더 무섭습니다. 여기서 한 번 유혹했습니다.

그 다음을 보십시오.

"여인이 **날마다** 요셉에게 청하였으나 요셉이 듣지 아니하여 동침하지 아니할 뿐더러 함께 있지도 아니하니라"(창 39:10).

한 번이 아니라 이제 "날마다"입니다. 정신이 나간 여자입니다. 이것이 두번째입니다.

그 다음을 보십시오.

"그 여인이 그 **옷을 잡고** 가로되 나와 동침하자"(창 39:12).

적어도 세 번 이상씩이나 유혹이 요셉을 향해 옵니다. 단 한 번의 유혹이라면 웬만큼 도덕적인 신념이 굳은 사람은 피할 수 있을 것입니다.

'내가 이럴 수가 있겠는가?'

그러나 집요하게 유혹이 계속될 때 그것을 끝까지 이길 사람이 얼마나 되는지요?

이 집요한 유혹, 자기를 목표로 해서 계속해서 다가오는 이 유혹을 요셉은 피하기가 얼마나 어려웠겠습니까?

넷째로, 아무도 없는 상황에서 유혹받았습니다.

요셉에게 이 유혹이 어려웠다는 또 하나의 증거는 요셉이 유혹을 받고 있던 그 환경이 유혹을 받기에 너무도 적합한 환경이었다는 사실입니다.

"그러할 때에 요셉이 시무하러 그 집에 들어갔더니 그 집 사람은 하나도 거기 없었더라"(창 39:11).

아무도 없다는 이 절대 절호의 기회에 유혹이 찾아옵니다. 무슨 종류의 유혹이건 우리가 유혹에 실패할 때마다 우리의 마음 속에서 이런 속삭임이 없었는가를 생각해 보십시오.

'아무도 보는 이가 없는데….'

얼마나 견디기 어려운 유혹의 기회였겠습니까?

사단은 언제나 우리를 넘어뜨리기 위한 아주 좋은 적합한 시간을
노리고 있습니다. 그래서 바울 사도는 우리에게 권면하기를 "마귀로
틈을 타지 못하게 하라"고 말합니다. 사단은 우리에게 이 기회를 우
리를 유혹하고 넘어뜨리기 위한 수단으로 삼는 것입니다. 그러므로
이때가 범죄하기에 가장 좋은 기회라고 생각될 때마다 이것을 기억
하십시오. 바로 이 상황의 배후에는 사단이 노리고 있다는 사실을 !

다섯째로, 모든 것이 잘 될 때 유혹받았습니다.
요셉이 유혹을 받은 이때는 한창 그가 상승 궤도를 타고 잘 달리고
있을 때입니다. 인정받고, 사랑받고, 그래서 자기의 책임이 늘어가고
위치가 높아질 때 이 유혹이 찾아왔습니다. 우리는 우리를 둘러싸고
있는 환경이 어둡고 추운 밤이 아닌 따뜻한 날일 때, 나를 둘러싼 모
든 것들이 다 잘 되어가고 있을 때 쉽게 허리띠를 풀고 싶은 유혹을
받습니다. 내 도덕의 허리띠를 풀어버리고, 내 신념의 허리띠를 풀어
버리고, 내 의무의 허리띠를 풀어버리고 달콤한 쾌락과 방탕 속에 자
신을 던지고 싶은 유혹을 받습니다. 그래서 성경은 말합니다.
"그런즉 선 줄로 생각하는 자는 넘어질까 조심하라"(고전 10:12).
나를 둘러싼 환경이 잘 된다고 생각할 그때에 내 심장과 삶의 한복판
에 다가오는 이 사단의 화살을 조심하시기 바랍니다. 만월의 계절은,
달이 풍만한 만월의 계절은, 달이 기울어가는 계절의 시작일 수도 있
다는 것을 기억하십시오.

요셉이 받았던 이 유혹은 얼마나 견디기 어려운 유혹이요 환경이
었습니까?
그러나 이 저항하기 어려운 환경에서 유혹을 극복했기 때문에 요셉
의 승리는 값진 것입니다.

3. 유혹을 극복한 방법

요셉의 승리는 우리에게 커다란 승리의 모델(model)입니다. 환경이 타락의 변명이 결코 될 수 없다는 사실에 관해서 요셉의 삶은 웅변적인 하나의 증거로서 다가오고 있습니다. 그는 어떻게 승리했습니까?

요셉이 승리한 그 방법들을 살펴보기로 하십시다.

첫째로, 요셉은 분명한 도덕적 기준을 가지고 있었습니다.

"이 집에는 나보다 큰 이가 없으며 주인이 아무것도 내게 금하지 아니하였어도 금한 것은 당신뿐이니 당신은 자기 아내임이라 그런즉 내가 어찌 이 큰 악을 행하여 하나님께 득죄하리이까"(창 39:9).

요셉은 자기에게 다가오는 그 유혹에 자기가 굴복하면 그것은 악이며 범죄임을 분명히 고백했습니다.

오늘 이 시대의 가장 커다란 문제는 도덕적인 절대가치 기준이 무너져가고 있다는 사실입니다. 얼마 전에 세상을 떠난 스위스 라브리(L'Abri)의 프란시스 쉐퍼 박사는 현대의 가장 무서운 타락의 원인을 현대인들에게 절대적인 가치기준이 없어져가고 있다는 데에 두었습니다. 옛날에는 그저 그렇게 하는 것이 당연한 줄 알았습니다. 잘못하면 잘못했다는 것을 알았습니다. 그런데 요즘 젊은이들은 그것이 왜 죄냐고 묻습니다. 이 도덕적인 절대기준을 거부하면서부터 현대의 비틀거리는 도덕적 방황이 시작된 이 사실을 주목해서 보십시오.

최근에 읽은 미국의 어느 잡지에 실린 통계에 의하면, 미국 여성들 가운데 50 퍼센트가 혼전성교가 죄가 아니라고 대답하고 있습니다.

방탕한 생활을 예술과 시(詩) 정신의 이름으로 노래하던 시인 바이런은 그의 36 세의 부도덕한 방탕의 생애를 마치기 직전에 그렇게 살아온 자기의 삶이 가져다 준 아픈 결과를 이런 시로써 표현했습니다.

> "나의 날은 노란 잎사귀 같은 것.
> 사방의 꽃과 열매는 다 사라지고
> 벌레와 질병과 근심만이 남았는데
> 그것들만이 내 것."

바이런 이후에도 예술과 낭만과 사랑의 이름으로 이 절대적인 도덕적 가치관을 전도시키고 상대적인 도덕관을 받아들이고 있는 수많은 젊은이가 있습니다. 때문에 우리는 그 비극의 씨앗을 우리의 세계 속에서 거두고 있습니다.

고대 세계에서 제일 여성 해방이 많이 된 곳이 애굽입니다. 그러나 그런 사회적인 분위기 속에서도 하나님을 사랑하고 신뢰했던 요셉은 이렇게 말합니다.

"이것은 커다란 악입니다. 내가 이것을 행하여 하나님 앞에 어떻게 득죄할 수가 있겠습니까?"

이 분명한 도덕적인 선언과 고백이 요셉에게 있었습니다.

둘째로, 요셉은 인간 관계에 대한 확신이 있었습니다.

요셉이 승리할 수 있었던 또 하나의 비밀은 그는 인간 관계에서 신뢰의 중요성에 대한 확신이 있었습니다. 그것은 하나님이 맺어 주신 인간 관계에 대한 확신입니다.

"요셉이 거절하며 자기 주인의 처에게 이르되 나의 주인이 가중 제반 소유를 간섭지 아니하고 다 내 손에 위임하였으니"(창 39:8).

무슨 이야기입니까?

나는 내 주인을 배신할 수 없다는 이야기입니다.

"나는 내 남편을 배신할 수 없어요."

"나는 내 아내를 배신할 수 없소. 나는 내 이웃을 배신할 수 없소."

이런 최소한도의 바탕을 이루는 도덕적인 고백들마저도 사라지고 있는 것이 오늘 이 시대의 비극입니다.

셋째로, 요셉은 하나님과의 관계에 대한 확신이 있었습니다.
한 걸음 더 나아가서 요셉을 승리하게 만든 정신적인 끈 가운데 하나는 하나님과의 관계에 대한 윤리적인 확신입니다. 이것이 제일 중요합니다. 그는 하나님과의 관계에 대한 윤리적인 확신이 있었습니다. "이 집에는 나보다 큰 이가 없으며 주인이 아무것도 내게 금하지 아니하였어도 금한 것은 당신뿐이니 당신은 자기 아내임이라 그런즉 내가 어찌 이 큰 악을 행하여 하나님께 득죄하리이까"(창 39:9).
요셉은 하나님을 의식하고 있었습니다. 아무도 보지 않는다는 유혹이 자기를 향해서 다가오는 그 순간 요셉은 '아니야, 하나님이 보고 계셔'라고 생각한 것입니다.

불꽃 같은 안목으로 내 삶의 현장을 감찰하시고 꿰뚫어 보시는 그 하나님 앞에서 어떻게 범죄할 수 있겠습니까?
나를 지으신 하나님, 나를 자녀로 삼아 주신 하나님, 그리고 내게 기대를 걸고 계신 하나님, 이 하나님에 대한 책임있는 응답의 삶을 살지 않으면 안 된다는 확신을 요셉은 가지고 있었습니다.
당신은 당신을 만들어 주시고, 하나님의 자녀로 삼아 주시고, 당신의 삶에 대한 기대를 가지시고 한평생 동안 자녀로서의 아름답고 보람있는 삶의 발자취를 남기라고 기대하시는 이 하나님의 부르심과 기대 앞에 책임있는 응답을 하고 계십니까?
이런 하나님과의 관계 속에서 책임있는 삶을 살아야 한다는 이 거룩한 확신이 요셉을 지켰던 것입니다.

넷째로, 요셉은 바쁘게 살았습니다.
요셉은 바쁘게 사는 것으로 이 유혹을 극복했습니다. 다시 말하면 의

무에 대한 충성심으로 그는 유혹을 극복했습니다. 우리는 요셉의 그런 모습을 성경에서 충분히 확인할 수 있습니다. 자기 일을 열심히 하는 사람에게 유혹은 감히 손길을 뻗치지 못합니다.

유혹이 언제 옵니까?

성경에 나타난 경우들을 보면 한가할 때, 게으를 때, 마음이 괜히 부산스럽게 방황하기 시작할 때 옵니다. 해야 할 일이 많은 사람, 해야 할 일에 열중하는 사람은 시선을 다른 데 돌릴 수 없습니다.

이 사건에 관한 가장 고전적인 예를 우리는 다윗에게서 볼 수 있습니다. 다윗이 우리아의 아내와 간음을 하는 장면을 성경에서 보십시오. 그 성경의 본문이 이렇게 시작됩니다.

"저녁 때에 다윗이 그 침상에서 일어나 왕궁 지붕 위에서 거닐다가 …"(삼하 11:2).

왜 하필이면 저녁에 일어납니까?

그때 그의 부하들은 전쟁터에 출전해서 사투를 건 전투를 치르고 있었습니다. 그런데 다윗은 실컷 늘어지게 자고 저녁 때 일어나서 지붕을 거니는 것입니다. 그때 유혹이 왔습니다. 그에게는 이 유혹에 저항할 만한 준비가 되어 있지 않았습니다.

그래서 초기의 청교도들이 행하는 신앙고백 가운데에 이런 말이 있었습니다.

"게으른 마음은 사단의 공작실이다."

우리의 마음이 나태와 게으름의 순간을 표류하고 있을 그때야말로 사단이 역사하기 가장 좋은 때입니다. 또 청교도들은 이런 고백을 했습니다.

"보통은 인간이 사단에 의해서 유혹을 받지만, 게으른 인간은 스스로 사단의 유혹을 초래한다."

내 삶을 게으름과 나태함 속에 던진다는 것은 "사단이여, 나를 시험하십시오"라고 시험을 초대하는 것과 같다는 이야기입니다.

해야 할 일이 있는 사람, 가치있는 일에 바쁜 사람이 괜히 돌아다니겠습니까?

예수를 잘 믿어 보십시오. 참 세월이 빠르게 지나갑니다. 뭐가 그렇게 할 일이 많은지 모르겠습니다. 주일 아침 저녁이면 예배드리러 가야지요, 성가대 하러 가야지요, 수요일이면 수요 예배 드리러 가야지요, 구역 예배 드려야지요, 부서 활동 해야지요, 그런데 어디 돌아다니면서 범죄할 시간이 있습니까?

할 일을 하십시오. 요셉이 시험을 이길 수 있었던 삶의 근거 가운데 하나는 언제나 삶의 의무 앞에 충성하고자 하는 그 자세였음을 놓치지 마십시오.

다섯째로, 요셉은 유혹을 피했습니다.

"그 여인이 그 옷을 잡고 가로되 나와 동침하자 요셉이 자기 옷을 그 손에 버리고 도망하여 나가매"(창 39:12).

유혹에 승리하게 만든 가장 중요한 비밀이 여기 있습니다.

"도망하라."

그것은 유혹을 이기는 최대의 비밀입니다. 사단과 싸우려고 해서는 안 됩니다.

어떤 젊은이 한 사람이 사창가 앞을 서성거리면서 기도를 했답니다.

"하나님, 저를 시험에 들게 하지 마옵소서."

그래도 어쩔 수 없어 그는 범죄하고 말았습니다. 그는 목사님에게 와서 말합니다.

"목사님, 기도해도 안 되던데요?"

그러자 목사님이 이렇게 그에게 일러 주었다고 합니다.

『기도한 것은 잘했지만 기도가 너무 늦었다네.』

시험에 들기 전에 기도해야 한다는 이야기입니다. 이미 시험에 든 다음에 기도하면 무슨 소용이 있습니까?

시편 기자는 복 있는 사람을 묘사하면서 이렇게 말합니다.
"복 있는 사람은 악인의 꾀를 좇지 아니하며 죄인의 길에 서지 아니
하며 오만한 자의 자리에 앉지 아니하고"(시 1:1).
걷다 보면 서게 되고, 서다 보면 주저앉게 됩니다. 그러므로 아예 처
음부터 그 길을 가지 말아야 합니다.
바울 사도는 젊은이들에게 정욕을 관리하는 문제를 가르치면서 이
렇게 말합니다.
"청년의 정욕을 **피하고**"(딤후 2:22).
이것은 대결해서 이길 수 있는 상황이 아닙니다. 피하고 도망하는 길
밖에 다른 길이 없습니다.
요셉은 자기의 옷을 붙드는 여인에게서 그 옷을 버리고 도망갔다
고 기록하고 있습니다. 옷을 잃어버리는 것이 순결을 잃는 것보다 낫
습니다. 옷을 버리는 것이 양심을 잃어버리는 것보다 나은 것입니다.

요셉은 자기에게 다가오는 유혹에 대해서 "아니오"라고 말할 수 있
는 도덕적인 용기와 신앙적인 준비가 되어 있었던 하나님의 사람이
었습니다. 또 그 유혹에 대해 피하는 지혜를 갖춘 사람이었습니다.
당신은 당신의 자녀들에게 이 유혹에 승리하는 삶을 가르치고 계
십니까?
어떻게 가르칠 수 있습니까?
단 하나의 방법으로 가능합니다. **모본을 보이십시오.** 당신의 자녀들
이 도덕적인 방탕과 무목적과 무의미의 삶 속에서 방황하는 것을 원
치 않는다면 당신이 친히 모본을 보여 주십시오. 깨끗하고 거룩하게
사는 모본을 보여 주십시오. 도덕적으로 실패하고 계속 그 삶이 방탕
으로 흐르는 사람의 족보를 캐어 보면 그 부모에게 깊은 원인이 있는
것을 보게 됩니다. 그러나 또한 부모의 잘못된 생활 습관이 내가 오

늘 잘못된 데에 대한 변명이 되지 않는다는 사실을 기억하십시오. 요셉은 자기 아버지나 자기 주변의 삶과 다른 삶을 살기로 결단했고, 그래서 그는 하나님 앞에 신실하고 거룩하고 깨끗한 승리의 삶을 살 수 있었습니다.

당신은 어떻습니까?

4. 승리를 위한 제언

첫째로, 성(性)은 하나님의 선물입니다.

성욕 그 자체가 죄는 아닙니다. 성(性)은 하나님의 아름다운 선물입니다. 이것은 부부라는 합법적인 결혼 관계를 통해서 사용되어질 하나님의 선물입니다. 우리는 이 성(性)을 통해서 하나님의 축복을 누리고, 하나님의 기쁨을 누리고, 하나님의 사랑을 경험하고, 생명을 창조하는 은혜를 경험합니다. 하나님이 아담을 지으신 다음에 "사람의 독처하는 것이 좋지 못하니"라고 말씀하셨습니다(창 2:18). 그리고 하와를 지으셨습니다. 그리고 하신 말씀을 잊지 마십시오. "하나님이 그 지으신 모든 것을 보시니 보시기에 심히 좋았더라"(창 1:31).

그리스도 안에서 함께 살아가는 의 좋은 부부의 모습은 얼마나 커다란 감동입니까?

그러나 이 성(性)이 성경이 원하지 않는 다른 방법으로 남용되거나 잘못 사용될 때, 그때부터 이 성(性)은 우리를 파괴하고 무너뜨리는 사단의 도구가 될 수 있다는 사실을 또한 잊지 마시기 바랍니다.

둘째로, 유혹 그 자체는 죄가 아닙니다.

유혹을 느끼거나 유혹을 받는 것을 죄라고 생각하지 마십시오. 유혹을 받는 그 자체는 죄가 아닙니다. 유혹이 오는데 어떻게 합니까? 느껴지는데 어떻게 합니까?

그 자체는 죄가 아닙니다. 그러나 기억하십시오. **유혹에 굴복하는 것이 죄입니다.**

성(聖) 어거스틴이 말한 유명한 말을 다시 한 번 인용하고 싶습니다.

"나는 내 머리 위에 새들이 날아다니는 것을 방해할 수 없다. 그러나 새들이 내 머리 위에 둥우리를 트는 것은 방해할 수 있다. 하나님이 내게 주신 도덕적인 양심과 용기를 가지고 나는 이 유혹의 새들이 내 머리 위에 죄악의 둥우리를 트는 것은 방해할 수 있다."

아니, 그리스도인의 경우에는 더욱 변명의 여지가 없는 것입니다. 내가 그리스도인이 된 그 순간 주께서 내게 영원한 생명을 주시고, 내 마음 속에 거하시는데 변명이 있을 수가 없습니다.

셋째로, 범죄했을 때 하나님 앞에 회개하십시오.

범죄하지 않는 것이 하나님이 원하시는 바이지만, 그러나 혹시 범죄했을지라도 이것이 영영 용서받을 수 없는 죄는 아닙니다. 주님은 당신을 용서하기를 원하십니다.

간음하다 잡혀온 여인을 치기 위해 돌을 들어올린 그 살벌한 현장에서 주님께서 홀로 품으셨던 그 사랑을 기억하십니까?

그러나 또한 이 여인을 정죄하던 무리가 다 흩어졌을 때, 이 여인에게 주님께서 주셨던 그 마지막 말씀을 기억하시는지요?

"나도 너를 정죄하지 아니하노니 가서 다시는 죄를 범치 말라"(요 8:11).

3

합력하여 선을 이루는 인생 여로

"이에 요셉의 주인이 그를 잡아 옥에 넣으니 그 옥은 왕의 죄수를 가두는 곳이었더라 요셉이 옥에 갇혔으나 여호와께서 요셉과 함께하시고 그에게 인자를 더하사 전옥에게 은혜를 받게 하시매 전옥이 옥중 죄수를 다 요셉의 손에 맡기므로 그 제반 사무를 요셉이 처리하고 전옥은 그의 손에 맡긴 것을 무엇이든지 돌아보지 아니하였으니 이는 여호와께서 요셉과 함께하심이라 여호와께서 그의 범사에 형통케 하셨더라"(창 39 : 20 ～23).

도덕적인 양심을 더럽히지 아니하고 타협할 것을 거절했기 때문에 그 결과로서 요셉은 감옥에 갇히게 됩니다. 그 당시 애굽의 감옥이라는 것은 그저 윗쪽으로 하늘을 간신히 내다볼 수 있는 작은 창이 하나 있을 따름이고 냄새나고 더럽고 또 밑바닥에는 아무것도 없는 구덩이 비슷한 곳이었습니다. 자기 양심대로 깨끗하게 살기를 원했기 때문에 요셉은 이 감옥에 들어가게 된 것입니다.

본문은 이렇게 시작합니다.

"이에 요셉의 주인이 그를 잡아 옥에 넣으니"(창 39:20).

이 얼마나 원망스러운 일이겠습니까?

혹시 당신에게 억울하게 오해를 받고도 오히려 괴로워해야 하는 상황 속에 처한 경험이 있으시다면 이 요셉의 일을 잘 공감하실 것입니다.

1. 요셉의 감옥 생활이 주는 교훈

본문을 좀더 자세히 읽어 보시면 믿음의 사람 요셉에게 있어서 이 감옥 생활은 그렇게 불유쾌한 경험만은 아니었다는 사실을 알게 될 것입니다. 사실 창세기 39 장 20 절 이하의 부분을 39 장 1 절 이하 6 절 부분과 잘 대조하면서 읽어 보신다면 우리는 깜짝 놀랄 만한 몇 가지 중요한 사실을 발견할 수 있습니다.

먼저 2 절을 보십시오.

"여호와께서 요셉과 함께하시므로 그가 형통한 자가 되어 그 주인 애굽 사람의 집에 있으니."

이 말씀은 요셉이 시위대장 보디발의 집에 종으로 들어갔을 때의 광경을 보여 주는 말씀입니다. 그런데 하나님이 요셉과 함께하셨다는 말씀으로 시작되고 있습니다.

이제 21 절을 보십시오.

"여호와께서 요셉과 함께하시고 그에게 인자를 더하사."

이 말씀은 감옥 속의 요셉에 대한 묘사입니다. 보디발의 집에서 함께 하시던 그 하나님께서 감옥 속에 들어가 있는 요셉에게 여전히 함께 하시는 장면을 볼 수 있습니다.

다시 2 절에서는 그가 "형통"한 사람이라고 기록하고 있습니다. 그런데 39 장의 마지막 구절인 23 절을 보십시오.

"전옥은 그의 손에 맡긴 것을 무엇이든지 돌아보지 아니하였으니 이는 여호와께서 요셉과 함께하심이라 여호와께서 그의 범사에 「형통 케」 하셨더라."

"형통하다"할 때 당신은 이 단어의 이미지를 어떻게 느끼십니까?

"아무런 어려운 일이 없다, 인생이 순풍에 돛 단듯 잘 진행되며 나를 둘러싼 모든 환경이 내 소원대로 되어진다"는 것을 연상할 때 우리는 "만사형통"이라는 단어를 씁니다. 그런데 이 요셉에게는 지금 그런 식으로 말하는 "형통"이 아닙니다. 그가 올바로 살기를 원한 것이 오히려 화근이 되어 감옥에 들어가게 됩니다. **성경에서 "형통하다"라는 단어는 나를 둘러싼 환경이 내 마음대로 되어진다는 경우를 말하는 것이 아니라, 살다 보면 억울한 일도 당하고 실패하기도 하고 괴로운 환경 속에 처하기도 하지만 내가 가진 믿음과 삶에 대한 올바른 태도를 가지고 고난의 환경을 아름다운 환경으로 바꾸어 놓는 창조적인 삶의 자세를 가리킵니다.**

그런 의미에서 요셉은 형통했습니다. 보디발의 집에서도, 감옥에서도 그는 형통했습니다.

다시 4 절을 보십시오.

"요셉이 그 주인에게 은혜를 입어 섬기매 그가 요셉으로 가정 총무를 삼고 자기 소유를 다 그 손에 위임하니."

요셉이 그의 주인인 보디발에게 신임을 얻고 그에게 총애를 받는 사람이 되었다는 이야기입니다.

그런데 21절의 말씀을 보십시오.

"여호와께서 요셉과 함께하시고 그에게 인자를 더하사 전옥에게 은혜를 받게 하시매."

보디발의 집에서 총애를 받던 요셉은 감옥에 들어가서도 그 감옥의 관리에게 여전히 총애와 신임을 받고 있는 모습을 볼 수 있습니다.

뿐만 아니라 4절에서 워낙 요셉이 믿을 만하니까 보디발이 그를 가정의 총무로 삼습니다. 재미난 것은, 22절을 보십시오.

"전옥이 옥중 죄수를 다 요셉의 손에 맡기므로 그 제반 사무를 요셉이 처리하고."

감옥에 가서는 이제 감옥 총무가 됩니다. "감옥 총무"라는 단어는 쓰지 않았습니다만, 그 감옥의 관리가 요셉의 이 믿을 만한 성격과 신임할 수 있는 인격을 보고 요셉을 그 감옥의 총무로 삼고 있는 광경을 볼 수 있습니다.

다시 6절을 보십시오.

"주인이 그 소유를 다 요셉의 손에 위임하고 자기 식료 외에는 간섭하지 아니하였더라."

먹는 일을 빼놓고 가정의 살림 모두를 요셉에게 완전히 일임했다는 이야기입니다.

그런데 감옥에서의 요셉의 모습을 이제 비교해 보시기 바랍니다.

"전옥은 그의 손에 맡긴 것을 무엇이든지 돌아보지 아니하였으니"(창 39:23).

요셉에게 다 맡기고 간섭하지 않아도 될 만큼 요셉은 감옥에서도 훌륭하게 삶을 살았습니다.

당신은 이 광경을 보면서 무엇을 느끼십니까?

보디발의 집에서 성공한 요셉은 감옥에서도 성공했습니다.

살다가 어려운 일에 부딪칠 때, 우리의 삶의 행진을 계속하다가 어려운 사건과 문제 앞에 부딪칠 때 대부분의 사람들은 일반적으로 어떤 태도를 취합니까?
얼른 그 상황에서 빠져나오기를 원합니다. 그래서 우리는 어떻게 생각합니까?
'내가 이 환경만 벗어날 수 있다면, 나에게 좀더 나은 환경과 조건만 주어진다면 다시 한 번 도전해 볼 수 있겠는데….'
그런데 당신은 보십니까? A 라는 장소에서 실패한 사람이 그 인격과 삶의 태도의 변화 없이는 B 라는 장소에 가서도 실패하는 모습을!

한국에서 실패한 사람이 미국으로 장소를 옮겼다는 사실 때문에 저절로 성공이 보장되는 것은 아닙니다. 문제는 환경이 아닙니다. 패배적인 사람은 그 사람의 의식 구조가 패배적이어서, 따라서 그에게 어떤 좋은 환경이 주어져도 여전히 패배자일 수밖에 없습니다. 반면에 성공적인 사람은 어떤 나쁜 환경이 주어져도 그 환경을 극복하고 다시 딛고 일어나는 모습을 볼 수 있습니다. 문제는 그의 의식 구조가 어떻게 되어 있느냐는 것입니다.

장소만 옮기면 내가 잘 될 수 있다는 생각을 하지 마십시오.
'내가 이 직업만 바꾼다면, 내가 다른 장사를 해볼 수만 있다면, 나에게 조금 더 자금이 주어진다면, 내게 좀더 좋은 환경이 주어진다면 정말 멋지게 도전해 볼 수 있을 텐데….'
그러나 아닙니다. 성경은 그렇게 가르치지 않습니다. 어떤 환경인가 보다는 당신이 어떤 종류의 사람인가를 먼저 묻습니다.
"당신의 의식 구조는 성공적입니까? 패배적입니까? 당신은 삶을 어떤 태도로 부딪쳐 가는 사람입니까?"
그것이 우리의 삶의 성공과 실패를 낳는다는 사실을 이 말씀은 증언하고 있습니다.

2. 술 맡은 관원장과 떡 굽는 관원장을 만남

"그 후에 애굽 왕의 술 맡은 자와 떡 굽는 자가 그 주 애굽 왕에게 범죄한지라 바로가 그 두 관원장 곧 술 맡은 관원장과 떡 굽는 관원장에게 노하여 그들을 시위대장의 집안에 있는 옥에 가두니 곧 요셉의 갇힌 곳이라"(창 40:1 ~ 3).

요셉이 갇혀 있는 감옥에 두 사람이 들어옵니다. 한 사람은 왕의 술을 맡은 관원장이며, 또 한 사람은 떡을 굽는 관원장입니다. 우리가 이들을 생각할 때 그냥 「요리사」 정도라고 생각할 수 있지만, 그 당시에는 이 직책이 「장관」입니다. 그러니까 이들은 각각 술 장관과 떡 장관인 것입니다.

고대 궁중에서 이 직책이 왜 중요한가 하면, 음식물에 독을 넣어서 왕을 암살하는 경우가 빈번했기 때문입니다. 그래서 왕은 자기가 가장 믿을 수 있는 사람을 술 장관과 떡 장관으로 임명합니다. 즉, 이 직책은 왕의 신뢰도를 증명해 주는 직책인 셈입니다. 그리고 그들은 요리만 해 오는 것이 아니라 왕의 식탁에 같이 앉아서 왕과 더불어 대화도 나눕니다. 그러므로 이들은 또한 풍부한 상식과 나라의 경륜을 의논할 수 있는 지식을 갖추고 있지 않으면 안 되었습니다. 그런데 여기서 이 두 사람이 뭔가 잘못되었는지 감옥에 들어오게 되었는데, 공교롭게도 요셉이 있는 옥에 들어오게 되었습니다.

계속되는 말씀을 보십시오.
"시위대장이 요셉으로 그들에게 수종하게 하매 요셉이 그들을 섬겼더라 그들이 갇힌 지 수일이라 옥에 갇힌 애굽 왕의 술 맡은 자와 떡 굽는 자 두 사람이 하룻밤에 꿈을 꾸니 각기 몽조가 다르더라 아침에 요셉이 들어가 보니 그들에게 근심 빛이 있는지라 요셉이 그 주인의

집에 자기와 함께 갇힌 바로의 관원장에게 묻되 당신들이 오늘 어찌
하여 근심 빛이 있나이까"(창 40:4 ～ 7).

마음에 평안이 있는 사람이라야 근심 있는 사람을 찾아가서 위로하
며 이렇게 물을 수 있습니다.

"형제여, 왜 근심하십니까?"

감옥에 던지움을 받아 갇힌 바 된 이 상황 속에서도 오히려 자기보다
더 높은 사람들에게 평안과 기쁨의 사연을 말하고 물을 수 있었던 요
셉의 이 삶의 질을 보십시오.

저는 요셉의 생애를 공부하면서 참 놀란 사실이 하나 있습니다. 성
경에 보면 요셉은 기적을 행했다는 기록이 한 번도 없습니다. 꿈을
해몽한 것 외에는 특별한 무슨 일을 한 것이 아닙니다. 그런 의미에
서 요셉은 유명한 모세나 엘리야 등의 사람들과 비교할 만한 인물이
못 됩니다. 또 요셉이 아주 위대한 설교를 했다는 기록도 없습니다.
또 요셉은 성경을 기록한 일도 없습니다. 모세나 사무엘 등은 성경을
얼마나 많이 기록했습니까?

그러나 요셉은 성경을 기록한 일도 없습니다. 그런데 창세기의 제일
많은 분량을 요셉의 기사가 차지합니다.

성경은 왜 요셉의 생애에 이런 중요성을 부여하고 있을까요?

그가 아무런 기적과 능력을 행한 일이 없음에도 불구하고, 그가 성경
을 기록한 일이 없음에도 불구하고, 그가 위대한 설교를 한 일이 없
음에도 불구하고 그의 중요성을 성경이 높이는 이유가 어디에 있습
니까?

저는 요셉의 생애를 공부하면서 이 사실 앞에 부딪치고 또 부딪칩니
다. 그래서 발견한 한 가지 대답은 이것입니다. **요셉은 생애에 계속
고난과 어려움이 찾아오지만 그 모든 환경 속에서 단 한 번도 하나님을
불평하거나 원망하지 않습니다.** 바로 요셉을 요셉되게 한 삶의 가장

중요한 요소는 태도, 곧 삶을 사는 자세라는 것입니다. 이것이 요셉의 삶을 놀라운 삶이 되게 한 것입니다.

한번 생각해 보십시오. 보디발의 집에 노예로 들어갔을 때 요셉이 이렇게 생각했다고 상상해 보십시오.
'내가 여기에 와서 머슴살이나 할 사람인가? 집에서는 아버지의 사랑을 독차지한 아들인데….'
그래서 요셉이 계속 불평과 원망을 거듭했다고 생각해 보십시오. 보디발이 그를 가정 총무로 삼았겠습니까?
당신 같으면 삼아겠습니까?
아니, 감옥에 들어온 광경을 연상해 보시기 바랍니다. 감옥에 들어와서 "내가 무슨 죄가 있다는 말입니까? 나를 왜 감옥에 가두어 놓습니까? 이렇게 억울할 데가 어디에 있습니까?"라고 항의만 계속하고 원망과 불평만 했더라면 이 감옥의 관리가 그를 감옥 총무로 삼았겠습니까?
삶의 자세, 이 적극적인 삶의 자세, 자기를 둘러싸고 있는 헝클어지고 뒤틀리고 오해받는 모든 상황 속에서도 마음 속에 평안과 기쁨을 잃지 않았던 자세가 요셉에게 있었습니다.
오히려 그 감옥에 들어온 이 장관들에게 묻습니다.
"어찌해서 근심하십니까?"
이 삶의 모습이 제게는 그렇게 감동적일 수 없습니다.

3. 꿈을 해석하는 요셉

하루는 이 두 관원장이 꿈을 꾸었습니다. 둘은 자기들이 꾼 꿈의 뜻을 몰라서 불안해 했습니다. 술 맡은 관원장의 꿈은 포도나무 세 가지가 있어 거기에 싹이 나고 꽃이 피고 포도송이가 무르익는 꿈입니다. 떡 굽는 관원장의 꿈은 흰떡 세 광주리에 새들이 날아와서 그 떡을 먹는 꿈이었습니다. 이것을 듣고 요셉이 해석을 시작합니다. 술 맡은 관원장에게 말합니다.

"당신이 꾼 꿈은 앞으로 사흘 안에 당신이 본래의 자리로 복직될 것을 알려 주는 꿈입니다."

"요셉이 그에게 이르되 그 해석이 이러하니 세 가지는 사흘이라 지금부터 사흘 안에 바로가 당신의 머리를 들고 당신의 전직을 회복하리니 당신이 이왕에 술 맡은 자가 되었을 때에 하던 것같이 바로의 잔을 그 손에 받들게 되리이다"(창 40:12,13).

그리고 떡 굽는 관원장에게도 말합니다.

"그 꿈은 사흘 안에 당신의 생명이 끝난다는 것을 알려줍니다."

"요셉이 대답하여 가로되 그 해석은 이러하니 세 광주리는 사흘이라 지금부터 사흘 안에 바로가 당신의 머리를 끊고 당신을 나무에 달리니 새들이 당신의 고기를 뜯어 먹으리이다 하더니"(창 40:18,19).

그런데 술 맡은 관원장에게 당신의 직위가 회복된다는 이야기를 하면서 요셉은 아주 중요한 부탁 한 가지를 했습니다.

"당신이 득의하거든 나를 생각하고 내게 은혜를 베풀어서 내 사정을 바로에게 고하여 이 집에서 나를 건져내소서"(창 40:14).

아무 죄도 없이 이곳에 들어온 자기의 사정을 기억하고 바로에게 이야기해 달라고 요셉은 부탁합니다.

그런데 이 장의 마지막 구절인 23 절을 보십시오. 이 마지막 구절이 아주 인상적입니다.

"술 맡은 관원장이 요셉을 기억지 않고 잊었더라."

잊혀진 요셉! 그는 잊혀졌습니다. 이 술 맡은 관원장이 자기의 직위를 회복하자 자기에게 놀라운 예언과 도움을 주었던 요셉의 존재를 망각하고 말았습니다. 우리 모든 인간들이 그렇듯이 이 사람도 요셉을 잊었습니다. 그래서 요셉은 그 후로도 감옥에서 만 이 년을 더 있게 됩니다. 이 년 동안 감옥에서의 그 기가 막힌 고난과 오해의 삶이 계속되는 것입니다. 얼마나 괴로웠겠습니까?

　그러나 성경을 계속 읽어 보십시오. 요셉에게서 원망의 흔적을 찾아볼 수 있습니까?
그의 입술에서 불평소리를 들어볼 수 있습니까?
짜증어린 인간 관계로 막 뱉어내는 왜곡된 발언을 들어볼 수 있습니까?
요셉의 이 한결같은 삶, 한결같이 아름답고 믿음직한 이 삶의 적극적인 자세를 주목해서 보십시오.
　이러한 태도는 누구를 연상시킵니까?
이런 모습의 요셉을 보면서 우리는 또 한 명의 거룩하고 감동적인 인격을 마음 속에 떠올리게 됩니다. 예수 그리스도!
그래서 많은 성경 학자들은 예수님의 삶의 모습을 그릴 때 이 요셉의 삶의 사건을 예증으로 들기도 합니다. 그만큼 요셉의 삶은 하나의 위대한 모델(model)입니다.

　베드로가 예수님의 삶의 발자취를 정리하면서 그는 이렇게 기록했습니다.
"저는 죄를 범치 아니하시고 그 입에 궤사도 없으시며 욕을 받으시되 대신 욕하지 아니하시고 고난을 받으시되 위협하지 아니하시고 오직 공의로 심판하시는 자에게 부탁하시며"(벧전 2:22,23).
위협을 받고 고난을 받고 침 뱉음을 당하시면서도 십자가의 길을 침묵으로 당당하고 거룩하게 걸어가신 모습. 왜 그렇습니까?
'하나님이 알아서 하시겠지.'
요셉이 이런 삶의 골짜기를 통과하면서도 승리했던 중요한 이유 가운데 하나는 틀림없이 그의 마음 속을 지배했을 이 하나님의 섭리에 대한 신뢰라고 생각합니다.

당신은 요셉의 삶의 비밀이 무엇이라고 생각하십니까?
불평 원망 짜증 대신에 믿음으로 삶을 걸어가던 요셉의 이 아름다운
삶의 비밀이 무엇이라고 생각하십니까?
저는 한 문장으로 이렇게 요약하고 싶습니다.
"그것은 하나님의 주권과 섭리에 대한 믿음이다."
"나에게 닥쳐온 이 고통에는 뜻이 있는 줄로 압니다. 참새 한 마리도
하나님의 허락이 없이는 떨어질 수 없습니다. 그러므로 내가 당장은
이것을 다 이해하지 못하지만 그러나 이 속에 하나님의 뜻이 있음을
압니다"라는 이 하나님의 섭리와 주권에 대한 요셉의 신뢰입니다.
    야고보는 이렇게 말합니다.
"내 형제들아 너희가 여러 가지 시험을 만나거든 온전히 기쁘게 여기
라 이는 너희 믿음의 시련이 인내를 만들어 내는 줄 너희가 앎이라
인내를 온전히 이루라 이는 너희로 온전하고 구비하여 조금도 부족
함이 없게 하려 함이라"(약 1:2 ~ 4).
시련에는 뜻이 있다는 말씀입니다.

    우리는 요셉이 이런 태도로 삶을 살았다는 정확한 성경적인 증거
를 시편에서 찾아볼 수 있습니다.
"한 사람을 앞서 보내셨음이여 요셉이 종으로 팔렸도다 그 발이 착고
에 상하며 그 몸이 쇠사슬에 매였으니 곧 여호와의 말씀이 응할 때까
지라 그 말씀이 저를 **단련**하였도다"(시 105:17 ~ 19).
"단련"이라는 단어를 주목해서 보십시오. 요셉이 자기의 그 고통의
기간을 "훈련"이라는 관점에서 보았다는 말씀입니다.
'하나님의 뜻이 있을 것이다. 이것을 통해서 나를 훈련시키시려는 하
나님의 놀라운 계획과 뜻이 있을 것이다. 이 고난과 시련의 광야는
분명코 영광스런 새벽을 바라보며 나를 위해서 하나님이 준비하신
것이다.'
그래서 요셉은 그 밤을 두려워하지 않습니다. 그것을 훈련으로 받아

들였기 때문입니다. 이 훈련에 어떻게 합격될 수 있을까를 더 고민했을 요셉의 모습을 여기서 그려볼 수 있습니다.

　그것은 바로 예수님의 삶의 모습입니다. 그분의 십자가의 고난이 없었다면 저와 당신의 영광스러운 구원이 어떻게 가능할 수 있었겠습니까?
바울의 빌립보에서의 고난이 없었더라면 오늘날 복음이 나에게까지 어떻게 전해졌겠습니까?
빌립보에서 전도하다가 매를 맞고 감옥에 들어가 사람들에게 짓밟힘을 당하면서도 한밤중에 주님을 찬양하고 복음을 증거했던 바울의 삶은 왜일까요?
그러한 삶이 어떻게 가능할까요?
그렇습니다. 이것이 바울의 유럽 선교의 새로운 장을 열었던 위대한 사건입니다. 그래서 유럽 최초의 교회인 빌립보 교회가 세워진 것입니다. 바울의 이 고난이 없었다면 유럽에 기독교 문명의 새벽은 밝아 올 수 없었을 것입니다.

　영국의 작가 존 번연이 그의 생전에 애매하게 감옥에 들어가게 된 일이 있습니다. 그는 훌륭한 그리스도인이었습니다. 감옥에 들어갔을 때 그는 첫날밤에 이런 기도를 드렸습니다.
"하나님, 저를 이 감옥에 들어오게 하신 하나님의 뜻이 무엇인지요? 이 감옥 속에서의 시간을 제가 결코 낭비하지 않도록 도와 주십시오. 그래서 저를 이곳에 오게 하신 하나님의 뜻을 다 이룰 수 있도록 해 주십시오."
그는 이튿날부터 감옥에서 한 편의 소설을 쓰기 시작했습니다. 그 소설이 바로 저 유명한 『천로역정』입니다. 그 감옥은 존 번연에게 있어서 위대한 창조의 자리였습니다.
만약 우리가 올바른 삶의 태도만 가진다면 내가 어디서 사느냐는 것

은 문제가 되지 않습니다. 계속해서 감옥을 파라다이스(paradise)
로 바꾸었던 요셉의 삶의 비밀을 보시기 바랍니다.

4. 애굽의 총리가 된 요셉

"만 이년 후에 바로가 꿈을 꾼즉 자기가 하숫가에 섰는데 보니 아름답
고 살진 일곱 암소가 하수에서 올라와 갈밭에서 뜯어먹고 그 뒤에 또
흉악하고 파리한 다른 일곱 암소가 하수에서 올라와 그 소와 함께 하
숫가에 섰더니 그 흉악하고 파리한 소가 그 아름답고 살진 일곱 소를
먹은지라 바로가 곧 깨었다가 다시 잠이 들어 꿈을 꾸니 한 줄기에
무성하고 충실한 일곱 이삭이 나오고 그 후에 또 세약하고 동풍에 마
른 일곱 이삭이 나오더니 그 세약한 일곱 이삭이 무성하고 충실한 일
곱 이삭을 삼킨지라 바로가 깬즉 꿈이라"(창 41:1 ~ 7).
어느 날 바로가 두 가지 꿈을 꿉니다. 처음에는 살진 일곱 암소가 있
는 꿈이고, 그 다음에는 무성하고 충실한 일곱 이삭에 대한 꿈입니
다.

  계속되는 말씀을 보십시오.
"아침에 그 마음이 번민하여 보내어 애굽의 술객과 박사를 모두 불러
그들에게 그 꿈을 고하였으나 그것을 바로에게 해석하는 자가 없었
더라 술 맡은 관원장이 바로에게 고하여 가로되 내가 오늘날 나의 허
물을 추억하나이다"(창 41:8,9).
창세기 40 장 마지막 구절에서 우리는 어떤 단어를 보았습니까?
"잊었더라."
잊혀진 요셉. 요셉인들 이렇게 말하고픈 심정이 없었겠습니까?
"하나님, 언제까지입니까? 이 감옥의 고난과 어려움과 절망이 언제
까지 계속되어야 합니까? 왜 나에게 이런 아픔을 주십니까?"
그러나 요셉은 잊혀졌습니까? 요셉은 정말 잊혀졌나요?

222 • 요셉의 생애

아닙니다. 여기를 보십시오. 때가 찬 어느 날, 요셉을 향한 모든 훈련이 끝났을 때 하나님은 정확하게 하나님의 시간에 행동을 시작하십니다.

바로가 꾼 꿈을 해석할 사람이 없다는 이 곤경에 부딪쳤을 때, 갑자기 술 맡은 관원장의 머리 속을 스치는 하나의 생각!
'아, 내가 잊고 있었구나. 요셉의 은혜를 잊고 있었구나.'
그래서 그는 말합니다.
"왕이시여, 내가 나의 허물을 추억하나이다."
하나님은 잊지 않으셨습니다. 내가 절망의 계곡을 걷고 있었을 때에, 낙심과 실망의 자리에 있었을 때에 하나님은 보고 계셨습니다.

드디어 그래서 요셉이 바로 앞에 불려옵니다.
"바로가 요셉에게 이르되 내가 한 꿈을 꾸었으나 그것을 해석하는 자가 없더니 들은즉 너는 꿈을 들으면 능히 푼다더라"(창 41:15).
꿈을 해석해 달라는 이야기를 듣고 요셉이 대답합니다.
"요셉이 바로에게 대답하여 가로되 이는 내게 있는 것이 아니라 **하나님이** 바로에게 평안한 대답을 하시리이다"(창 41:16).
여기에서 우리는 요셉의 신앙을 알 수 있습니다. 요셉의 이 대답을 한 마디로 하면 "나는 할 수 없지만 하나님은 하실 수 있습니다"라는 것입니다. 철저하게 모든 삶의 환경을 통해서 하나님을 드러내고 영광을 돌리려는 이 하나님 중심의 신앙이 얼마나 요셉의 마음과 의식을 지배하고 있었는가를 알 수 있는 대답입니다.

그래서 드디어 요셉의 해몽을 듣고 바로는 이렇게 말합니다.
"바로와 그 모든 신하가 이 일을 좋게 여긴지라 바로가 그 신하들에게 이르되 이와 같이 하나님의 신(神)이 감동한 사람을 우리가 어찌 얻을 수 있으리요 하고"(창 41:37,38).

만일 요셉이 이 모든 사건에 있어서 하나님을 배제하고 자기만 내세웠다면 요셉이 이 꿈을 다 풀었을 때 바로는 그 소감을 무엇이라고 말했겠습니까?

"과연 당신은 도사군요."

아마 그런 식으로 이야기했을지 모릅니다. 그러나 요셉은 "나는 아무것도 할 수 없습니다. 내 지혜나 생각 가지고는 아무것도 할 수 없습니다. 할 수 있다면 하나님이 주신 것을 가지고 하는 것입니다"라고 대답했습니다. 이 하나님 중심의 삶, 하나님을 자기의 삶의 한복판에 주인으로 두었던 요셉이기 때문에 드디어 요셉이 이 꿈을 풀었을 때 바로는 누구에게 영광을 돌립니까?

"아, 하나님이 하셨구나! 그리고 요셉은 하나님의 신이 충만한 사람이로구나!"

그래서 요셉의 인생의 영광스러운 새벽이 이제 밝아 오기 시작합니다. 어떻게 되는지 그 광경을 보십시오.

"너는 내 집을 치리하라 내 백성이 다 네 명을 복종하리니 나는 너보다 높음이 보좌뿐이니라 바로가 또 요셉에게 이르되 내가 너로 애굽 온 땅을 총리하게 하노라 하고 자기의 인장 반지를 빼어 요셉의 손에 끼우고 그에게 세마포 옷을 입히고 금 사슬을 목에 걸고 자기에게 있는 버금 수레에 그를 태우매 무리가 그 앞에서 소리 지르기를 엎드리라 하더라 바로가 그로 애굽 전국을 총리하게 하였더라"(창 41:40~43).

잊지 마십시오. 억울하게 보디발의 집에서 종살이를 하게 되었을 때 그런 자기의 운명에도 불구하고 요셉이 하나님을 의지하고 최선을 다했더니 보디발의 집에서 그는 가정 총무가 되었습니다. 그는 또 한 번 억울한 일을 당해 감옥에 들어가게 되었을 때에도 하나님을 신뢰하고 자기의 삶에 최선을 다했더니 그는 감옥에서 감옥 총무가 되었습니다. 그러다가 이제는 나라의 총무인 총리가 되었습니다.

그렇다면 이 사건은 우리에게 무엇을 교훈합니까?
"네가 작은 일에 충성하였으매 내가 많은 것으로 네게 맡기리니."
머슴살이가 뭐 그리 대단한 일입니까?
그러나 이 머슴살이를 요셉은 시시한 일로 취급하지 않았습니다.
'하나님이 내게 주신 것이라면 이 일이 얼마나 중요한가?'
그런 자세로 대했습니다.

이미 세상을 떠난 마틴 루터 킹 목사가 흑인 노동자들을 앞에 놓고
이런 유명한 설교를 한 일이 있습니다.
"여러분이 빗자루를 들고 이 거리의 한 모퉁이를 쓸 때, 그냥 거리의
한 모퉁이를 쓸고 있다고 생각하지 마십시오. 하나님이 지어 주신 동
산의 일부를 쓸고 있다는 생각을 갖고, 세익스피어가 글을 쓰듯이,
미켈란젤로가 조각을 하듯이 그렇게 쓸어 가십시오."
요셉의 삶이 그렇게 산 것입니다. 머슴살이라는 작은 일에 충성했더
니 더 큰 것을 맡기셨습니다. 감옥이 보디발의 집보다는 컸습니다.
그 다음에는 나라를 맡기셨습니다.

마지막 때에 심판대 앞에 선 어떤 사람에게 말씀하실 이 예수님의
선언을 생각해 보십시오.
"잘 하였도다 착하고 충성된 종아 네가 작은 일에 충성하였으매 내가
많은 것으로 네게 맡기리니 네 주인의 즐거움에 참예할지어다"(마
25:21).
요셉의 계속되는 축복을 보십시오.
"그가 요셉의 이름을 「사브낫바네아」라 하고…."
바로가 요셉에게 새 이름을 주었습니다. 그 뜻은 "세상의 구주"라는
뜻입니다.
"당신이야말로 온 나라를 구출하고 이 세상의 운명을 바꿀 수 있는
세상의 구주가 되는 사람이오."
이런 아름다운 이름을 준 것입니다.

뿐만 아니라 또 보십시오.

"…또 온 제사장 보디베라의 딸 아스낫을 그에게 주어 아내를 삼게 하니라"(창 41:45).

하나님은 거기까지 세심하십니다. 요셉이 총각으로 참 고독한 싸움을 싸운 것을 아시고 때가 차니까 아름다운 아내를 선물로 주시는 이 완벽한 계획과 섭리를 보십시오. 하나님만 신뢰하면 노총각, 노처녀도 걱정할 필요가 없습니다. 그래서 아름다운 가정을 이루는 요셉의 모습을 보게 됩니다.

이때 요셉의 나이가 몇 살입니까?

"요셉이 애굽 왕 바로 앞에 설 때에 삼십 세라"(창 41:46).

우리는 이런 생각을 가지지 않습니까?

'요셉이 젊은 청년으로 왜 이다지 험악한 인생의 길을 걸어가는가?'

그러나 거기에는 뜻이 있었습니다. 하나님은 젊은 나이에 그를 참 귀하게 쓰시려고 이 특별한 훈련으로 고난을 주신 것입니다. 이제 우리는 비로소 요셉의 생애에 대한 고난의 파노라마(panorama)의 진상을 이해하기 시작합니다.

"이런 놀라운 뜻이 있었네요."

아내를 얻었을 뿐만 아니라 이제 아름다운 자녀를 얻는 광경을 보십시오.

"요셉이 그 장자의 이름을 「므낫세」라 하였으니 하나님이 나로 나의 모든 고난과 나의 아비의 온 집 일을 잊어버리게 하셨다 함이요 차자의 이름을 「에브라임」이라 하였으니 하나님이 나로 나의 수고한 땅에서 창성하게 하셨다 함이었더라"(창 41:51,52).

큰 아들의 이름은 『므낫세』입니다. 그 뜻은 "잊어버리게 하신다"입니다.

"하나님이 지나간 날의 나의 모든 고통을 다 잊어버리게 하신다."

둘째 아들의 이름은 『에브라임』이라 지었습니다. 그 뜻은 "하나님이 나를 번영하도록 축복하신다"는 뜻입니다.
"하나님이 나의 지나간 날을 다 잊어버리게 하시고 이제는 내 삶에 번영과 축복을 주시는구나."

그뿐만이 아닙니다. 드디어 요셉의 놀라운 정치가 이 나라를 향해서 시작되는 모습을 볼 수 있습니다.
"일곱 해 풍년에 토지 소출이 심히 많은지라 요셉이 애굽 땅에 있는 그 칠 년 곡물을 거두어 각 성에 저축하되 각 성 주위의 밭의 곡물을 그 성중에 저장하매 저장한 곡식이 바다 모래 같이 심히 많아 세기를 그쳤으니 그 수가 한이 없음이었더라"(창 41:47 ~ 49).
풍년이 올 때 저축을 해서 미래를 대비하고 있는 이 현명한 요셉의 행동을 보십시오.

드디어 일곱 해 풍년이 지나가고 온 땅에 흉년이 찾아오기 시작했습니다.
"애굽 땅에 일곱 해 풍년이 그치고 요셉의 말과 같이 일곱 해 흉년이 들기 시작하매 각국에는 기근이 있으나 애굽 온 땅에는 식물이 있더니 애굽 온 땅이 주리매 백성이 바로에게 부르짖어 양식을 구하는지라 바로가 애굽 모든 백성에게 이르되 요셉에게 가서 그가 너희에게 이르는 대로 하라 하니라 온 지면에 기근이 있으매 요셉이 모든 창고를 열고 애굽 백성에게 팔새 애굽 땅에 기근이 심하며 각국 백성도 양식을 사려고 애굽으로 들어와 요셉에게 이르렀으니 기근이 온 세상에 심함이었더라"(창 41:53 ~ 57).
온 천하에 도움과 유익을 주는 위대한 선정을 베풀고 있는 요셉의 모습을 보십시오.

제가 신학교를 다닐 때, 한 교수님이 성경을 한 장 공부하고 나면 제대로 그 한 장을 읽었는가 못 읽었는가를 점검하는 방법으로 읽은 그 한 장을 한 문장으로 요약해 보라고 하시곤 했습니다. 그래서 성경의 각 장을 한 문장으로 요약하는 숙제를 하던 기억이 새롭습니다. 또 그 교수님이 이런 이야기도 하신 것이 생각납니다.

"설교를 듣고 나서 무슨 설교를 들었는가 그것을 한 문장으로 요약해 보라고 성도들에게 이야기해서 요약을 하면 그 목사는 설교를 제대로 한 것이고, 그렇지 않으면 중언부언을 한 것이다."

만약 여기의 창세기 40장과 41장을 한 문장으로 요약한다면 어떻게 요약할 수 있겠습니까?

저는 40장을 이렇게 요약해 보았습니다.

"고난의 밤길을 지나는 동안 원망치 말고 하나님을 신뢰하고 최선을 다하라."

그리고 41장은 이렇게 해 보았습니다.

"축복의 계절이 올 때 자만하지 말고 겸손히 이웃을 섬기라."

오늘 당신은 어떤 삶을 살고 계십니까?

당신의 자녀들에게 어떤 삶을 물려 주기를 원하십니까?

다른 것은 없습니다. 우리의 자녀들에게 남길 수 있는 최대의 삶의 유산이 있다면 삶을 건강하게 살아가는 그 모습을 보여 주는 것이라고 생각합니다. 자녀들이 아버지가 혹은 어머니가 삶을 살다가 비틀거리는 모습도 보게 마련입니다. 그러나 그 고난의 밤중에도 불구하고 무릎 꿇어 기도하는 아버지의 모습 어머니의 모습을 보여 주십시오. 그 뒤틀리는 환경 속에서도 여전히 기뻐하며 감사하며 창조적으로 삶을 사는 아름다운 자세를 자녀들에게 물려줄 수 있다면 그들은 그들의 삶의 밤중을 결코 실패자로 보내지 않을 것입니다. 살다 보면 실패도 합니다. 넘어지기도 합니다. 그러나 그것은 큰 문제가 아닙니다. 그보다 더 중요한 것은 '나는 어떤 태도로 삶을 살아가고 있는가'입니다.

성공적인 삶의 의식을 소유하고 하나님과 올바른 관계를 맺고 살아가는 사람은 감옥에 집어넣어도 그 감옥을 파라다이스로 만듭니다. 직장을 옮겨보시겠다고요?

아닙니다. 당신의 삶을 바꾸십시오. 하나님이 당신의 마음 속에 살아계시고 예수 그리스도께서 당신의 삶을 지배하시면 우리의 삶은 새로워질 수 있습니다.

기억하십시오. '어디에서 사느냐'하는 것은 별로 중요한 문제가 아닙니다. '어떻게 사느냐' 하는 이것이 훨씬 더 중요하다는 사실을 아십시다. 그러면 이제 이렇게 기도하지 않으시겠습니까?

"주님, 오늘 나를 둘러싸고 있는 이 환경과 어려움과 고난을 극복할 수 있는 삶의 자세와 용기를 내게 주시옵소서."

4

형제들의 회개와 요셉의 용서

"요셉이 형들에게 이르되 내게로 가까이 오소서 그들이 가까이 가니 가로되 나는 당신들의 아우 요셉이니 당신들이 애굽에 판 자라 당신들이 나를 이곳에 팔았으므로 근심하지 마소서 한탄하지 마소서 하나님이 생명을 구원하시려고 나를 당신들 앞서 보내셨나이다 이 땅에 이 년 동안 흉년이 들었으나 아직 오 년은 기경도 못하고 추수도 못할지라 하나님이 큰 구원으로 당신들의 생명을 보존하고 당신들의 후손을 세상에 두시려고 나를 당신들 앞서 보내셨나니 그런즉 나를 이리로 보낸 자는 당신들이 아니요 하나님이시라 하나님이 나로 바로의 아비를 삼으시며 그 온 집에 주를 삼으시며 애굽 온 땅의 치리자를 삼으셨나이다"(창 45 : 4~ 8).

전에 우리는 이산 가족이 다시 만나는 재회의 드라마
(drama)를 TV를 통해서 본 일이 있습니다. 본문은 요
셉과 그의 형제들 그리고 그의 아버지가 헤어진 지 약 22
년 만에 다시 만나는 극적인 만남의 장면을 취급하고 있습니다. 그러
나 이것을 단순히 요셉이 그의 형제들과 다시 만난 사건이라고만 보
아서는 안 됩니다. 만남 자체보다도 성경이 본문을 통해서 우리에게
말씀하시는 보다 중요한 멧세지가 있습니다.

1. 이스라엘 역사를 이끄시는 하나님

하나님께서 이스라엘 백성의 역사 속에서 참으로 중요하게 쓰신 인
물이 두 사람 있습니다. 한 사람은 요셉이고, 또 한 사람은 모세입니
다. 요셉은 이스라엘 백성들을 애굽 땅으로 내려가게 하는 일에 쓰임
을 받았고, 모세는 애굽 땅에서 다시 그들을 팔레스타인 땅으로 돌아
가게 하는 일에 쓰임을 받았습니다.

이것은 역사적으로 대단히 중요한 의미가 있습니다. 만약 야곱의
시대에서 야곱과 그의 가족들이 팔레스타인 땅에 계속해서 머물러
있었더라면 그들은 민족적으로 그렇게 크게 성장하지 못했을 것입니
다. 그들이 성장하기에는 난처한 여러 가지 주변 환경이 당시 그들의
주위에 펼쳐져 있었습니다. 우선 가나안 땅에는 아직도 많은 부족 국
가들이 존재하면서 야곱의 가족들에게 커다란 위험이 되고 있었습니
다. "아브라함, 이삭, 야곱"이라고 우리가 말을 하지만 야곱의 전 가
족을 합해야 이 시점에서는 70여 명밖에 안 되었습니다. 그러나 하
나님은 이 70명의 가족을 통해서 장차 이스라엘을 하나의 국가로
만들기 위한 역사적인 섭리를 진행하십니다. 그러기 위해서 하나님
은 이들이 자라날 수 있는 중요한 환경을 주기로 작정하셨습니다. 그
래서 하나님이 요셉을 쓰시는 것입니다.

앞으로 다룰 내용이지만, 애굽의 바로는 요셉과 그의 가족들에게 살 수 있는 땅으로 애굽에 붙어 있는 "고센"이라는 땅을 허락합니다. 그 당시 중동 최대의 강대국은 애굽이었습니다. 그러니까 바로의 영향력이 미치는 그곳에 가 있으면 이스라엘 백성들을 건드릴 세력이 없게 됩니다. 또 그곳은 아주 좋은 땅입니다. 더군다나 애굽은 그 당시에 가장 발달된 문명을 가지고 있는 나라입니다. 그래서 문화적으로도 발달할 수 있고, 주변 국가들의 눈치와 간섭을 받지 않으면서 그들이 자녀들을 생산하면서 계속 민족 국가의 틀을 형성할 수 있는 중요한 땅으로서의 역할을 이 애굽 땅에 붙어 있는 고센 땅이 감당하게 됩니다.

그래서 역사학자들은 이 고센 땅은 이스라엘 백성들에게 있어서 「인큐베이터」의 역할을 했다고 증언합니다. 그곳에서 이스라엘이 하나의 민족 국가로서 탄생하고 자라날 수 있는 기틀을 형성하게 되었기 때문입니다. 그래서 나중에 모세가 이스라엘 민족을 이끌고 나올 때는 사백만에 가까운 대인구가 됩니다. 스스로 지킬 수 있는 힘과 막강한 능력이 형성되었을 때에 이윽고 하나님은 모세를 일으키셔서 약속하신 시온의 땅 가나안으로 다시 그 민족을 돌아오게 하시는 것입니다.

야곱과 함께 애굽 땅으로 내려간 그의 열두 아들이 열두 지파가 되고, 이 열두 지파가 이스라엘 민족의 국가적인 기초가 됩니다. 그러나 야곱의 이 열두 아들을 열두 지파의 조상으로 쓰시기 전에 이들에게 하나님이 하셔야 할 일이 있었습니다. 이들은 자기들의 동생인 요셉에게 아주 못된 범죄를 저질렀습니다. 하나님은 과거에 범죄했던 사람을 쓰실 수는 있습니다. 그러나 그들이 회개하지 않고는 하나님은 그들을 쓰시지 않습니다. 그래서 하나님은 이들을 통해서 이스라엘 민족 국가의 중대한 역사적인 기초를 이루시기 전에 그에 앞서서 이들을 깨끗하게 만드는 작업을 시작하십니다. 이것이 창세기 42 장 부터 45 장까지의 내용입니다.

다시 말하면 창세기 42장 이하 45장의 내용은 단순히 요셉이 그의 형 제들과 헤어진 지 22년 만에 극적으로 만났다는 사건을 다룬 것이 아니 라 그 형제들이 어떻게 자기들의 죄를 하나님 앞에서 회개하는가, 그리 고 요셉은 그의 형제들을 어떻게 용서하는가 하는 용서의 사건을 다룬 것입니다.

2. 만남을 준비하시는 하나님의 작업

요셉과 그 형제들이 만날 수 있게 하기 위해서 하나님은 먼저 "기근" 을 쓰십니다. 창세기 42 장에 들어가기 전에 41 장 마지막 구절은 이렇게 끝나고 있습니다.

"각국 백성도 양식을 사려고 애굽으로 들어와 요셉에게 이르렀으니 기근이 온 세상에 심함이었더라"(창 41:57).

이때 양식을 가지고 있었던 나라는 애굽밖에 없었습니다. 7 년간의 풍년 동안에 하나님께서 주신 놀라운 지혜를 통해서 요셉은 차곡차 곡 곡식을 저장했습니다. 이 곡식을 얻기 위해서 주변의 수많은 국가 들이 앞을 다투어 애굽 땅으로 찾아오기 시작합니다.

생존의 문제를 해결하기 위해서 애굽 땅에 찾아오는 그 수많은 사 람들의 무리 속에 누가 끼여 있었습니까?

요셉을 팔았고 요셉을 죽음의 구덩이 속에 던졌던 그의 형제들의 행 렬을 우리는 그 무리 속에서 찾을 수 있습니다.

"때에 야곱이 애굽에 곡식이 있음을 보고 아들들에게 이르되 너희 는 어찌하여 서로 관망만 하느냐 야곱이 또 이르되 내가 들은즉 저 애굽에 곡식이 있다 하니 너희는 그리로 가서 거기서 우리를 위하여 사오라 그리하면 우리가 살고 죽지 아니하리라 하매 요셉의 형 십인

이 애굽에서 곡식을 사려고 내려갔으나 야곱이 요셉의 아우 베냐민을 그 형들과 함께 보내지 아니하였으니 이는 그의 말이 재난이 그에게 미칠까 두렵다 함이었더라"(창 42:1 ~ 4).

여기서 무엇을 알 수 있습니까?

아버지 야곱은 열 명의 자식들을 신뢰하지 못하고 있다는 사실입니다. 옛날에 그들에게 요셉을 보내었다가 요셉을 죽음의 자리에까지 몰아 넣었던 그 아버지 야곱의 상처는 아직도 치료되지 못하고 있었습니다. 그래서 사랑하는 이 베냐민마저 잃을 수는 없다고 생각하여, 애굽 땅에 열 명의 아들들은 보내면서 의도적으로 베냐민은 제외시켜 버립니다. 그래서 열 명이 곡식을 구하러 애굽 땅으로 내려갔습니다.

3. 요셉과 형들과의 만남

"이스라엘의 아들들이 양식 사러간 자 중에 있으니 가나안 땅에 기근이 있음이라 때에 요셉이 나라의 총리로서 그 땅 모든 백성에게 팔더니 요셉의 형들이 와서 그 앞에서 땅에 엎드려 절하매 요셉이 보고 형들인 줄 아나 모르는 체하고 엄한 소리로 그들에게 말하여 가로되 너희가 어디서 왔느냐 그들이 가로되 곡물을 사려고 가나안에서 왔나이다"(창 42:5 ~ 7).

그들이 요셉에게 절을 했습니다. 여기서 우리의 뇌리에 떠오르는 한 꿈이 있습니다. 요셉이 지난 날 꾸었던 꿈이 생각나십니까?

요셉의 형제들을 상징하는 곡식단들이 요셉의 곡식단을 향해서 절을 하고, 해와 달과 별들이 요셉을 향해서 절을 하는 꿈, 하나님이 요셉에게 주셨던 이 예언적인 꿈이 바야흐로 성취되는 극적인 장면입니다.

지금 자기에게 절하고 있는 형들을 바라보면서 요셉은 어떤 심정이었을까요?

말로 표현할 수 없는 온갖 감회가 그의 마음을 두드렸을 것입니다. 그러나 그는 잠시 연극을 하기로 결심합니다. 이것은 하나님의 섭리입니다. 그래서 모른 체합니다.

그 형들이 자기들 앞에 앉아서 감독하는 자가 자기들의 동생인 줄 어떻게 알 도리가 있겠습니까?

그들은 이미 요셉이 죽은 줄로 생각하고 있었을 것입니다. 거기다가 아마도 요셉은 지금 히브리 말을 쓰지 않고 있었을 것입니다. 애굽말을 하면서 통역관을 세워서 이야기하고 있었을 것입니다. 어떻게 알 수 있습니까?

22절 이하의 말씀을 보십시오.

"르우벤이 그들에게 대답하여 가로되 내가 너희더러 그 아이에게 득 죄하지 말라고 하지 아니하였느냐 그래도 너희가 듣지 아니하였느니라 그러므로 그의 피 값을 내게 되었도다 하니 피차간에 **통변을 세웠으므로** 그들은 요셉이 그 말을 알아들은 줄을 알지 못하였더라"(창 42:22,23).

지금 통역을 세우고 있는 것입니다. 그러니 애굽의 총리가, 그들에게 곡식을 나눠 주기 위해 앞에 앉아 있는 바로 그 인물이 자기들이 옛날에 상인들에게 팔았던 자기들의 동생인 줄을 어떻게 알 도리가 있겠습니까?

그러나 자기 앞에 엎드려 절하고 있는 형들을 바라보는 이 착잡한 요셉의 심정을 우리는 이미 짐작할 수 있습니다.

"요셉은 그 형들을 아나 그들은 요셉을 알지 못하더라 요셉이 그들에게 대하여 꾼 꿈을 생각하고 그들에게 이르되 너희는 정탐들이라 이 나라의 틈을 엿보려고 왔느니라"(창 42:8,9).

자기가 꾼 꿈을 생각합니다. 하나님이 그에게 주신 약속대로 다 이루어지는 이 광경을 바라보는 이 요셉의 놀람을 생각해 보십시오. 그리고 형들에게 말합니다.
"너희들은 첩자들이다. 이 나라의 틈을 엿보려고 온 자들임에 틀림없다."

이제 계속되는 말씀을 보십시오.
"그들이 그에게 이르되 내 주여 아니니이다 종들은 곡물을 사러 왔나이다 우리는 다 한 사람의 아들로서 독실한 자니 종들은 정탐이 아니니이다 요셉이 그들에게 이르되 아니라 너희가 이 나라의 틈을 엿보러 왔느니라"(창 42:10 ~ 12).
생각나십니까?
옛날에 이 형들은 요셉을 아버지의 스파이로 생각했었습니다.
"너는 밤낮 아버지에게 가서 우리들의 모든 소식을 일러바치는구나."
여기 멋진 요셉의 역습을 보시기 바랍니다.
"너희들은 첩자들이다."

15 절의 말씀을 보십시오.
"너희는 이같이 하여 너희 진실함을 증명할 것이라 바로의 생명으로 맹세하노니 너희 말째 아우가 여기 오지 아니하면 너희가 여기서 나가지 못하리라."
이때 요셉은 어떤 심정이었겠습니까?
자기 앞에 지금 절하고 있는 형들의 얼굴을 바라봅니다. 여기 르우벤이 있습니다. 시므온이 있습니다. 레위가 있습니다. 유다가 있습니다. 스불론과 잇사갈이 있습니다. 레아를 통해서 낳은 아들들인 사랑하는 형제들의 얼굴을 볼 수 있습니다. 한편에는 시녀 빌하를 통해서 낳은 단과 납달리 형제들의 얼굴을 볼 수 있습니다. 또 한편에서는 실바라는 시녀를 통해서 얻어진 갓과 아셀이 있습니다. 그런데 유독 자기 어머니 라헬에게서 낳은 아들, 꿈에도 잊을 수 없는 자기의 동생 베냐민의 얼굴만은 찾아볼 길이 없습니다.

이때 요셉이 무슨 생각을 했을 것이라고 생각하십니까?
'나를 향해 시기와 질투를 불태웠던 형들이 내가 없어진 다음에 또 내 동생 베냐민에게 꼭 같은 복수를 하고 있는 것은 아닐까? 아니, 나를 죽이려고 시도했듯이 베냐민에게도 어떤 해를 준 것은 아닐까?'
착잡한 심정이었을 것입니다.

그래서 요셉은 이런 제안을 합니다.
"너희 중 하나를 보내어 너희 아우를 데려오게 하고 너희는 갇히어 있으라 내가 너희의 말을 시험하여 너희 중에 진실이 있는지 보리라 바로의 생명으로 맹세하노니 그리하지 아니하면 너희는 과연 정탐이니라 하고 그들을 다 함께 삼 일을 가두었더라"(창 42:16,17).
옛날에 누가 갇혔습니까?
요셉이 갇혔습니다. 이제 모든 상황이 역전되고 있습니다.

그러나 이것이 요셉의 복수라고는 생각하지 마십시오. 우리가 조금 더 읽어 보면 알 것입니다. 이것은 절대로 복수가 아닙니다. 사랑하는 자기의 모든 형제들이 어떻게 지내는가를 알기 원하는 그의 관심과 애정에서부터 이런 계획들이 이루어지고 있는 것입니다.

복수하려면 얼마든지 할 수 있습니다. 얼마나 복수하기에 좋은 절호의 기회입니까?
요셉은 원한다면 자기의 형제들을 죽일 수도 있는 큰 권력의 자리에 앉아 있습니다. 얼마든지 자기의 형제들을 감옥에 집어넣을 수 있고, 얼마든지 곡물을 안 주고 그냥 고향으로 돌려보낼 수도 있습니다. 그러나 지금 요셉은 복수를 기도하는 것이 아닙니다. 요셉은 지금 참으로 놀라운 일을 시도하고 있습니다. 요셉의 배후에서 하나님의 위대한 경륜이 진행되고 있는 이 현장을 잘 주목해서 보십시오.

사실 요셉은 용서하기를 원하고 있습니다. 원수가 보이지 않을 때

에는 쉽게 용서할 수 있습니다. 그가 내 앞에 나타나지 않으면 우리
는 잊을 수가 있습니다. 그래서 우리는 쉽게 용서한다고 말할 수 있
습니다. 그러나 나에게 칼을 들이대고 내 심장에 상처를 남긴 그 사
람이 당장 내 눈 앞에 섰을 때에는 용서하는 것이 쉽지 않습니다. 보
십시오. 이제 자기를 살해하려는 음모를 꾸미던 형들이 눈 앞에 서
있는 이 현장에서 하나님의 사람 요셉이 어떻게 성경의 위대한 교훈
인 용서를 실천하는가를 주목해서 보십시오.

처음에 요셉은 형들에게 다 남고 한 사람만 집으로 가서 말째 아우
를 데려오라고 요구했습니다. 그런데 형들이 옥에 갇혀있는 동안에
요셉은 곰곰이 생각했을 것입니다.
'어떻게 하면 좋을까?'
그러다가 계획을 바꿉니다.
"삼일만에 요셉이 그들에게 이르되 나는 하나님을 경외하노니 너희
는 이같이 하여 생명을 보전하라 너희가 독실한 자이면 너희 형제 중
한 사람만 그 옥에 갇히게 하고 너희는 곡식을 가지고 가서 너희 집
들의 주림을 구하고"(창 42:18,19).
계획을 바꾸었습니다. 아마도 이 사흘 동안에 요셉은 아버지의 얼굴
을 생각했을지도 모릅니다.
'만약 형들 중 한 사람만 돌아가면 아버지는 얼마나 큰 상처를 받으
실 것인가?'
그래서 요셉은 계획을 바꿉니다.

4. 잘못을 추억하며 회개하는 요셉의 형들

"그들이 서로 말하되 우리가 아우의 일로 인하여 범죄하였도다 그가
우리에게 애걸할 때에 그 마음의 괴로움을 보고도 듣지 아니하였으
므로 이 괴로움이 우리에게 임하도다"(창 42:21).

238 • 요셉의 생애

가자기 이 이야기가 왜 여기에서 나옵니까?
사람은 자신이 피해를 입혔던 그 사람과 꼭 같은 사건이 자신에게 닥
쳐올 때 본능적으로 과거의 그 잘못을 생각하지 않을 수 없습니다.
아마도 요셉을 구덩이에 던진 다음에 수년 동안 그들은 요셉의 이야
기를 꺼내기도 원하지 않았을 것입니다. 비록 시기와 질투 때문에 동
생을 구덩이에 던졌지만 밤마다 악몽에 시달렸을지 모릅니다. 그들
은 의도적으로 이 대화의 주제를 피하면서 그들의 양심을 아마 짓누
르고 있었을 것입니다. 그런데 갑자기 자기들의 막째 아우를 데려오
라는 이 애굽 총리의 말을 들으면서 그들은 소스라치게 옛날에 그들
이 저지른 과오를 깨우치기 시작합니다.

이것이 누구의 역사입니까?
하나님의 역사입니다. **죄인이 회개하기 위해서는 자기가 범죄했다는 사
실에 관한 분명한 깨달음이 있어야 합니다.** 하나님은 지금 이 역사를
여기에서 진행하시는 것입니다.
이들의 고백을 들어보십시오.
"르우벤이 그들에게 대답하여 가로되 내가 너희더러 그 아이에게 득
죄하지 말라고 하지 아니하였느냐 그래도 너희가 듣지 아니하였느니
라 그러므로 그의 피 값을 내게 되었도다"(창 42:22).

참 재미있는 장면은 그 다음 절입니다.
"피차간에 통변을 세웠으므로 그들은 요셉이 그 말을 알아들은 줄을
알지 못하였더라"(창 42:23).
이때 이 말을 들은 요셉의 심정이 어떠했겠습니까?
요셉은 형들에게서 이 증거를 알고 싶었을 것입니다. 요셉은 형들을
용서하기를 원했지만 그보다 먼저 형들의 태도가 과연 달라졌는가를
알고 싶었을 것입니다. 그런데 지금 그 형들이 뭐라고 말하고 있습니
까?

"우리가 옛날에 요셉의 일로 범죄했다."

요셉은 형들의 태도 속에서 회개의 진실한 증거를 나타나는 바로 이 장면을 기다리고 있었던 것입니다.

5. 형들을 용서하는 요셉

이에 대해 요셉은 어떤 반응을 보입니까?

"요셉이 그들을 떠나 가서 울고…"(창 42:24).

이제 형들이 그들의 행동이 얼마나 잘못되었는가를 구체적으로 깨달으면서 하나님 앞에 나아오는 변화를 목격하면서 요셉은 형들을 떠나 빈 장소에 가서 흐느껴 울기 시작합니다.

계속되는 말씀을 보십시오.

"…다시 돌아와서 그들과 말하다가 그들 중에서 시므온을 취하여 그들의 목전에서 결박하고 명하여 곡물을 그 그릇에 채우게 하고 각인의 돈은 그 자루에 도로 넣게 하고 또 길 양식을 그들에게 주게 하니 그대로 행하였더라"(창 42:24,25).

요셉이 얼마나 차근차근 고향 집을 돕기 위한 모든 조처를 다하고 있습니까?

그러면서도 그 다음을 보십시오.

"그들이 곡식을 나귀에 싣고 그곳을 떠났더니 한 사람이 객점에서 나귀에게 먹이를 주려고 자루를 풀고 본즉 그 돈이 자루 아구에 있는지라"(창 42:26,27).

그들이 양식을 사기 위해서 내야 할 돈이 도로 다 있습니다.

"그가 그 형제에게 고하되 내 돈을 도로 넣었도다 보라 자루 속에 있도다 이제 그들이 혼이 나서 떨며 서로 돌아보며 말하되 하나님이 어찌하여 우리에게 이 일을 행하셨는고 하고"(창 42:28).

그들은 지금 일련의 사건을 통해서 하나님을 생각합니다.

'하나님이 이제 과거에 묻어두었던 우리의 범죄를 다루시는구나. 우리는 하나님 앞에서 이 문제를 어떻게 해결할 것인가?'
요셉의 형들과 하나님 사이에 영적인 싸움이 일어나고 있는 이 장면을 주목해서 보십시오.

 그들은 고향에 무사히 돌아갔습니다. 그래서 아버지 앞에 그 모든 사실을 보고합니다.
"각기 자루를 쏟고 본즉 각인의 돈뭉치가 그 자루 속에 있는지라 그들과 그 아비가 돈뭉치를 보고 다 두려워하더니 그 아비 야곱이 그들에게 이르되 너희가 나로 나의 자식들을 잃게 하도다 요셉도 없어졌고 시므온도 없어졌거늘 베냐민을 또 빼앗아 가고자 하니 이는 다 나를 해롭게 함이로다"(창 42:35,36).
이때 아버지 야곱의 심정은 어떻겠습니까?
그는 그 상황을 도저히 받아들일 수 없다는 태도를 보입니다.

 납득하기 어려운 힘든 상황이 닥쳐왔을 때, 우리는 대체로 다음과 같은 네 단계를 거쳐 자기가 자기를 설득하는 것을 볼 수 있습니다.
첫번째 단계에서는 그 상황 자체에 대해서 「부정」을 합니다.
"이 사건은 내게 있을 수 없다."
두번째 단계에서는 이렇게 어려움을 당하는 일에 대한 책임을 그 누군가에게 「전가」하기 시작합니다.
"모두 다 그 사람 때문이야."
세번째 단계에서는 그 상황을 빠져나오기 위해서 「타협」하는 일을 시작합니다.
네번째 단계에서는 「체념」을 하든가, 아니면 그 사건을 「받아들이게」 됩니다.

 난치의 질병에 걸린 사람들을 보십시오. 그들은 정확하게 이 네 단계의 과정을 거치는 것을 볼 수 있습니다.

"이럴 수가 없어. 내가 이 병에 걸리다니! 아니야, 이 병이 그 병일 리가 없어."

그들은 처음에 부정을 합니다. 그 다음에는 "왜 나에게 이런 병이 생겼을까요? 이것이 누구의 책임인가요?"라고 누군가에게 대고 비난합니다. 그리고 그 다음에는 "어떻게 하면 살 수 있을까?"하는 생존의 가능성을 모색합니다. 그러다가 마지막에는 그 상황을 받아들이든가, 아니면 아예 포기해 버립니다. 인간이 난처한 상황에 직면할 때마다 대개 이 네 단계를 거칩니다.

1 난제에 임하는 야곱의 자세

이제 야곱은 막내 아들마저 보내야 한다는 난처한 궁지에서 이 네 가지의 심리적인 과정을 그대로 우리에게 보여줍니다.

첫번째 단계 / 부정(否定)

"야곱이 가로되 내 아들은 너희와 함께 내려가지 못하리니 그의 형은 죽고 그만 남았음이라 만일 너희 행하는 길에서 재난이 그 몸에 미치면 너희가 나의 흰 머리로 슬피 음부로 내려가게 함이 되리라"(창 42:38).

"베냐민만은 안 돼. 절대 보낼 수가 없어."

이렇게 강하게 부정합니다.

두번째 단계 / 책임 전가 및 비난

"이스라엘이 가로되 너희가 어찌하여 너희에게 오히려 아우가 있다고 그 사람에게 고하여 나를 해롭게 하였느냐"(창 43:6).

"애굽의 총리에게 어쩌자고 너희들에게 아우가 있다고 해서 이 막내마저 빼앗아가려고 하느냐"라는 이 비난의 단계를 거치는 것을 볼 수 있습니다.

세번째 단계 / **타협**

"그들의 아비 이스라엘이 그들에게 이르되 그러할진대 이렇게 하라 너희는 이 땅의 아름다운 소산을 그릇에 담아가지고 내려가서 그 사람에게 예물을 삼을지니 곧 유향 조금과 꿀 조금과 향품과 몰약과 비자와 파단행이니라"(창 43:11).

양식을 얻으려면 할 수 없습니다. 또 인질로 잡혀 있는 시므온을 구하기 위해서는 결국 막내 아들을 보낼 수밖에 없다는 결론 앞에 도달한 야곱은 그렇다면 이 많은 물건을 가지고 가라고 말합니다. 쉽게 말하면 뇌물을 주라는 이야기입니다. 그래서 그 총리의 마음을 감동시켜서 문제를 잘 해결해 보라는 것입니다. 타협의 단계를 지납니다.

네번째 단계 / **수용**(受容)

일반적으로 이 마지막 단계에서 신앙이 없는 사람은 포기해 버립니다. 신앙이 있는 사람은 이것을 하나님의 뜻으로 받아들이고 이 환경을 수용합니다. 야곱이 이 마지막 단계에서 어떤 자세를 취하는가를 보십시오.

"전능하신 하나님께서 그 사람 앞에서 너희에게 은혜를 베푸사 그 사람으로 너희 다른 형제와 베냐민을 돌려보내게 하시기를 원하노라 내가 자식을 잃게 되면 잃으리로다"(창 43:14).

이것이 무슨 이야기입니까?

"할 수 없지. 보내야지. 그러나 전능하신 하나님께서 이 문제에 관해서 은혜를 베풀어 주시기를 원하노라."

야곱은 지금 하나님을 바라보고 있는 것입니다. 이 난처한 상황, 빠져나갈 수 없는 이 궁지에서 모든 문제 일체를 전능하신 하나님께 내어 맡깁니다.

야곱은 많이 변했습니다. 옛날 같았으면 이렇게 간단히 포기하지

않았을 것입니다. 그러나 나이가 들어가면서 신앙이 성숙하여 하나
님의 뜻을 받아들일 줄 아는 마음의 자세로 변화되어가는 야곱의 모
습입니다.

"내가 자식을 잃게 되면 잃으리로다."

하나님 앞에 맡기는 것입니다.

② 베냐민과 만나는 요셉

드디어 베냐민을 데리고 요셉의 형제들이 다시 애굽으로 옵니다.
"요셉이 집으로 오매 그들이 그 집으로 들어가서 그 예물을 그에게
드리고 땅에 엎드리어 절하니 요셉이 그들의 안부를 물으며 가로되
너희 아버지 너희가 말하던 그 노인이 안녕하시냐 지금까지 생존하
셨느냐 그들이 대답하되 주의 종 우리 아비가 평안하고 지금까지 생
존하였나이다 하고 머리 숙여 절하더라 요셉이 눈을 들어 자기 어머
니의 아들 자기 동생 베냐민을 보고 가로되 너희가 내게 말하던 너희
작은 동생이 이냐 그가 또 가로되 소자여 하나님이 네게 은혜 베푸시
기를 원하노라 요셉이 아우를 인하여 마음이 타는 듯하므로 급히 울
곳을 찾아 안방으로 들어가서 울고 얼굴을 씻고 나와서 그 정을 억제
하고 음식을 차리라 하매 그들이 요셉에게 따로 하고 그 형제들에게
따로 하고 배식하는 애굽 사람에게도 따로 하니 애굽 사람은 히브리
사람과 같이 먹으면 부정을 입음이었더라 그들이 요셉의 앞에 앉되
그 장유의 차서대로 앉히운 바 되니 그들이 서로 이상히 여겼더라"
(창 43:26 ~ 33).

요셉이 자기 형들을 공궤(供饋)하는 장면입니다. 당신이 요셉이라
면 이때 이들을 어떻게 대우하시겠습니까?

지나간 20년의 세월, 그 동안에 그는 얼마나 설움과 고독과 아픔의
상처를 간직하고 지냈습니까?

그러나 요셉은 형제들을 복수가 아닌 공궤하고 섬기는 자세로 잔치를 베풀며 대접하고 있습니다.

진정한 의미의 "용서"는 악을 선으로 갚을 때에 비로소 그 가치가 입증되는 방법입니다. "형제들이여, 나는 너를 용서하노라"라는 이 단순한 선언만으로는 용서가 아닙니다. 용서는 거기에서 한 걸음 더 나아가서 그들을 선대할 수 있어야 합니다. 그들을 섬길 수 있어야 합니다. 자기를 죽음의 자리에 몰아넣었던 형들에게 잔치를 열어 주고 그들을 공궤하고 있는 요셉의 이 아름다운 모습을 성경을 통해서 보십시오.

③ 형제들에게 두 가지 시험을 내는 요셉

그러나 아직 끝나지 않았습니다. 요셉은 한 번 더 형들의 회개를 확인합니다. 그래서 아주 인상적인 두 가지의 시험을 합니다. 이 시험을 통해서 요셉은 첫째로 "그들이 하나님과 올바른 관계를 맺었는가"라는 사실을 확인하고, 둘째로 "그들이 인간 관계에서 다른 형제들과 올바르게 사는 것을 배웠는가"라는 사실을 확인하고자 합니다.

첫번째 시험 / "하나님과 올바른 관계를 맺었는가?"

첫번째 시험을 우리는 "수직적인 시험"이라고 말할 수 있습니다. 형들이 하나님과 올바른 관계를 맺었는가를 확인하기 위해서 요셉이 또 연극을 합니다.

"요셉이 그 청지기에게 명하여 가로되 양식을 각인의 자루에 실을 수 있을 만큼 채우고 각인의 돈을 그 자루에 넣고 또 내 잔 곧 은잔을 그 소년의 자루 아구에 넣고 그 양식 값 돈도 함께 넣으라 하매 그가 요셉의 명령대로 하고 개동시에 사람들과 그 나귀를 보내니라 그들이 성에서 나가 멀리 가기 전에 요셉이 청지기에게 이르되 일어나 그 사람들의 뒤를 따라 미칠 때에 그들에게 이르기를 너희가 어찌하여 악으로 선을 갚느냐 이것은 내 주인이 가지고 마시며 늘 점치는 데 쓰는 것이 아니냐 너희가 이같이 하니 악하도다 하라 청지기가 그들에게 따라 미쳐 그대로 말하니 그들이 그에게 대답하되 우리 주여 어찌 이렇게 말씀하시나이까 이런 일은 종들이 결단코 아니하나이다"(창 44:1 ~ 7).

요셉이 자루 속에 은잔을 형들 모르게 집어 넣었습니다. 그리고 종을 보내어 그들을 잡습니다.

"너희들이 어떻게 우리의 총리께서 쓰시는 은잔을 훔쳐갈 수 있단 말이냐?"

이것은 요셉이 형들에게 주고 있는 시험입니다.

그러면 이런 상황에서 형들이 어떻게 반응하는가를 보십시오.
그들은 펄쩍 뛰었습니다.
"그럴 리가 없습니다."
8절 이하 13절의 말씀을 보십시오.

"우리 자루에 있던 돈도 우리가 가나안 땅에서부터 당신에게로 가져왔거늘 우리가 어찌 당신 주인의 집에서 은, 금을 도적질하리이까 종들 중 뉘게서 발견되든지 그는 죽을 것이요 우리는 우리 주의 종이 되리이다 그가 가로되 그러면 너희 말과 같이 하리라 그것이 뉘게서든지 발견되면 그는 우리 종이 될 것이요 너희에게는 책망이 없으리라 그들이 각각 급히 자루를 땅에 내려놓고 각기 푸니 그가 나이 많은 자에게서부터 시작하여 나이 적은 자에게까지 수탐하매 잔이 베냐민의 자루에서 발견된지라 그들이 옷을 찢고 각기 짐을 나귀에 싣고 성으로 돌아오니라."

이때 유다의 반응을 보십시오.
"유다가 가로되 우리가 내 주께 무슨 말을 하오리이까 무슨 설명을 하오리이까 어떻게 우리의 정직을 나타내리이까 하나님이 종들의 죄악을 적발하셨으니 우리와 이 잔이 발견된 자가 다 내 주의 종이 되겠나이다"(창 44:16).

그는 지금 이 사건에서뿐만 아니라 과거를 돌이켜서 모든 잘못을 생각하면서 "하나님은 우리의 죄를 또 한 번 적발하셨군요"라고 말하는 것입니다. 다시 말하면 그들은 이 사건 하나를 통해서 지금까지의 하나님과 그들의 관계에 관해서 깊은 관심을 나타내고 있는 것입니다. 요셉은 바로 이것을 확인하기 원했습니다. 진정한 회개는 오늘 이 구체적인 삶의 자리에서 하나님을 의식하고 하나님과 나 사이에 올바른 관계를 맺으며 삶을 살고 있느냐에 있는 것입니다.

두번째 시험 / "동생을 사랑하는 마음이 있는가?"

"요셉이 가로되 내가 결코 그리하지 아니하리라 잔이 그 손에서 발견된 자만 나의 종이 되고 너희는 평안히 너희 아버지께로 도로 올라갈 것이니라"(창 44:17).

베냐민만 남겨 두고 가라는 이야기입니다. 이것은 지금 요셉의 두번째 시험입니다.

'형들이 옛날에 나를 박대한 것처럼 베냐민도 박대하는가? 아니면 사랑하는 동생에게 깊은 관심과 애정을 갖는 삶의 회복이 이루어졌는가? 정말 하나님과 올바른 관계를 맺었다면 다른 형제에 대한 관심도 올바르게 가지고 있을 것이다. '

이것을 확인하기를 원했습니다.

그런데 또 누가 등장합니까?

유다입니다. 잊지 마십시오. 이 유다가 예전에 요셉을 구덩이에 넣자고 제안한 그 장본인임을 ! 그런데 이 유다가 어떤 제안을 합니까?

"아비의 생명과 아이의 생명이 서로 결탁되었거늘 이제 내가 주의 종 우리 아비에게 돌아갈 때에 아이가 우리와 함께하지 아니하면 아비가 아이의 없음을 보고 죽으리니 이같이 되면 종들이 주의 종 우리

아비의 흰 머리로 슬피 음부로 내려가게 함이니이다"(창 44:30,31).
베냐민이 돌아가지 아니하면 그들의 아비 야곱도 죽을 것이라는 이
야기입니다.

그 다음 33 절을 보십시오. 이것이 이 장의 가장 중요한 절정입니
다.
"청컨대 주의 종으로 아이를 대신하여 있어서 주의 종이 되게 하시고
아이는 형제와 함께 도로 올려 보내소서."
무슨 말입니까?
"저를 가두어 주시고 그대신 동생 베냐민을 돌려보내 주십시오"라고
지금 유다는 말하는 것입니다. 그는 변했습니다. 사랑하는 동생 베냐
민을 대신해서 고난의 자리에 있기를 자청하는 유다의 모습, 그는 진
정 변했습니다.
　회개란 구체적으로 자기의 삶에 대해서 책임을 지는 것입니다. 교회
에 와서 얼마 만큼 눈물을 쏟았는가가 회개가 아닙니다. 그것이 회개
하는 과정일 수는 있습니다. 내가 하나님과 올바른 관계를 맺으며 오
늘을 어떻게 사는가, 아니 하나님과 바른 관계를 맺었다면 나는 이웃
과 어떤 관계를 맺으며 이 신앙의 삶을 사는가가 회개하는 사람에게
물어져야 할 질문입니다.

　계속되는 유다의 고백을 보십시오.
"내가 어찌 아이와 함께하지 아니하고 내 아비에게로 올라갈 수 있으
리이까 두렵건대 재해가 내 아비에게 미침을 보리이다"(창 44:34).
이로써 요셉은 형들의 뚜렷한 회개의 증거를 볼 수 있었습니다.

④ 형제들에게 신분을 밝히는 요셉

"요셉이 시종하는 자들 앞에서 그 정을 억제하지 못하여 소리질러 모

든 사람을 자기에게서 물러가라 하고 그 형제에게 자기를 알리니 때에 그와 함께한 자가 없었더라 요셉이 방성대곡하니 애굽 사람에게 들리며 바로의 궁중에 들리더라"(창 45:1,2).

형들이 참으로 회개했을 때 이제 요셉은 그의 보좌에서 일어납니다. 그는 통곡하며 형들이 있는 그 자리를 향해서 내려갑니다.

"요셉이 그 형들에게 이르되 나는 요셉이라 내 아버지께서 아직 살아 계시니이까 형들이 그 앞에서 놀라서 능히 대답하지 못하는지라 요셉이 형들에게 이르되 내게로 가까이 오소서 그들이 가까이 가니 가로되 나는 당신들의 아우 요셉이니 당신들이 애굽에 판 자라 당신들이 나를 이곳에 팔았으므로 근심하지 마소서 한탄하지 마소서 하나님이 생명을 구원하시려고 나를 당신들 앞서 보내셨나이다 이 땅에 이년 동안 흉년이 들었으나 아직 오년은 기경도 못하고 추수도 못할지라 하나님이 큰 구원으로 당신들의 생명을 보존하고 당신들의 후손을 세상에 두시려고 나를 당신들 앞서 보내셨나니"(창 45:3 ~ 7).

누군가를 참으로 용서하기 위해서 오늘 우리는 이 말씀을 통해서 요셉에게 배울 필요가 있습니다.

요셉이 그의 형들을 용서할 수 있었던 가장 중요한 열쇠가 무엇 때문이라고 생각하십니까?

저는 한 마디로 그것을 이렇게 정리해 보았습니다.

"수평적인 삶의 사건 속에서 수직적인 삶의 의미를 배웠기 때문이다."

그저 그렇고 그런 사람들과 관계하면서 날마다를 살아가는 삶, 살다 보면 손해 보기도 하고 원망을 듣기도 하고 상처받기도 합니다. **그러나 이 일상적인 수평적인 삶 속에서 요셉은 하나님의 뜻을 발견할 줄 알았습니다.**

'내가 형들에게 목숨이 위태한 지경까지 당했지만 그러나 이 상황을 허락하신 분은 하나님이셔.'
하나님의 섭리를 통해서 삶을 바라볼 줄 알았던 이 요셉의 안목을 보십시오.

저는 요셉이 그것을 이 시점에서 깨달았다고 생각되지 않습니다. 그 이전부터 이 사실을 믿었을 것이라고 생각합니다. 아무 잘못한 것이 없는데 우리의 삶에 고난이 올 때, 거기에서 하나님의 뜻을 찾을 줄 아는 지혜가 우리에게 필요합니다. 감옥에 들어가면서도 "하나님의 뜻이 있겠지", 구덩이에 던지움을 받으면서도 "하나님의 뜻이 있겠지요"하는 이런 믿음의 눈이 있어야 합니다. 그랬기 때문에 요셉은 그 수많은 난관과 역경 속에서도 결코 원망하지 않았습니다. 몇 번씩 강조했습니다만, 이제껏 요셉의 입술에서 원망의 소리가 나타난 적이 없습니다. 왜입니까?
그는 자기의 삶에 대한 하나님의 절대적인 주권을 받아들이고 있었기 때문입니다.
'하나님이 내 삶의 주인이시다.'

참새 한 마리도 하나님의 허락이 없이는 떨어질 수 없다는 사실을 믿는다면 오늘의 나의 고통, 당신의 억울함 속에는 하나님의 뜻이 있습니다. 천국에서 요셉을 만나 만일 "요셉이여, 당신의 한평생의 삶을 요약하는 인생의 신조를 이야기해 주시오"라는 질문을 던진다면, 요셉은 아마도 이 성경 구절을 들려줄 것이라는 생각이 듭니다.
"하나님을 사랑하는 자 곧 그 뜻대로 부르심을 입은 자들에게는 모든 것이 합력하여 선을 이루느니라"(롬 8:28).
하나님을 통해서 삶을 바라볼 줄 아는 이 관점. 그래서 요셉에게는 형들을 용서할 수 있는 마음의 준비가 되어 있었습니다. 드디어 요셉이 형들 앞에 자기의 정체를 밝힙니다.

"내가 요셉입니다."

이제 마지막으로 그 형들을 용서하며 끌어안는 요셉의 모습을 보십시오.
"자기 아우 베냐민의 목을 안고 우니 베냐민도 요셉의 목을 안고 우니라 요셉이 또 형들과 입맞추며 안고 우니 형들이 그제야 요셉과 말하니라"(창 45:14,15).
형들은 회개했습니다. 그리고 요셉은 그들을 참으로 용서할 수 있었습니다. 우리가 하나님께 쓰임받기를 원한다면, 내 삶 속에 아직도 해결되지 못한 문제들에 관해서 하나님 앞에서 회개해야 합니다. 하나님과 나 사이에, 나와 이웃 사이에 분명하게 올바른 관계를 맺는 이 삶의 회복이 있습니까? 아니, 내 가슴에 부담을 주고 떠나간 사람들을 나는 참으로 용서하며 살고 있습니까?
요셉의 용서는 20세기를 살아가고 있는 저와 당신에게 무엇을 가르치고 있습니까?

5

요셉에 대한 평가

"믿음으로 요셉은 임종시에 이스라엘 자손들의 떠날 것을 말하고 또 자기 해골을 위하여 명하였으며"(히 11 : 22).

이제 요셉의 마지막 모습을 보겠습니다. 창세기 50 장 1 절 이하 14 절까지는 요셉의 아버지인 야곱의 장례식의 정경 이 묘사되어 있습니다. 그리고 15 절 이하 26 절까지는 지금까지 우리가 생각했던 의인 요셉의 죽음의 정경이 그려져 있습니다. 이 요셉의 최후를 통해서 요셉이 어떠한 사람이었는가, 그리고 그는 어떤 삶의 흔적을 남겼는가를 정리해 보겠습니다.

첫째로, 요셉은 믿음의 사람이었습니다.
히브리서 11 장은 우리에게 잘 알려진 「믿음의 장」입니다. 지나간 역사 속에서 믿음으로 생(生)을 살았던 기라성 같은 믿음의 인물들을 소개하면서 기자는 요셉의 얼굴을 놓치지 않습니다.
"믿음으로 요셉은 임종시에 이스라엘 자손들의 떠날 것을 말하고"(히 11:22).
여기의 "임종시"라는 단어는 다른 말로 번역하면 "결산"이라는 말입니다. 임종은 결산입니다. 사람에게는 시작도 중요하지만 끝은 더욱 중요합니다. 요셉은 인생의 마지막 순간에도 그가 믿음의 사람인 것을 입증할 수 있었습니다.

요셉은 어렸을 때에도 믿었고, 젊을 때에도 믿었고, 황혼에도 믿었고, 죽을 때에도 믿었습니다. 그는 팔레스타인에서도 믿었고, 애굽에서도 믿었습니다. 다시 말하면 그는 고향에서도 믿었고, 외국에 나와서도 믿었습니다. 그는 양을 치던 들에서도 하나님의 사람으로, 믿음의 사람으로 살았고, 궁중에서도 그는 믿음으로 살았습니다. 그는 역경 중에서도 믿었습니다. 그는 홀로 있는 때에도 믿었고, 결혼을 하여 가정을 이룬 후에도 믿었습니다. 그는 평생을 통해서 믿었고, 죽을 때에도 믿음으로 그의 생을 마칠 수 있었습니다.
이 사람 요셉은 우리 중의 다른 많은 이웃들의 얼굴과 얼마나 다릅니까?

오늘 교회에 출석하는 소위 신앙인들의 얼굴들과 이 요셉의 모습은
얼마나 다릅니까?

우리 중의 어떤 사람은 어려서는 믿다가 장성하여 신앙을 멀리하
는 사람이 있습니다. 고향에서 믿다가 외지에 나가서 신앙을 저버리
는 사람들을 얼마든지 볼 수 있습니다. 고독할 때 믿다가 가정을 이
룬 다음에는 신앙을 저버리는 사람을 볼 수 있습니다. 총각 시절에
믿다가 군대에 가서 신앙을 저버리는 사람을 볼 수 있습니다. 또 시
집 가면 갑자기 신앙과 상관 없어지는 사람들을 볼 수 있습니다. 어
려운 시절에는 믿다가 출세하니까 이 신앙을 저버리는 사람을 종종
볼 수 있습니다. 가난할 때에는 믿다가 물질을 손에 쥔 후에는 신앙
을 멀리하는 사람들이 있습니다. 그러나 요셉은 언제나 믿었습니다.
그리고 그는 믿음으로 죽을 수 있었습니다.

당신은 믿음으로 죽기를 원하십니까?
생애의 마지막까지 주님을 이야기하고, 주님 앞에 자신을 부탁하고
마치기를 원하십니까?
마지막 순간에만 그렇게 믿으려고 하면 안 됩니다. 믿음으로 죽는 이
장엄한 인생의 결산을 위해서는 믿음으로 날마다를 살아가는 삶이
있지 않으면 안 됩니다. 오직 믿음으로 삶을 살았던 사람들에게만 이
마지막 믿음의 결산이 가능합니다. 요셉은 믿음으로 죽었습니다. 그
는 믿음의 사람이었습니다.

둘째로, 요셉은 용서의 사람이었습니다.
아버지 야곱이 죽자 요셉의 형들이 요셉에게 나와서 용서해 달라고
애걸하는 모습이 성경에 나옵니다.
"아니 요셉이 형들을 용서하지 않았다는 말입니까?"
우리는 앞 장에서 이미 요셉이 그의 형제들을 너그럽게 품에 품고 용

서하는 모습을 보았습니다. 그런데 왜 형들이 지금 또 용서를 구합니까?

"요셉의 형제들이 그 아비가 죽었음을 보고 말하되 요셉이 혹시 우리를 미워하여 우리가 그에게 행한 모든 악을 다 갚지나 아니할까 하고 요셉에게 말을 전하여 가로되 당신의 아버지가 돌아가시기 전에 명하여 이르시기를 너희는 이같이 요셉에게 이르라 네 형들이 네게 악을 행하였을지라도 이제 바라건대 그 허물과 죄를 용서하라 하셨다 하라 하셨나니 당신의 아버지의 하나님의 종들의 죄를 이제 용서하소서 하매 요셉이 그 말을 들을 때에 울었더라"(창 50:15 ~ 17). 이 말씀은 앞에서 요셉이 형제들의 죄를 용서한다고 말했을 때 그 형제들이 그 말을 다 받아들이지 못하고 있었다는 사실입니다. 아마도 틀림없이 그들은 이렇게 생각했을 것입니다.

'설마 요셉이 우리를 그렇게 쉽게 용서할 수 있겠는가? 자기의 목숨을 노렸는데 그렇게 가볍게 용서할 수가 없지. 아직은 아버지가 살아계시니까 용서하는 척할 뿐일거야.'

그런데 드디어 아버지가 돌아가신 것입니다. 그러니까 다시 이 형제들은 요셉에게 복수를 당하지 않을까 하고 두려워하게 되었던 것입니다.

그래서 다시 한 번 요셉 앞에 나아옵니다.
"진심으로 우리의 죄를 용서해 주십시오."
요셉으로서는 얼마나 기가 막힌 일입니까?
그는 다만 눈물을 흘리며 울 수밖에 없었습니다.

이 사건을 통해서 우리는 인간에게 죄책이라는 것이 얼마나 끈질기게 따라다니며 괴롭히는가를 알 수 있습니다. 죄책이 한 번 인간의 양심을 약탈하기 시작하면 인간은 쉽게 이 죄책에서 해방되지 못합니다. 성경이 용서한다고 선언하지만, 하나님이 용서했다고 말씀하지만, 설교자가 용서되었다고 선언하지만 인간은 자기의 죄가 용서되었다는 이 사실을 얼마나 믿지 못하고 죄책의 끄나풀에 매여 끌려다닙니까?

요셉의 형들의 경우, 왜 요셉이 용서했다고 선언했음에도 불구하고 그 용서를 온전히 믿지 못하고 불안해 할까요?
우리는 그 원인으로 세 가지를 생각해 볼 수 있습니다.
첫째, 그들은 아직도 요셉을 모르고 있는 것입니다. 요셉이 어떤 사람인가, 그가 얼마나 사랑이 많은 사람인가 하는 자기 형제의 진정한 인격을 아직도 알지 못하고 있습니다.
둘째, 그들이 아마 이런 생각을 하게 된 것은 요셉과의 교제가 불충분했기 때문일 것입니다. 사실 요셉과 그의 형제들은 헤어져서 20년 이상을 살았으므로 아직 요셉의 인격이나 그 애정을 충분히 알지 못했을 것입니다. 그 요셉과의 긴밀한 교제가 없었기 때문입니다.
셋째, 한 걸음 더 나아가서, 요셉이 형들을 용서한다고 말했을 때 그들이 요셉의 이 말을 액면 그대로 받아들이지 못했기 때문에, 즉 그의 말을 신용하지 않았기 때문입니다.

그런데 오늘날 그리스도인들이 자기의 죄에 대한 용서의 확신을 갖지 못하는 원인을 추적하면 이 요셉의 형제들과 비슷한 원인 때문인 것을 정확히 발견해 낼 수 있습니다. 최근에 기독교인을 대상으로 한 한 종교 여론조사에서 "무엇이 신앙 생활에서 제일 문제가 되는가?"라는 조사 내용에 가장 많은 사람들이 이런 대답을 했다고 합니다.
『교회에 출석하고 있지만 확신이 없어요. 그 중에서도 특히 내 죄가 완전히 용서받았다는 그 확신이 없어요.』
"확신의 결핍"을 많은 그리스도인들이 신앙 생활의 문제점으로 고백하고 있는 것을 봅니다.

우리가 하나님 앞에 나와서 이미 고백한 죄를 왜 또 다시 고백합니까?

꼭 같은 죄를 고백하고 또 고백하는 연유가 어디에 있습니까?

그것은 그가 하나님의 완전한 용서를 받아들이지 못했다는 증거입니다.

생각해 보십시오. 아들이 어느 날 아버지 앞에 나와서 이렇게 말합니다.

"아버지, 저를 이번 한 번만 용서해 주십시오. 제가 다시는 그러지 않겠습니다."

그때 아버지가 말합니다.

『아들아, 염려 말아라. 내가 너를 용서하마.』

일 주일쯤 지나서 또 아들이 아버지에게 말합니다.

"아버지, 용서해 주세요."

아버지가 반문합니다.

『지난 번에 다 용서하지 않았니?』

정말 용서하셨느냐고 아들이 다시 묻습니다. 정말 용서했다고 아버지가 말합니다. 며칠 지나서 아들이 또 말합니다.

"아버지, 용서해 주세요."

『야 임마, 이미 용서했단 말이야.』

오늘 우리의 죄의 고백에 있어서 이와 비슷한 사건이 삶 속에 나타나는 것은 왜입니까?

그것은 하나님의 완전하신 용서, 내가 주님 앞에 죄를 고백했을 때에 주님은 나를 완전히 용서해 주셨다는 이 사실에 관한 확신이 우리에게 없기 때문입니다. 죄책에서부터 해방된 이 진정한 양심의 자유를 우리가 확신하지 못하기 때문입니다.

이것은 요셉의 형제들이 가지고 있던 문제와 아주 비슷합니다. 우리가 하나님이 누구인가를 완전히 알지 못하기 때문입니다. 그들은 요셉이 어떤 사람인가를 몰랐습니다.

'설마 요셉이 우리를 용서하겠는가? 저를 죽이려고 했는데.'

우리가 왜 하나님의 용서를 확신하지 못합니까?

그것은 하나님이 누구인가를 모르고 있기 때문입니다. 하나님이 얼마나 넓고 깊은 사랑의 심장을 가지고 계시는지 그 사랑의 넓이를, 그 사랑의 깊이를, 그 사랑의 숭고함을, 그 사랑의 지고함을 우리가 참으로 확신하지 못하기 때문입니다.

언제 우리가 하나님의 용서를 확신하지 못합니까?

하나님과의 긴밀한 교제가 멀어졌을 때입니다. 그때 우리는 하나님의 이 사랑을 회의하고 하나님의 온전한 용서를 받아들이지 못합니다.

아니 한 걸음 더 나아가서 우리가 하나님의 용서를 확신하지 못하는 것은 하나님의 말씀을 신뢰하지 않기 때문입니다. 요셉의 형제들은 요셉의 말을 신뢰하지 않았습니다. 요셉이 "형님들이여, 근심하지 마소서. 제가 형님들을 용서했습니다. 지난 일은 다 하나님의 섭리였습니다"라고 말했을 때에 그 말을 액면 그대로 받아들이지 못했습니다.

성경이 우리에게 말합니다.

"내가 너를 용서하노라."

그래도 우리는 이 말씀을 완전히 신뢰하지 못합니다. 하나님이 어떻게 우리의 죄를 용서하신다고 가르칩니까?

우리가 십자가 앞에 나왔을 때에, 그 십자가에서 보배로운 피를 흘리신 주님을 바라보았을 때에, 그 주님 앞에서 회개하고 주님을 나의 구주와 주님으로 영접했을 때에 용서하신다고 가르칩니다.

"동이 서에서 먼 것같이 우리 죄과를 우리에게서 멀리 옮기셨으며" (시 103:12).

"나 곧 나는 나를 위하여 네 허물을 도말하는 자니 네 죄를 기억지 아니하리라"(사 43:25).

어떤 책을 보니까 이런 신부의 이야기가 기록되어 있습니다. 어떤 신부가 자기 교구의 교인 한 명이 특별한 하나님의 은혜를 받아서 과거, 현재, 미래를 다 알 수 있게 되었다는 소식을 들었습니다. 그래서 그가 정말 그런 은혜를 받았는가를 시험하고 싶어서 신부가 그를 만났습니다. 이 신부는 과거에 신학교 시절에 저지른 어떤 죄로 항상 고민하고 있었습니다.

"하나님이 당신에게 정말 그런 은혜를 주셨습니까?"

그는 물론이라고 대답합니다.

"그러면 내가 젊은 날에 어떤 범죄한 일로 늘 마음이 괴로운데, 내가 무슨 죄를 범했는지 하나님 앞에 물어볼 수 있겠습니까?"

기도해 보면 염려 없다고 그가 대답합니다.

얼마 후에 신부가 다시 그를 만났습니다.

"기도해 보셨습니까?"

그가 기도했다고 대답합니다.

"그러면 하나님이 내가 옛날에 어떤 죄를 범했다고 말씀하십니까?"

이 교인이 대답합니다.

『하나님이 잊어버리셨답니다, 신부님.』

이 이야기는 하나님이 우리의 죄를 용서하실 때 얼마나 완벽하게 용서하시는가를 잘 보여 주는 예화입니다. 진정한 용서는 잊을 수 있어야 합니다.

당신이 누군가를 정말 용서하셨습니까?

그 증거를 한번 대어 보십시오. 당신은 그것을 정말 잊어버리고 있습니까?

하나님은 우리의 죄를 잊어 주십니다. 그런데 문제는 우리가 잊지 못한다는 데 있습니다. 그래서 우리는 아직도 완전히 용서를 받지 못했다고 생각합니다. 그로 인해 우리의 신앙 생활이 앞을 향해서 전진하지 못하고 제자리를 맴도는 경우를 얼마나 자주 발견합니까?

요셉은 완전히 용서를 했습니다. 그런 의미에서 요셉은 하나님의 그림자였습니다.

"형님들이여, 근심하지 마소서."

당신은 요셉이 자기의 형제들을 이렇게 용서할 수 있었던 그 비밀이 무엇이라고 생각하십니까?

"그 형들이 또 친히 와서 요셉의 앞에 엎드려 가로되 우리는 당신의 종이니이다"(창 50:18).

목숨을 구걸하기 위해서 아첨하는 장면입니다.

형들의 이런 태도에 대해서 요셉이 대답합니다.

"요셉이 그들에게 이르되 두려워 마소서 내가 하나님을 대신하리이까"(창 50:19).

하나님을 대신한다는 이 말이 무슨 뜻입니까?

두 가지 측면에서 생각할 수 있습니다.

첫째, 복수하고 원수 갚는 일은 하나님만이 하실 수 있다는 이야기입니다. 모든 일에 관한 완벽한 판정, 그리고 완벽한 판단은 하나님만이 하실 수 있다는 뜻으로 받아들일 수 있습니다.

둘째, 요셉의 이 고백은 더 깊은 의미가 있을 것입니다.

"나는 지금까지의 모든 사건이 하나님의 손 아래서 이루어졌다는 것을 믿습니다. 단순히 형님들이 한 것이 아닙니다. 나를 팔고 모함한 모든 일에는 그 모든 것을 통해서 내 삶 속에 뜻을 이루시려는 하나님의 놀라운 섭리가 있다는 사실을 저는 믿습니다."

20절을 보십시오.

"당신들은 나를 해하려 하였으나 하나님은 그것을 선으로 바꾸사 오늘과 같이 만민의 생명을 구원하게 하시려 하셨나니."

이것과 정확하게 같은 개념이 실려 있는 신약성경의 유명한 구절을 기억하십니까?

"우리가 알거니와 하나님을 사랑하는 자 곧 그 뜻대로 부르심을 입은 자들에게는 모든 것이 합력하여 선을 이루느니라"(롬 8:28).

우리의 삶 속에서 일어나는 어떤 고통스러운 사건도 하나님의 뜻을 떠나서 우연히 전개된 것이 아닙니다. 고통 속에는 하나님의 뜻이 있습니다. 나를 사랑하시는 하나님이 괜히 이 고통을 주시는 것이 아닙니다. 내가 지금까지 당한 이 고통의 배후에는 하나님의 손길이 있습니다. 요셉은 바로 이것을 말한 것입니다.

"나는 이와 같은 하나님의 뜻을 믿습니다. 그리고 하나님의 뜻을 나는 받아들입니다. 따라서 저는 형들에 대한 아무런 원망의 마음이 없습니다."

하나님의 주권과 섭리를 받아들였던 요셉의 믿음이 요셉으로 하여금 그 형제들을 용서하는 용서의 삶을 가능하게 만든 것입니다.

그리스도인의 삶에는 우연이 없다는 사실을 당신은 믿으십니까? 참새 한 마리도 하나님의 허락이 없이는 떨어질 수 없다는 이 말씀을 믿으십니까?

내 머리카락까지도 하나님 앞에서는 다 세신 바 되었다는 사실을 믿으십니까?

아니 하나님을 사랑하는 자 곧 그 뜻대로 부르심을 입은 자들에게는 모든 것이 합력하여 선을 이룬다는 이 사실을 믿으십니까?

그러면 누가 나를 괴롭혔다는 사실 때문에, 누가 나를 밟았다는 사실 때문에, 누가 나에게 손해를 입혔다는 사실 때문에 왜 분해 하고 용서하지 못합니까?

우연하고 손해 보는 사건의 배후 속에 있는 하나님의 손길과 계획을 신뢰하는 사람, 그리고 이 고통스러운 사건 저 건너편에 있는 하나님의 섭리를 찬양할 줄 아는 사람만이 나를 괴롭히고 화살을 던지는 이웃들을 향해서 이렇게 말할 수 있습니다.
"형제여, 당신을 용서할 수 있소."
요셉은 용서의 사람이었습니다

셋째로, 요셉은 말씀의 사람이었습니다.

"요셉이 그 형제에게 이르되 나는 죽으나 하나님이 너희를 권고하시고 너희를 이 땅에서 인도하여 내사 아브라함과 이삭과 야곱에게 맹세하신 땅에 이르게 하시리라 하고"(창 50:24).

이 말은 그저 고향이 그리워서 고향 땅에 묻어 달라는 막연한 감상적인 고백으로 이해하셔서는 안 됩니다.

하나님이 그들을 약속의 땅에 이르게 하실 것이라는 사실을 요셉은 확신했던 것입니다. 그 다음 구절에 보면 이 주장이 뒷받침됩니다.

"요셉이 또 이스라엘 자손에게 맹세시켜 이르기를 하나님이 정녕 너희를 권고하시리니 너희는 여기서 내 해골을 메고 올라가겠다 하라 하였더니"(창 50:25).

요셉이 어떻게 이 사실을 확신할 수 있었겠습니까?

그것은 그의 조상 아브라함을 통해서 계속 내려온 하나님의 언약의 말씀을 붙들고 있었기 때문입니다.

다시 한 번 하나님이 아브라함을 향해 주신 말씀을 보십시오.

"여호와께서 아브람에게 이르시되 너는 정녕히 알라 네 자손이 이방에서 객이 되어 그들을 섬기겠고 그들은 사백 년 동안 네 자손을 괴롭게 하리니 그 섬기는 나라를 내가 징치할지며 그 후에 네 자손이 큰 재물을 이끌고 나오리라 너는 장수하다가 평안히 조상에게로 돌아가 장사될 것이요 네 자손은 사대만에 이 땅으로 돌아오리니 이는 아모리 족속의 죄악이 아직 관영치 아니함이니라 하시더니"(창 15:13 ～ 16).

이 말씀이 하나님이 아브라함에게 주셨던 말씀입니다. 아브라함 다음에 일대(一代)가 이삭이고, 그 다음 이대가 야곱입니다. 그리고 삼대가 요셉입니다. 그 다음 사대가 모세입니다. 그래서 모세를 통해서 출(出)애굽하여 가나안 땅으로 돌아오는 놀라운 사건이 일어납니다.

그러나 일찍이 아브라함에게 주셨던 이 말씀을 보십시오.
"네 자손은 반드시 사대만에 이 땅으로 큰 재물을 이끌고 다시 돌아오게 될 것이다."
하나님의 말씀이 옛날에는 구전으로 전달되었으니까 이 말씀이 아브라함에게서 이삭으로, 이삭에게서 야곱으로, 야곱에게서 다시 요셉으로 전달되었을 것입니다. 다시 말하면 요셉은 구전된 이 하나님의 말씀을 붙들은 것입니다. 그리고 이제 죽을 때에 그는 이 말씀을 다시 생각하는 것입니다.
'내가 죽으면 사대가 시작된다.'
하나님의 뜻이 이루어지는 그때, 이스라엘 민족이 애굽 땅을 벗어나 다시' 팔레스타인 땅으로 돌아가는 그 놀라운 하나님의 때가 임박해 왔음을 알았기에 그는 마지막 죽음의 순간에 이 유언을 합니다.
"하나님이 정녕 너희를 권고하시리니 너희는 여기서 내 해골을 메고 올라가겠다 하라."
보십시오. 삶의 마지막 순간에 하나님의 말씀을 붙들고 있는 요셉의 이 영광스러운 모습을 보십시오.

그것은 쉬운 결단이 결코 아닙니다. 지금 요셉은 애굽에 와서 큰 출세를 했습니다. 애굽의 바로 왕 다음 가는 자리에까지 올라갔습니다. 성공했습니다. 명예를 얻었습니다. 그러나 그는 자손들에게 이렇게 말합니다.
"사랑하는 자손들아, 너희들은 돌아가야 해. 너희 할아버지가 하나님의 놀라운 경륜이 저 시온의 땅에서 이루어질 것이라고 말씀해 주셨어. 그 약속대로 반드시 이루어질 것이다. 그러므로 너희는 하나님의 권고를 따라 시온으로 돌아가야 해."
다시 말하면 요셉은 애굽 땅에서 성공했으면서도 하나님의 말씀을 잊지 않고 있었습니다.

그는 물질을 벌고 얻으면서도 하나님의 약속의 말씀을 더 소중하게 여겼습니다. 그는 권세보다도, 그가 누릴 수 있는 인간적인 모든 특권보다도 하나님의 뜻, 하나님의 말씀을 더 중요시했습니다. 그의 자손들을 통해서 하나님의 뜻을 이루어야 한다는 사실을 깨닫고 죽음의 마지막 순간에 약속의 말씀을 붙들고 이 말씀을 부탁하고 있는 장면을 지켜 보십시오. 그는 얼마나 말씀의 사람이었습니까?

요셉의 신앙은 실로 말씀에 근거하고 있었습니다.
오늘 당신에게 이 말씀은 얼마나 소중합니까?
이 말씀을 붙들고 날마다를 살아가십니까?
이 말씀을 내 생활에 적용하기 위해서 몸부림칩니까?
내 생활을 이 말씀에 비추어 보십니까?
이렇게 말할 수 있습니까?
"이 말씀이 내 삶을 만들고 있습니다."
내 생애의 마지막 최후의 결산의 순간에 말씀의 약속을 다시 붙들고 이 말씀을 따라 자기의 인생의 결산을 할 수 있는 이 사람 요셉, 그는 얼마나 말씀의 사람, 진리의 사람이었습니까?

넷째로, 요셉은 증거의 사람이었습니다.
다시 요셉의 유언 장면을 보십시오.
"요셉이 또 이스라엘 자손에게 맹세시켜 이르기를 하나님이 정녕 너희를 권고하시리니 너희는 여기서 내 해골을 메고 올라가겠다 하라 하였더라"(창 50:25).
이 구절을 묵상하던 아더 핑크라는 유명한 성경 주해가는 이런 말을 했습니다.

"「내 해골을 메고 올라가라.」 그렇다! 요셉의 운구 행렬 그것은 애굽 땅의 모든 사람들에게 요셉의 인생의 꿈과 소망과 가치관은 실로 하나님의 땅에 있었다는 사실을 보여 주는 하나의 증거였다."

요셉의 운구 행렬은 그가 평생에 걸쳐 모셨던 하나님을 마지막 자기의 몸짓으로 증거하는 최후의 순간이었습니다.

하나님을 증거하는 요셉의 신앙은 얼마나 그의 삶의 구석 구석에 분명하고 뚜렷하게 나타났었습니까?

예컨대 바로 왕의 꿈을 해석하기 위해서 처음으로 궁중에 불려가던 그날, 요셉이 뭐라고 대답합니까?

"저는 하지 못합니다. 그러나 나의 하나님이 하실 수 있습니다."

자기에게 주어진 삶의 모든 기회를 하나님을 드러내는 기회로 삼았던 요셉, 인생의 모든 기회를 내 삶의 주인되신 하나님을 드러내고 그 하나님의 영광을 선포하며 증거하는 일에 자신을 드렸던 요셉의 모습을 우리는 이제껏 보아왔습니다.

오늘 당신은 하나님을 증거하십니까?

내게 주어진 삶의 모든 기회를 통해서 하나님을 증거하시나요?

당신의 입술로 증거하시나요?

당신의 삶으로 증거하시나요?

행동으로 증거하시나요?

나의 삶의 주인되신 그 하나님을 내게 주어진 삶의 모든 기회를 통해서 드러내고, 영광스럽게 하고 있는지요?

예수님은 이렇게 말씀하십니다.

"누구든지 사람 앞에서 나를 시인하면 나도 하늘에 계신 내 아버지 앞에서 저를 시인할 것이요 누구든지 사람 앞에서 나를 부인하면 나도 하늘에 계신 내 아버지 앞에서 저를 부인하리라"(마 10:32,33).

이 증거의 삶은 얼마나 소중한 것입니까?

바울은 이렇게 말합니다.

"네가 만일 네 입으로 예수를 주(主)로 시인하며 또 하나님께서 그를 죽은 자 가운데서 살리신 것은 네 마음에 믿으면 구원을 얻으리니" (롬 10:9).

참된 신앙은 마음과 입술의 일치를 요구합니다. 어떤 사람이 만일 입술로 하나님을 증거하고 늘 하나님을 이야기하지만 그 마음 속에 하나님이 없다면, 그의 삶 가운데 하나님이 보이지 않는다면 그가 입술로 말하는 모든 하나님에 대한 고백은 위선입니다. 그러나 반대로 그 마음 속에 하나님이 있는데 삶 속에서 하나님을 증거할 기회에 하나님을 나타내지 않고 있다면, 그래서 계속 침묵만 지키고 있다면 그 침묵은 비겁한 침묵입니다.

뜨거운 원형경기장 뜰에서 자기의 몸을 야수의 밥으로 내어 주면서도 "나의 주(主)는 로마 황제가 아니다. 나의 주는 예수 그리스도뿐이다"라고 증언했던 초대 교회의 성도들을 생각할 때에 지금 하나님을 증거하는 당신의 삶의 모습은 어떤 모습입니까?

요셉은 평생에 걸쳐서 하나님을 증거했습니다. 기회가 있을 때마다 증거했습니다. 사람을 만날 때마다 증거했습니다. 그러다가 죽는 순간에도 "후에 내 백골을 메고 하나님의 약속이 이루어질 시온을 향해 올라가라"고 말해 끝까지 하나님을 증거하기를 원했습니다. 이 감동적인 최후의 장면을 보십시오. 그는 진실로 증거의 사람, 전도의 사람이었습니다.

다섯째로, 요셉은 꿈을 가진 사람이었습니다.

요셉의 인간됨에 관해서 우리가 배울 만한 가장 중요한 사실은 그는 꿈의 사람이었다는 것입니다. 그는 꿈을 가진 사람, 환상을 가진 사람이었습니다.

　사실 요셉은 어렸을 때부터 별명이 "꿈장이"였습니다. 그는 얼마나 꿈을 많이 꾸었습니까?

그런데 그 꿈이 그냥 시시한 개꿈이 아닙니다. 하나님이 앞으로 이루실 놀라운 사실을 예언적으로 계시하신 꿈입니다. 다시 말하면 그의 꿈은 미래와 관련이 있었습니다. 그런 의미에서 요셉의 꿈은 단순히 "꿈"이라고 말하기보다 오늘날 우리가 말하는 "비전"(vision)이었을 것입니다.

　당신은 요셉이 삶의 그런 어려움과 억울함, 아픔, 뼈저린 괴로움을 많이 당하면서도 한 마디도 원망하지 않고 주변의 사람들을 비난하지 않고 침묵으로 순종함으로 능력있게 기쁨과 평안의 삶을 산 그 비밀이 무엇이라고 생각하십니까?

저는 그 비밀이 요셉에게 꿈이 있었기 때문이라고 봅니다.

'내 꿈은 이루어질 거야. 저 하늘의 태양과 달과 무수한 별들이 나에게 절을 하는 그 꿈은 꼭 이루어질 거야.'

꿈에 대한 이 믿음, 비전에 대한 이 신뢰는 오늘의 그의 역경을, 괴로움을, 아픔을 견디고 일어서게 하는 동력이었을 것입니다. 그것은 힘이었습니다. 그것은 용기였습니다. 그 모든 억눌림과 밑바닥에서 요셉을 일어나게 만들었던 삶의 능력이었습니다.

　꿈을 갖고 있는 사람은 미래를 사는 사람입니다. 꿈을 잃어버렸다는 말은 과거에 살고 있다는 말입니다. 이런 말을 하는 사람을 만나 보신 일이 있으신지요?

"나로 말할 것 같으면 왕년에…"

그 말은 다시 말하면 현재 그의 삶이 별볼일 없다는 이야기입니다. 그래서 자꾸 "왕년"을 들추는 것입니다. 그는 회상 속에 살고 있는 사람입니다.

　그러나 역사를 창조하는 사람들을 보십시오. 성경에 나타난 하나님이 쓰신 귀한 사람들을 보십시오. 우리는 그들에 관해서 한 가지 공통적인 특성을 발견할 수 있습니다. 그것은 그들은 모두 미래 지향적인 삶을 살고 있다는 사실입니다.

요엘 선지자는 성령의 감동하심으로 일찍이 이런 예언을 했습니다.
"그 후에 내가 내 신(神)을 만민에게 부어 주리니 너희 자녀들이 장래 일을 말할 것이며 너희 늙은이는 꿈을 꾸며 너희 젊은이는 이상(異像)을 볼 것이며"(욜 2:28).
이것은 다 미래와 관련이 있는 것입니다. 요셉을 바라보면서 바로는 어떻게 소감을 말했습니까?
"저 하나님의 신에 감동한 사람을 보라."
하나님의 신에 붙들림을 받아 신들린 듯 미래를 향해서 걸어가는 사람들을 보십시오. 그 마음 속에 빛나고 있는 꿈을 보십시오. 그 환상을 보십시오. 요셉은 언제나 앞을 내다보고 있었습니다.

그런데 놀라운 사실은, 대개 사람이 마지막 죽을 때는 지난 날을 돌이켜 보는데 요셉은 죽을 때조차 미래 지향적이었다는 사실입니다. 당신 같으면 죽을 때 무슨 말을 하시겠습니까?
"여보, 그동안 당신을 너무 고생시켰소. 미안하오. 나 먼저 가오."
이렇게 과거를 돌아보는 것이 죽음의 순간을 맞는 평범한 사람들의 모습입니다.
그러나 요셉은 어떻게 말합니까?
그는 과거를 술회하지 않습니다. 그는 이 마지막 장면에서 이스라엘 자손들에게 말합니다.
"너희들은 시온으로 올라가야 해. 나는 너희들이 약속의 땅으로 돌아가서 약속하신 나라를 일으키는 광경을 꼭 지켜볼 것이다."
죽음의 순간에서도 미래를 내다보는 이 꿈의 사람 요셉의 모습을 보십시오.

저는 항상 "요셉"하면 아주 젊은 사람이 생각납니다. 그래서 이따
금씩 "요셉"이라는 이름을 가진 늙은 분들을 만나면 느낌이 이상합니
다. 요셉은 제게 영원한 젊음의 이미지를 주기 때문입니다.

젊다는 것은 무엇일까요?

젊다는 것은 꿈이 있다는 말입니다. 새로운 아이디어가 있습니다. 모
험이 있습니다. 계획이 있습니다. 미래를 향해서 나아가는 용기가 있
습니다. 그런데 보십시오. 요셉은 얼마나 젊습니까?

결코 물러설 줄 모르는 젊은 독수리처럼 푸른 꿈과 비전에 살고 있었
던 사람입니다. 인생의 최후의 순간에도 요셉에게 건너지 못할 강은
없었습니다. 언제나 앞을 내다보는 사람이었기에 그가 넘지 못할 산
이, 언덕이 없었습니다. 그는 항상 꿈을 향해서, 비전의 실현을 향해
서 걸어갔습니다.

오늘의 삶에 있어서 당신이 절망하고 있다면 왜일까요?

이 꿈이 없기 때문입니다. 아니 꿈이 시들고 있기 때문입니다. 꿈이
있는 사람을 보십시오.

"내가 이 꿈을 꼭 실현하고 말거야!"

어떤 좌절에도 굽히지 아니하고 오뚜기처럼 다시 일어서서 앞을 향
해 나아가는 이 전진의 사람을 보십시오. 그들을 막을 수 있는 세력
은 아무 곳에도 없습니다.

현대의 유명한 심리학자 중에 빅터 프랭클이라는 사람이 있습니다.
「의미요법」이라는 심리학적 요법을 개발한 세계적인 학자입니다. 그
는 2차 대전 때 독일의 유대인 수용소에서 수많은 그의 동족들과 같
이 갇혀 있었습니다. 그런데 이 수용소에서 그는 놀라운 사실을 한
가지 발견했습니다. 그것은 희망을 포기하지 않는 사람이 생명을 하

루라도 더 오래 연장시킨다는 사실입니다. 예컨대 식량배급이 올 때 별것 아닌 희망이지만 그 희망 때문에 갑자기 그 감옥에 있던 사람들이 밝아지는 모습, 탈옥의 가능성이 있다고 할 때 그 소식을 듣고 살아 움직이는 사람들의 모습을 그는 보았습니다. 그래서 빅터 프랭클은 한 가지 놀라운 결심을 했습니다. 그는 이 죽음의 수용소에서 꿈을 갖기로 결심했습니다. 그는 자서전에서 이렇게 술회합니다. "나는 꿈을 갖기로 결심했다. 나는 죽지 않기로 결심했다."

그가 무슨 꿈을 갖기로 결심했겠습니까?
이 희망이 없는 수용소에서 도대체 무슨 꿈을 가질 수 있었겠습니까?
이 빅터 프랭클은 이런 꿈을 갖기로 했습니다.
"어느 날 나는 반드시 여기에서 나갈 것이다. 그래서 세계의 수많은 사람들을 향해서 나의 위대한 「희망의 철학」을 말하게 될 것이다. 사람이 최악의 환경에 처했을지라도 꿈과 희망을 가지면 이렇게 죽지 않고 살아남을 수 있음을, 희망이 절망을 이긴다는 사실을, 인생의 의미와 꿈을 포기하지 않는 사람이 생존할 수 있다는 이 사실을 나는 말하고 다닐 것이다."
그러면서 그는 머리 속에다 그림을 그리기 시작했습니다. 전 세계를 돌아다니면서 수많은 사람들을 모아놓고 「희망」을 강연하는 자신의 모습을 그리기 시작했습니다. 그리고 그 사실을 그는 믿었습니다.

그는 자서전에서 이렇게 말합니다.
"그래서 수용소의 그 처절한 환경 속에서도 나는 빙그레 웃을 수가 있었다."
그는 하루를 넘기고 또 하루를 넘겼습니다. 마침내 전쟁이 끝났습니다. 그는 그의 기대처럼 기적적인 생존자 중의 한 사람이 되어서 수용소를 나왔습니다. 오늘날 그는 그의 꿈 그대로 전 세계를 돌아다

니면서 수많은 사람들을 모아놓고 삶에 대한 희망의 의미를 외치는
사람이 되었습니다.
　오늘 당신의 꿈은 무엇입니까?

　창세기 50 장은 이렇게 끝납니다.
"요셉이 일백십 세에 죽으매 그들이 그의 몸에 향 재료를 넣고 애굽
에서 입관하였더라"(창 50:26).
만일 하나님께서 제게 이 구절에다 한 구절만 더 써넣는 자유를 허락
하신다면 저는 이렇게 기록하고 싶습니다.
"그러나 요셉의 꿈까지는 이 관이 닫을 수가 없었더라."
요셉의 꿈, 자기의 사랑하는 가족들이 하나님의 약속을 따라 시온으
로 올라가는 꿈, 그리고 마침내 그들이 가나안 땅에 들어가서 자유와
번영의 새로운 나라를 창조하는 이 놀라운 꿈은 그 관이 닫을 수가
없었습니다.

　당신의 최후의 날은 당신이 병들어 죽는 날이 아니라는 사실을 기
억하십시오. 당신과 저의 마지막 날은 우리의 사업이 실패하는 그날
이 아니라는 사실을 기억하십시오. 당신과 저의 마지막 최후의 날은
당신과 제 꿈이 죽는 날입니다.
오늘 당신의 꿈은 무엇입니까?
당신의 비전은 무엇입니까?
하나님은 당신의 마음 속에 어떤 꿈을 주십니까?
그 꿈을 붙들면서 미래를 향해서 일어서십니까?
꿈을 꾸십시오. 꿈이 있는 사람은 아무도 주저앉히지 못합니다. 이
싱싱한 꿈을 가진 사람의 날개를 꺾을 수 있는 세력은 없습니다. 환
상을 보십시오! 이 땅에서 아름답고 영광스러운 성도의 삶을 개척
하는 위대한 비전을 꿈꾸십시오! 절망과 자기 좌절의 늪에서부터
벌떡 일어서십시오! 그리고 이 꿈을 믿고 이 꿈의 설계를 향한 힘있

는 새로운 발걸음을 옮기십시오 !

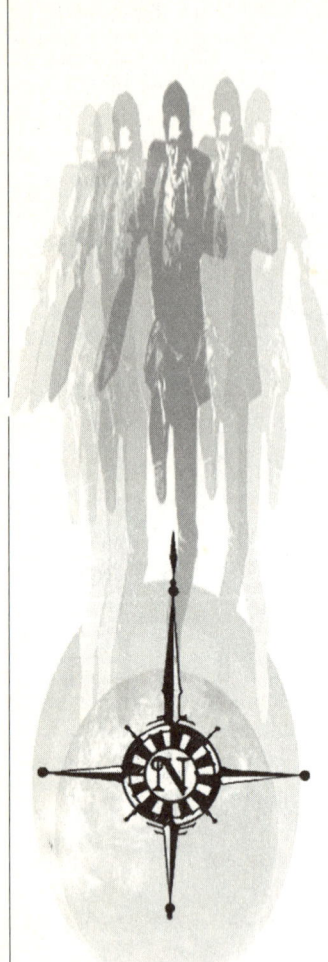

나침반社는
우리를 구원하신
아름다운 주님을
21세기 문명의
이기(利器)를 통하여 널리
전하고 싶습니다.

6

책번호 / 마 · 1136

첫 믿음의 계승자들
이삭, 야곱, 요셉

발행소 ● 종 합 선 교 － 나 침 반 社
NACHIMBAN MINISTRIES
(등록 1980년 3월 18일 / 제 2-32호)
편집 겸 발행인 ● 김　　용　　호
ⓒ2000 KIM YONG-HO

연락처

· 우편/ 110-616 서울 광화문 사서함 1641호
　　　　K.P.O. BOX 1641, SEOUL, 110-616, KOREA
· E-Mail navan @ chollian.net
· 우체국대체구좌 / 010041-31-1201888
· 은행지로번호 / 각은행 99번 창구 3000366번
· 전화 / 본사사무용(02)2279-6321~3
　　　　서점주문용(02)2606-6012~4
· 팩스 / 본사사무용(02)2275-6003
　　　　서점주문용(02)2606-6016

지은이 / 이 동 원

제 1 판 발행 / 1989년 12월 15일
제 11 판 발행 / 2000년 3월

나침반 신간안내 / 전화사서함 (02)152 - 응답후 6322

기독교 종합정보 / PC통신 천리안 · 하이텔 · 나우누리 · 유니텔 GO NIC

값은 뒷표지에 있습니다. · PRINTED IN KOREA

ISBN 89-318-1113-6